全国高等院校土木与建筑产业十二五创新规划教材

# 房地产估价

U0368098

赵淑芹　　主　编

张侠　郭爱请　副主编

清华大学出版社
北京

## 内 容 简 介

本书全面介绍了房地产估价的理论和方法，主要包括不动产的概念、不动产价格、房地产估价的程序、房地产估价方法等，并列举了实际案例，及一定数量的思考题或习题。为了巩固房地产估价方法的学习，还设置了房地产估价报告的内容。

本书可以作为高等职业学校土地与房地产有关专业的教材、工程施工管理人员的参考用书，同时也可以作为土地与房地产执业资格考试人员的参考用书。

**图书在版编目(CIP)数据**

房地产估价/赵淑芹主编. --北京：清华大学出版社，2014（2021.1 重印）

(全国高等院校土木与建筑产业十二五创新规划教材)

ISBN 978-7-302-37262-2

Ⅰ. ①房…　Ⅱ. ①赵…　Ⅲ. ①房地产价格—估价—高等学校—教材　Ⅳ. ①F293.35

中国版本图书馆 CIP 数据核字(2014)第 154036 号

责任编辑：桑任松
装帧设计：刘孝琼
责任校对：李玉萍
责任印制：宋　林
出版发行：清华大学出版社
　　　　　网　　　址：http://www.tup.com.cn, http://www.wqbook.com
　　　　　地　　　址：北京清华大学学研大厦 A 座　　　邮　　编：100084
　　　　　社 总 机：010-62770175　　　　　　　　　邮　　购：010-62786544
　　　　　投稿与读者服务：010-62776969, c-service@tup.tsinghua.edu.cn
　　　　　质量反馈：010-62772015, zhiliang@tup.tsinghua.edu.cn
　　　　　课件下载：http://www.tup.com.cn, 010-62791865
印 装 者：三河市龙大印装有限公司
经　　销：全国新华书店
开　　本：185mm×260mm　　印　张：14.25　　字　数：343 千字
版　　次：2014 年 9 月第 1 版　　　　　　印　次：2021 年 1 月第 4 次印刷
定　　价：43.00 元

产品编号：055199-02

# 前　　言

　　估价行业起源于传统的市场经济，但其迅速发展则得益于现代经济的不断发展壮大。目前，国际上不动产评估业已经基本形成了两大评估体系。第一大体系以英国为代表，评估内容以不动产评估为主，评估目的重点强调为编制财务报告服务，评估准则中侧重于采用市场价值概念，认为会计与评估密不可分。第二大体系以美国为代表，评估内容以综合评估为主，评估目的重点强调为资产交易、企业价值评估目的服务，评估准则中侧重于采用最高最佳的市场价值概念，认为会计与评估是两种独立的业务。美国不仅不动产评估发展历史悠久，而且非不动产评估，如企业价值评估、无形资产评估、机器设备评估、动产评估等也有着长足的发展。美国的《专业评估执业统一准则》包含了资产评估行业的各个专业领域，是一部典型的综合性评估准则，不动产评估是其中的重要内容之一。

　　不动产估价起源于英国，目前仍然保持着以土地、房屋、在建工程等不动产估价为主要评估内容的特色。英国不动产估价行业可分为政府管理下的估价体系和民间自律性估价体系两类。政府管理下的不动产估价体系主要为政府征税目的服务，民间自律性估价体系承揽征税目的以外的不动产估价业务。英国的评估准则是英国皇家特许测量师协会与另外两家规模较小的协会共同出版的《评估与估价指南》(被称为"红皮书")。美国评估行业由美国评估师协会(ASA)、评估学会(AI)等众多评估专业协会，在其各自领域内进行行业自律性管理，分别制定本协会的人员资格标准和执业准则，各大协会分头发展，没有形成统一的评估师资格标准和执业准则。美国政府对评估行业实行的是自由竞争、市场化管理。

　　我国内地与香港特别行政区及台湾地区的土地制度不同，不动产估价制度也各有特点。我国香港特别行政区不动产业非常发达，与之相适应，不动产评估业也很发达，并具有良好的社会声誉。香港的评估业协会是香港测量师学会。要成为香港测量师学会的专业会员，必须完成香港测量师学会认可的大学测量专业学位课程。之后必须在专业测量师指导下，进行不少于两年的在职专业工作实习。实习期满，考生可以向学会报考专业职能评核(Assessment of Professional Competence，APC)作为最后评核，评核通过才能成为专业会员。香港测量师学会的专业会员，分为资深会员(Fellow)及会员(Associate)。测量师须按指定的方式向香港的测量师注册管理局申请注册，注册局可运用自己的酌情决定权要求申请人接受一项笔试，成为注册测量师后方可执业。

　　台湾地区不动产估价有官方估价和民间估价两种情况：台湾地区的不动产官方估价由县市政府地政局或所辖的地政事务所负责，估价的技术规程为《地价调查估价规则》。官方所采用的规定地价有两种：公告地价与公告土地现值。

　　伴随着土地交易、房屋买卖与租赁、课税等活动，我国不动产估价活动已有上千年的历史。20 世纪 50 年代至 70 年代末，我国实行计划经济，房地产私有制被取消，房地产买卖、租赁等不动产交易活动被禁止，不动产估价活动随之消失。1978 年以后，我国从计划经济向有中国特色的社会主义市场经济过渡，推行了城镇国有土地有偿使用和房屋商品化改革，不动产估价活动得以复兴，不动产估价制度建设得到高度重视，不动产估价行业得到快速发展，主要表现在以下几方面。

(1) 确立了不动产估价的法律地位，相关法律、法规逐步健全。

1994 年颁布的《中华人民共和国房地产管理法》第 33 条规定"国家实行房地产价格评估制度"，第 58 条规定"国家实行房地产价格评估人员资格认证制度"，取得房地产估价师和房地产经纪人资格要通过国家执业资格考试；房地产估价师资格和房地产估价机构资质均为行政许可，未经行政许可，擅自从事房地产估价活动属于违法行为，从此，房地产评估成为我国的一项法定制度。建设部、国土资源部、财政部等政府部门对不动产估价行为发布了一系列行政法规和行业规范标准，不动产估价相关法律、法规正在逐步健全(见表 1)。

表 1　与不动产估价有关的法规、规章和标准

| 分　类 | 名　　　称 | 发布或归口部门 | 实施日期 | 备　　注 |
|---|---|---|---|---|
| 房地产估价方面 | 房地产估价师执业资格制度暂行规定 | 建设部、人事部 | 1995.03.22 | 建房〔1995〕147 号 |
| | 房地产估价师执业资格考试实施办法 | 建设部、人事部 | 1995.03.22 | 建房〔1995〕147 号 |
| | 关于房地产中介服务收费的通知 | 国家计委、建设部 | 1995.07.17 | 计价格〔1995〕第 971 号 |
| | 关于房地产价格评估机构资格等级管理的若干规定 | 建设部 | 1997.01.09 | 建房〔1997〕12 号 |
| | 房地产估价师注册管理办法 | 建设部 | 1998.09.01 | 建设部令第 64 号 |
| | 房地产估价规范 | 建设部 | 1999.06.01 | GB/T 50291—1999 |
| | 关于修改《城市房地产中介服务管理规定》的决定 | 建设部 | 2001.08.15 | 建设部令第 97 号 |
| | 城市房屋拆迁估价指导意见 | 建设部 | 2004.01.01 | 建住房〔2003〕234 号 |
| | 房地产估价机构管理办法 | 建设部 | 2005.12.01 | 建设部令第 142 号 |
| | 房地产抵押估价指导意见 | 建设部等 | 2006.03.01 | 建住房〔2006〕8 号 |
| | 注册房地产估价师管理办法 | 建设部 | 2007.03.01 | 建设部令第 151 号 |
| 土地估价方面 | 关于土地价格评估收费的通知 | 国家计委、原国家土地管理局 | 1994.12.12 | 计价格〔1994〕2017 号 |
| | 城镇土地分等定级规程 | 国土资源部 | 2002.07.01 | GB/T 18507—2001 |

| 分　类 | 名　称 | 发布或归口部门 | 实施日期 | 备　注 |
|---|---|---|---|---|
| 土地估价方面 | 城镇土地估价规程 | 国土资源部 | 2001.07.01 | GB/T 18508—2001 |
|  | 土地估价师注册办法 | 中国土地估价师协会 | 2003.03.01 | 中土协发〔2003〕第 02 号 |
|  | 注册土地估价师自律守则 | 中国土地估价师协会 | 2003.03.01 | 中土协发〔2003〕第 02 号 |
|  | 土地评估中介机构注册办法 | 中国土地估价师协会 | 2003.03.01 | 中土协发〔2003〕第 02 号 |
|  | 土地估价师资格考试管理办法 | 国土资源部 | 2007.01.01 | 国土资源部令第 35 号 |
| 资产评估方面 | 不动产评估准则 | 中国资产评估协会 | 2007.07.01 | 中评协〔2007〕189 号 |
| 整个评估行业 | 关于加强和规范评估行业管理的意见 | 国务院办公厅 | 2003.12.29 | 国办发〔2003〕101 号 |
|  | 国务院对确需保留的行政审批项目设定行政许可的决定 | 国务院办公厅 | 2004.07.01 | 国务院令第 142 号 |

(2) 建立了不动产估价师执业资格制度和估价机构资质行政许可制度。

2003 年 12 月 29 日国务院办公厅转发《财政部关于加强和规范评估行业管理意见的通知》(国办发〔2003〕101 号文)，明确规定了根据目前我国社会主义市场经济发展的客观需要设置的六类资产评估专业资格，其中注册房地产估价师、土地估价师位列其中，其他四类是注册资产评估师、矿业权评估师、保险公估从业人员和旧机动车鉴定估价师。2004 年 7 月 1 日起实施的《国务院对确需保留的行政审批项目设定行政许可的决定》(国务院令第 142 号)，规定不动产价格评估人员执业资格认定和价格评估机构资质认定为除法律、行政法规规定以外确需保留的行政许可。

(3) 分别制定了土地和房地产估价的执业标准，规范了不动产估价行为。

不动产具有固定性、长期使用性、大量投资性、易受政策限制、时间价值变动性、非标准化及相互影响性等特点，其价值评估难度很大，评估技术要求很高。为规范不动产评估行为，国家分别制定了土地、房地产估价等执业规范，土地方面的估价规范有《城镇土地估价规程》、《城镇土地分等定级规程》两个国家标准，《土地估价报告规范格式》等技术标准；房地产方面的估价规范有《房地产估价规范》、《房地产抵押估价指导意见》、《城市房屋拆迁估价指导意见》等；资产评估中有关不动产估价的规范有《不动产评估准则》。这些估价规范对相关的估价术语、估价原则、估价程序、估价方法、估价结果、估价报告、估价的职业道德等做了明确规定。

(4) 确定了行业监管主管部门，建立了不动产估价的行业协会组织。

国家建设部和国土资源部分别是房地产估价和土地估价行业的行政主管部门。不动产估价行业自律性管理组织有中国房地产估价师与房地产经纪人学会、中国土地估价师协会，这两个行业组织除了自律管理外，还协助主管部门开展相关的行政监管工作，如估价师资格考试、注册、继续教育、估价人员资格和估价机构资质认定等。

中国房地产估价师与房地产经纪人学会的前身是成立于 1994 年 8 月的中国房地产估价师学会，2004 年 7 月变更为现名。它是全国性的房地产估价和经纪行业自律管理组织，依法对房地产估价和经纪行业进行自律管理，现为国际测量师联合会(FIG)全权团体会员。其主要宗旨是开展房地产估价和经纪研究、交流、教育及宣传活动，拟订并推行相关技术标准和执业规则，加强行业自律管理，开展国际交流合作，不断提升房地产估价和经纪人员及机构的专业胜任能力和职业道德水平，维护其合法权益，促进房地产估价和经纪行业规范、健康、持续发展。

中国土地估价师协会成立于 1994 年 5 月，业务主管部门为中华人民共和国国土资源部，是由具有土地估价资格从事土地估价工作的组织和个人自愿结成，属于全国性的非营利性社会团体法人。其工作职责主要有：搞好会员自律，配合行政主管部门落实行业管理；引导机构发展，规范机构管理；扩大协会规模，提供会员服务；研究技术理论，制定专业指引；净化估价环境，拓展新的业务领域；开展国际合作，提升社会影响；加强协同配合，联系同业协会共同发展。

(5) 完善了不动产估价理论和方法体系，拓宽了不动产估价服务领域。

确立了市场比较法、收益还原法、成本法等基础的不动产估价方法，在此基础上发展的剩余法、路线价法、长期趋势法等理论与方法也已比较成熟。市场比较法的基本思想是一项不动产的价值相当于它在正常的市场条件下可以实现的价格。收益还原法的核心是必须将所有未来收益在评估基准日的现值估计出来。当根据市场交易习惯需要通过替代成本确定评估标的物的价值时，应该采用成本法，成本价值主要由土地价值、建筑价值和其他设施的价值共同组成。

不动产估价行业在政府监管下，不断加强行业自律，提高业务水平、拓展服务领域、增加服务透明度和公众监督力度，已建立了房地产估价机构、土地估价机构、房地产估价师和土地估价师信用档案，并在其学会网站上公示，不动产估价行业公信力不断提高，其不动产估价结果为房地产交易、土地征收补偿、抵押贷款、不动产保险、损害赔偿以及税收等提供价值参考依据，此外还有为适应新的会计准则而进行的公允价值评估、为适应《物权法》而进行的损害赔偿的估价，以及为配合物业税出台而进行的估价。不动产估价在促进不动产公平交易、维护社会稳定、防范金融风险等方面起着举足轻重的作用。

(6) 形成了统一开放的不动产估价市场，加强了国际交流与合作。

2000 年以前，我国不动产估价机构绝大多数是隶属于其业务主管部门或国家机关的事业单位，2000 年 4 月，建设部《关于房地产价格评估机构脱钩改制的通知》要求"凡从事房地产价格评估的中介服务机构，目前隶属或挂靠在政府部门的，均要在人员、财务、职能、名称等方面与之彻底脱钩"。房地产价格评估机构脱钩后，按照《公司法》、《合伙企业法》等有关规定改制为由注册房地产估价师出资的有限责任公司、合伙制性质的企业。

不动产评估机构改制后，打破了政府部门垄断估价业务的局面，形成了统一开放的不动产估价市场。估价机构通过公平参与市场竞争，提高了业务水平，形成一批管理先进、业务精良、信誉好、品牌知名度高的专业评估机构。

为了提高业务水平，在内地开展合作与交流的同时，我国估价师协会也开展了广泛的国际交流与合作，如中国房地产估价师与房地产经纪人学会现为国际测量师联合会(FIG)全权团体会员，2003 年 11 月 4 日与香港测量师学会签署了内地房地产估价师与香港测量师资格互认协议书等。2006 年中国土地估价师协会与英国皇家特许测量师学会在北京签署合作谅解备忘录。涉及的合作内容主要包括：中国土地估价师和英国皇家特许测量师可通过学习双方指定或认可的课程，或经双方认定的相应考试的简易程序，成为英国皇家特许测量师或中国土地估价师；双方估价出版物及专业信息的交流与交换，鼓励双方会员建立适当的交流途径；鉴别国际上估价领域的最佳操作方法，并共享有关知识；为估价专业的发展与网络化合作提供机会和内容；鼓励双方开展互利活动和创新。这些国际交流与协作提高了我国不动产估价理论和技术水平，促进了我国评估准则的国际接轨进程，拓宽了我国不动产估价师的国际影响和服务范围。

经过多年的发展，尽管我国不动产估价行业已经初步建立了相关法律、法规体系和评估标准，建立了政府监管为主、政府监管和行业自律相结合的行业管理制度，建立和完善了不动产估价师考试和资格认证制度，形成了一定规模的行业队伍，加强了国际交流与合作，不动产估价行业的发展进入了良性发展轨道并取得了很大进展。但我们同时也应该清醒地看到，我国不动产估价行业与英、美等发达国家相比，与国际评估准则相比，与我国经济快速发展和快速融入世界经济对评估行业服务领域多样性、服务标准一致性、服务质量高超性相比，尚存在很大差距。

本书由赵淑芹任主编并负责统稿，张侠、郭爱请任副主编，具体分工如下：第 1、2、3章由秦岭、赵淑芹编写；第 4、9、10 章由张侠编写；第 5、7 章由郭爱请编写；第 6 章由齐志国编写；第 8、11 章由王月霞编写；附录由赵淑芹编写；前言由刘巧芹编写。本书中引用了不动产估价领域大量研究成果，如国家法规类的《土地管理法》、《物权法》等条款，国家标准类的《农用地估价规程》、《城镇土地估价规程》和《房地产估价规程》等条款，教材类的艾建国和吴群主编的《不动产估价》、叶剑平等编著的《房地产估价》等内容，考试类的土地估价师、房地产估价师考试用书《土地估价方法与实务》的计算题，在此谨向相关作者致以诚挚的谢意。

由于水平有限，有关理论、要求还需要在实践中进一步总结和完善。读者在使用过程中如有建议或意见，请来信与编者联系，电子信箱：1013038107@qq.com。

编　者

# 目　　录

# 第1章　不动产概述

**【学习目标】**

- 掌握动产与不动产的基本概念、不动产实物的存在形态、不动产的特性。
- 熟悉动产与不动产的区别、不动产分类等内容。
- 了解不动产权益、土地利用现状分类等内容。

**本章导读**

本章主要学习动产与不动产的区别和联系、不动产的实物与权益；不动产的自然特性和社会经济特性；土地利用现状分类以及不动产按照用途划分的类别。

**案例导入**

2014 年，国土部改革的另一项重点任务就是，牵扯面极广的不动产登记制度也要完成顶层设计和制度安排。

"不动产统一登记是一项新职能。建立和实施以土地为核心的不动产统一登记制度是产权管理体制机制的重大改革，也是一项全新的开创性工作，责任重大，任务艰巨。"国土资源部副部长徐德明 2014 年 1 月 11 日在 "2014 年全国国土资源工作会" 上说，要围绕 "统一登记机构、统一登记依据、统一登记簿证、统一登记信息平台" 逐个落实到位。当前，重点是要做好不动产统一登记的顶层设计、制度安排。接下来首先要落实好统一登记机构和统一登记依据。要尽快协调有关部门，建立部际联席会议制度，加快组建不动产登记局，机构人员要到位，加强工作支撑。2014 年要抓紧研究出台不动产统一登记条例，为全面开展不动产统一登记提供法律依据。"其次，建好统一登记信息平台，制定统一登记簿证。逐步以全国土地登记信息动态监管查询系统为基础，拓宽范围、拓展功能，整合推进不动产统一登记信息管理基础平台和查询服务系统建设，积极推进信息共享。抓紧制定统一的登记簿和证书等登记文书，研究编制不动产权产籍调查规程和相关标准。"最后是夯实不动产统一登记基础。加快农村地籍调查和农村土地确权登记颁证，完善确权政策，落实所有者和使用者的土地权益，与不动产统一登记做好衔接。积极推进和跟踪指导农村土地产权制度改革，引导土地股份制改革。

**问题导入**

此案例涉及的不动产包含哪些实物？为什么要设立不动产登记制度？这与不动产的哪些特点有关？通过本章的学习，读者将能解答这些问题，初步了解不动产的基本知识。

# 1.1 不动产的内涵

## 1.1.1 动产与不动产

### 1. 动产与不动产的界定

《法国民法典》第 516 条规定："一切财产，或为动产，或为不动产。"从历史上看，各国关于不动产的划分有着不同的规定，在一国或某种设定的条件下被界定为不动产，而在另一国家或其他设定条件下却可能被界定为动产。对动产和不动产的划分，通常是以财产能否自由移动为依据。不动产的主要特征表现在它不能移动，或者虽然可以移动，但移动后会破坏它的完整性、使用价值及功能，或者会带来明显的经济损失。

关于不动产的界定，《法国民法典》第 518 条规定："地产与建筑物，依其性质为不动产。"除此以外，"财产依其用途或依其附着客体亦为不动产，即土地所有人为土地之利用经营而在土地上安置的物件，如农具、与农耕作相关联的牲畜、工厂所必需工具等"。《日本民法典》第 86 条规定："土地及其定着物为不动产。"《意大利民法典》第 812 条则详细规定："土地、泉水、河流、树木、房屋和其他建筑物，即使是临时依附于土地的建筑物以及在一般情况下那些或是自然或是人为地与土地结为一体的物品是不动产。固定河岸或者河床之上并且为永久使用而建造的磨房、浴场以及漂浮在水面上的建筑物视为不动产。"《俄罗斯联邦民法典》第 130 条规定："①不动产包括土地、矿床、独立水体和所有与土地牢固地吸附在一起的物，即一经移动便使其用途受到损害的物，其中包括森林、多年生植物、建筑物、构筑物。不动产还包括应进行国家登记的航空器和海洋船舶、内河航运船舶、航天器。法律还可以规定其他财产为不动产。②不属于不动产的物，包括金钱和有价证券，是动产。除法律规定的情形外，动产权利不要求进行登记"。

美国有关教科书对不动产的概念做了进一步说明。如 Edmund F.Ficek 等人(1990)指出，法律对土地的表述为：土地包括地表以下、地球表面以及地表以上的空间，也包括如树木、水，以及地表以下的矿藏和其他物资等自然物。而不动产不仅包括以上所指的土地，还包括人类对土地的改良，以及利用土地的若干权利。土地购买者购买的不仅是土地本身，也包括建造在土地上的一切房屋建筑和构筑物等。此外，购买者还有使用和维护这些物体以及按既定用途继续使用土地的权利。在美国，一般用术语 real-property 表示不动产财产权利，而用术语 real-estate(或 realty)表示既包含物质形态又包含财产权利的不动产。美国不动产术语词典(J.P.Friedmarl etc.,2000)对不动产(real-estate)的定义为：在法律上，不动产是指土地以及或多或少依附于土地的一切物体，不动产所有权从地球中心直到无限天际(见图 1-1)。

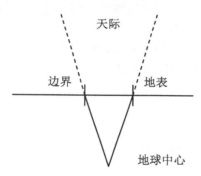

**图 1-1　不动产所有权范围**

就我国而言，动产与不动产的划分，是以物是否能够移动并且是否因移动而损坏其价值作为划分标准的。动产是指能够移动而不损害其价值或用途的物。不动产是指不能够移动或者若移动则损害其价值或用途的物。如电脑、电视、书桌这些东西平时是不动的，但这些并不是不动产，因为这些东西都可以移动并且不会因移动而造成其价值上的贬损。这些东西在现实中不移动，是因为你不想移动，而不是不能移动。所以，电脑、电视、书桌等都是动产。动产和不动产有时是可以互变的。例如，果园中果树上的果实，挂在果树上时是不动产，但是如果采摘了下来，那就变成了动产。钢材、水泥等是动产，但是用其做成了房屋，就变成了不动产。

现在，国际上并不是单纯地把是否能够移动及如移动是否造成价值的贬损作为界定动产与不动产的唯一标准，而是综合考虑物的价值大小、物权变动的法定要件等因素。例如，飞机、船只等，国际上通行将其界定为不动产。因为其价值较大、办理物权变动时要到行政机关进行登记等。

### 2. 我国对于动产与不动产的定义

不动产是一个民法概念。在民法中，将财产(或称为财物)分为动产和不动产两类(柴强，2001)。中国内地有关立法中，也使用了不动产的概念，如《中华人民共和国担保法》第92条规定："本法所称不动产是指土地以及房屋、林木等地上建筑物。"

一般来说，不动产是指依自然性质或法律规定不可移动的土地、土地定着物、与土地尚未脱离的土地生成物、因自然或者人力添附于土地并且不能分离的其他物，包括物质实体和依托于物质实体上的权益。其中，土地是指地球陆地表面具有一定范围的地段，包括垂直于它上下的生物圈的所有属性，是由近地表气候、地貌、表层地质、水文、土壤、动植物以及过去和现在人类活动的结果相互作用而形成的物质系统。土地定着物也称为地上定着物、土地附着物、地上附着物，包括建筑物和其他土地定着物。建筑物一般指供人居住、工作、学习、生产、经营、娱乐、储藏物品以及进行其他社会活动的工程建筑，如工业建筑、民用建筑、农业建筑和园林建筑等。其他土地定着物是建筑物以外的土地定着物，是指附属于或结合于土地或建筑物，从而成为土地或建筑物的从物。在现实中，其他土地定着物往往被视为土地或建筑物的构成或附属部分。因自然或者人力添附于土地并且不能分离的其他物，主要包括为提高不动产的使用价值而种植在土地上的花草、树木或人工建造的庭院、花园、假山，以及为提高建筑物的使用功能而安装在建筑物上的水、暖、电、卫生、通风、通信、电梯、消防等设备。

动产是指能够移动而不损害其经济用途和经济价值的物，与不动产相对，以是否可以移动并且移动是否会损害其价值为标准来区分。

### 3. 动产与不动产的区别

(1) 权利设定方式不同

动产的转让和其他权利的设定不需要书面的形式；而不动产的转让和其他权利的设定必须采用书面的形式。

(2) 公示方式不同

动产的转让以交付为公示方式；而不动产的转让则以登记为公示方式。

(3) 权利派生的种类不同

动产可以派生出质权、留置权；而不动产可以派生出地上权、永佃权、典权、抵押权。

(4) 法律适用及诉讼管辖不同

我国《民事诉讼法》第43条规定："因不动产纠纷提起的诉讼，由不动产所在地人民法院管辖。"而因动产发生的纠纷，则一般由被告所在地法院管辖，适用当事人本国法，适用一般地域管辖。一般地域管辖实行的是"原告就被告原则"。若被告是公民，则由被告住所地的人民法院管辖，被告住所地与经常居住地不一致的，由经常居住地的人民法院管辖；若被告为法人或其他组织，由法人或其他组织的主要营业地或主要办事机构所在地的人民法院管辖。

(5) 对他人的权利限制不同

不动产所有人和使用人为自己土地利用的方便，可以通过相邻权或设定地役权而使用他人的土地；而动产不存在该权利。

(6) 物权类型不同

典权、地上权、土地承包权、地役权以不动产为限；而质权、留置权以动产为限。

(7) 法律区分

得失变更上，动产是交付主义，不动产需登记；诉讼管辖及涉外法律适用上，动产是属人主义，不动产是属物主义。

## 1.1.2　不动产实物与权益

根据前面的定义不难看出，不动产实际上是实物与权益的结合。其中，实物部分包括土地、土地定着物、其他附着物以及由土地和土地定着物组成的整体(含附着物)；权益部分包括法律规定的各种权能及行使这些权能所能获得的利益。在中国，目前不动产主要指房地产。

### 1. 不动产实物

不动产实物虽然包括土地和土地定着物，但并不意味着只有土地和土地定着物的合体才能构成不动产，单纯的土地或单纯的土地定着物也属于不动产的范畴。因此，不动产的存在形态有土地、土地定着物、其他附着物三种。

(1) 土地

对于土地的认识，人们存在着各种不同的观点，其中最具有代表性的观点有三种：第一种观点认为土地是指地球表面的陆地；第二种观点认为土地不仅包含地球表面的陆地，也包含水域，是由地貌、土壤、岩石、水文、气候、植被等要素组成的自然历史综合体；第三种观点认为土地是自然物、自然力或自然资源。"经济学上的土地是侧重于大自然所赋予的东西。'它'指的是自然的各种力量，或自然资源。""不仅指土地的表面……还包括地面上下的东西。"(伊利·莫尔豪斯，中译本，1982)

人们对土地的认识，还存在着法律和制度上的差异。如美国有关法律对土地的界定包括地下矿藏和其他自然物，因此，土地所有权也包括对地下矿藏和其他自然物的所有权。而在许多国家和地区，地下矿藏和其他地下资源的所有权并不依附于土地所有权，取得土地所有权并不意味着同时取得了地下矿藏和其他地下资源的所有权，因此，也就难以将地下矿藏和其他地下资源定义为土地的组成部分。

在现实中，某宗土地的范围是指它在地球表面及地表上下一定范围内的空间，并非从地球中心一直到无限天际。在地球表面，该宗土地的边界范围由人为划定的形状、面积和方位所决定。而在地表上下的空间范围，则根据土地的地表边界和有关法律规定予以确定，包括地下矿藏和其他地下资源的归属以及空间权利的设置等。即使在美国，由于飞机、宇宙飞船和人造卫星的出现，土地所有者的空间权利同样受到了限制。只要土地所有者的土地所有权未受到不合理的侵害，那么他就没有对抗飞行物依法在私人领地上空飞行的权利。

(2) 土地定着物

定着物是固定于土地并不能够移动的有独立实用价值的物。最主要的是房屋及其他各种建筑物,如纪念碑、通信电台、桥梁、牌坊、高架道路等。不是地上原来就有的,但是和地紧紧连在一起,不可分割。

建筑物是指人工建造的供人们进行生产、生活等活动的房屋或场所,包括房屋和构筑物两大类。其中,房屋是指有基础、墙、顶、门、窗,起着遮风避雨、保温隔热、抵御野兽或他人侵袭等作用,供人们在里面居住、工作、学习、娱乐、储藏物品或进行其他活动的建筑物,一般是由建筑材料、建筑构配件和设备(如给排水、卫生、燃气、照明、空调、电梯、通信、防灾等设备)等组成的空间场所。构筑物是指人们一般不直接在里面进行生产和生活活动的建筑物,如烟囱、水塔、水井、道路、桥梁、隧道、水坝等。

根据建筑物的用途,通常可分为生产性建筑和非生产性建筑两大类。前者包括工业建筑和农业建筑,后者包括居住建筑和公共建筑。工业建筑按照不同的分类方法可以分为不同的类型。按照用途,可以分为生产厂房、生产辅助厂房、动力用厂房、仓储建筑、建筑用建筑和其他建筑;按照建筑层数,可以分为单层厂房、多层厂房和层次混合厂房;按照建筑跨度,可以分为单跨厂房、多跨厂房和纵横跨厂房;按照跨度尺寸,可以分为大跨度厂房和小跨度厂房;按照生产情况,可以分为热加工车间、冷加工车间、恒温恒湿车间、洁净车间和其他特种状况的车间。农业建筑是指供农业生产使用或直接为农业生产服务的建筑。如料仓、养殖场等。居住建筑是指供人们日常居住生活使用的建筑物,包括住宅、公寓、别墅、宿舍等。公共建筑是指供人们进行各种公共活动的建筑,一般可分为生活服务性建筑、文教建筑、托幼建筑、科研建筑、医疗建筑、商业建筑、体育建筑、文娱建筑和其他建筑。

(3) 其他附着物

其他附着物由相关法律予以界定。如美国有关法律规定,一旦某动产被视作附着物,则该动产在法律上将被看作土地的一部分,无论该动产原来属于谁,都将归土地所有者所有。那么,在什么条件下,动产才可被视作附着物呢?美国的判断准则是动产所有者是否有此意愿。例如,土地所有者和承租人在契约中约定,承租者在所承租的土地上建造的附属车库,可以在租约到期前拆除移走,则该车库为承租者的动产而不属于附着物;若契约约定不能拆除,则该车库将被视为附着物而为土地所有者所有。但若某些依附于土地或建筑物的动产,移动时必然会对土地、建筑物或该动产本身造成很大损害,则无论该动产所有人是否有此意愿,该动产都被视作附着物,如给排水管道、电力、热力系统等。另外,不动产业主为提高其不动产的价值和功能,在地上建造的庭院、花园、假山、栅栏等,也是附着物。

但是,对于承租者为自己经营或利用而依附于所承租土地或建筑物上的动产,如保龄球道、餐饮设备、工具棚、鸡舍、书柜、地毯、镜子等,在美国被称为"商业附着物",承租人一般都被授权可在租约期满之前随时将这些附着物移走,除非这些附着物已成为土地或建筑物的完整部分,移动时必然会对土地、建筑物或动产本身造成很大损害。此外,如果租约期满之前承租人未将此类附着物移走,则该动产在法律上将成为它所依附的土地或建筑物的业主所有。在我国也有类似于"商业附着物"的状况,如承租者在所承租的建筑物内进行的二次装修、娱乐场所安装的旋转灯具和音响设施等。

### 2. 不动产权益

不动产权益是指由法律设定的不动产各种权利(包括各自权能及范围界定)以及享有这些权利所能获得的利益或收益。

从历史上看，各国财产权利的设置都是通过法律制度规定的，并受到各国法律的保护。其中涉及不动产权利的，主要是民法中对物权创设的规定。许多国家和地区在土地权利的设置方面都借鉴了罗马物权法，即在所有权(自物权)上设定他物权，包括用益物权和担保物权，如使用权、居住权、地上权、地役权、抵押权、质权、留置权、典权等，有的还设置了具有债权性质的租赁权。英美法系国家虽然更注重案例判据，但对各种不动产权利也有相应的法律判断准则，而且权利界定似乎更加准确合理。

随着经济发展和社会分工的深化，人们之间的交易范围越来越广泛，使得具有封闭性特征、集中于同一财产主体的古典所有权权能发生分解，不再具有封闭性的特征。具体表现为有关财产的权利不断细分，新的权利不断出现，在同一财产物中产生出不同权利之间的复杂关系。

在市场经济条件下，进入市场交易的既可以是不动产(土地)中的某项独立权利，也可以是其中若干独立权利的组合，财产权利束的细分随市场化程度发生变化。例如在日本，为了解决城市向地下和空间发展以及协调发展中所涉及的复杂相邻关系，特别针对兴建地铁、高架铁路等在民法中增设了"区分地上权"这一新的权利，以区别借地法中所设置的以拥有建筑物为目的的一般地上权。在美国，当不动产整体转让时，则该不动产范围内的地下资源和空间权利同时转让。但是，不动产业主也可只将其部分权利转让。例如，他可在保留土地其他权利的同时，将采矿权和空间权分别出售给不同的需求者，或将它们同时出售给同一人。此外，他也可将土地(地面)出售给某个需求者，而将地下资源或采矿权出售给另一个需求者，或者自己保留采矿权等。

我国实行的是社会主义公有制度，其中，城市土地为国家所有，农村土地为农民集体所有。在城市中，能够进入市场流转的是以城市土地使用权为基本产权的城市土地产权体系，目前主要有土地使用权、抵押权、租赁权以及民法中以"相邻关系"表现的地役权等。土地使用权的形成包括"出让"和"划拨"两种方式，其中，以有偿出让方式形成的土地使用权，产权相对明晰，即在权利存续期间，土地使用权人享有占有、使用、收益和部分处置权能，同时承担履行出让合同所规定的义务。土地使用权转让时，必须满足国家有关法规对转让条件的规定。此外，我国有关法律规定，地下资源和市政设施属国家所有，并不依附于土地使用权。土地使用权转让时，地上建筑物和其他附着物同时转让；同样，地上建筑物(所有权)转让时，其用地范围内的土地使用权也同时转让。以行政划拨方式形成的土地使用权，产权相对模糊，而且也不能直接进入市场流转。但是，由于我国实行房屋所有权和土地使用权同时转移的原则，而房屋所有权要求对房屋具有处置权，因此有关法律对划拨土地使用权的处置做了比较灵活的规定。

《中华人民共和国城市房地产管理法》第 21 条规定："房地产转让、抵押时，房屋的所有权和该房屋占用范围内的土地使用权同时转让、抵押。"该法第 39 条第 1 款规定："以划拨方式取得土地使用权的，转让房地产时，应当按照国务院规定，报有批准权的人民政府审批。有批准权的人民政府准予转让的，应当由受让方办理土地使用权出让手续，并按照国家有关规定缴纳土地使用权出让金。"同条第 2 款又规定："以划拨方式取得土地使用权的，转让房地产报批时，有批准权的人民政府按照国务院规定决定可以不办理土地使用权出让手续的，转让方应当按照国务院规定将转让房地产所获收益中的土地收益上缴国家或作其他处理。"由此可见，划拨土地使用权的权益不同于出让方式取得的土地使用权。

在我国农村，国家出于保护耕地的目的，严格限制农业用地转换用途，目前只有将农村集体土地转变为国有土地的单向征用方式，农户住宅一般也不允许转让和抵押，因此还不完全具备不动产的性质。但是，我国有关法律已允许土地承包经营权在不改变既定用途的条件下进行流转。随着我国市场经济的发展，农村土地也将逐步进入特定用途的土地市场，成为我国新的不动产类型。

分析与思考：

动产与不动产的区别和联系。

# 1.2　不动产的特性

不动产是一种特殊商品，既有一般商品的属性，又有其特殊性。不动产本身所具有的特性，使得不动产市场和一般商品市场、不动产价格和一般商品价格之间存在着很多不同点。

从本质上看，不动产的基本特征是不可移动性，它是由土地的自然特性所决定的，因此，不动产的特性主要取决于土地特性。此外，不动产作为一种财产，体现的是人们之间的社会关系和经济关系，所以不动产特性也表现在社会经济特性方面。因此，这里主要对不动产的自然特性和社会经济特性进行分析。

## 1.2.1　自然特性

不动产作为自然物的特性，包括位置固定性、耐久性、个别性、数量有限性；此外还有在一定社会经济条件下由这些特性所衍生的不动产其他性质。

### 1. 位置固定性

位置固定性又称不可移动性。土地的地理位置是固定的，不能移动的，这就决定了固定或依附于土地上的建筑物和其他附着物通常也不能移动。它们虽然可以被拆除，但拆除后就不再是建筑物，或不再是原不动产的组成部分，因此包括建筑物和其他附着物在内的不动产同样具有不可移动的特性。不动产的位置固定性一般可从三个方面来理解，即自然地理位置的固定性、交通位置的相对固定性与社会经济位置的相对固定性。

不动产的位置固定性，决定了每宗不动产都处于特定的自然和社会环境之中，因此不动产具有明显的区位优劣差异。所谓区位，是指某地域空间范围内各种事物的位置分布及其相互联系，除自然地理位置外，还包括可及性(接近的难易程度)、联系的便捷性、与重要场所的距离、地域自身的社会经济地位等。然而，由于不同时期的社会经济状况会发生变化，因此，不动产所处的地理位置虽然固定不变，但社会经济地位却会发生变化。

不动产的位置固定性，也决定了不动产市场是一个地区性市场，不动产的供给和需求局限于一定的空间范围内。也就是说，某地的不动产供给，只能来自当地土地资源的开发和利用，而不动产需求也只是对当地不动产的需求。因此不动产市场既受限于当地的土地资源状况，也受限于当地的社会经济条件和市场需求。

此外，不动产的位置固定性，使得每一宗不动产的价值都不相同。因为从时间、地点和空间位置来看，没有任何两宗不动产是相同的或完全一样的。

然而，随着新生事物的不断涌现，一些传统观念也受到了挑战。例如在美国，可由汽车拖拉的活动房屋就是一种非常典型和有争议的财产类型。虽然这种活动房屋在法律上仍被认为是一种动产，但是不少学者认为它的存在可以影响地区性不动产市场，而且它也具有一般房屋所具备的很多功能。因此，美国一些州对此制定出特别法律，规定活动房屋一旦被长期固定在某个位置后，就应被视作不动产。其原因在于，这种活动房屋的价格通常在 5 万美元以下，比一般住宅便宜很多，它们大多被固定在城市中的专门场所，可以很方便地与各种设施连接。同时，活动房屋的所有者每年只需承担较少的执照费和一定的占地租金，从而间接地为所在社区提供税费，但他的所有支付却远远少于其能享受到的学校和其他服务设施提供的服务，而这些设施的财政支出主要来源于不动产税收。所以，美国加利福尼亚州已对无车轮的活动房屋按住宅征税，其他一些州也在考虑设置类似的税目。

### 2. 耐久性

耐久性又称寿命长久性，是指土地不因使用或放置而损耗或毁灭。从本质上说，土壤和岩石虽然会流失或风化，地形和地貌也会发生变化，但土地本身却是永存的，可供人类长久使用。

建筑物寿命一般也很长久，可以长期使用。建筑物寿命可以分为自然寿命和经济寿命，其使用寿命主要受经济寿命的制约。自然寿命是指房地产从地上建筑物建成投入使用开始，直至建筑物由于主要结构构件和设备的自然老化或损坏，不能继续保证安全使用的持续时间；经济寿命则是指在正常市场和运营状态下，房地产的经营收益大于其运营成本，即净收益大于零的持续时间。也就是当使用和维护建筑物所能带来的利益或收益低于所需支付的成本时，建筑物不再具有保留价值；此外，如果能更有效地利用土地或者能更好地实现土地的经济价值，则也有拆除建筑物的必要。

不动产的耐久性可给产权人带来现实和未来的持续收益，但是产权人所能获得的未来持续收益受有关法律的制约。例如根据我国《城镇国有土地使用权出让和转让暂行条例》第 12 条规定，土地使用权出让最高年限按下列用途确定：居住用地 70 年；工业用地 50 年；教育、科技、文化、卫生、体育用地 50 年；商业、旅游、娱乐用地 40 年；仓储用地 50 年；综合或者其他用地 50 年。以出让方式取得土地使用权的，只能在出让合同约定的使用年限内获得土地收益；如果转让其不动产，则土地使用权年限为原出让合同约定的使用年限减去原土地使用者已使用年限后的剩余年限，因此受让方只能获得土地使用权剩余年限内的不动产收益。因为土地使用权期满后将被国家无偿收回，如果续期则必须按新的合同约定重新缴纳续期年限内的土地使用权出让金。因此，我国的不动产估价必须考虑土地使用权年限的限制。

### 3. 个别性

个别性又称独特性、异质性、独一无二，是指从时间、地点和空间位置来看，没有任

何两处不动产是相同的或完全一样的，即每一宗不动产的价值都不相同，都存在一定的差异。这些差异包括位置差异、利用程度差异、权利差异。

尽管两栋建筑物可以采用完全相同的建筑设计，但也会因为它们各自所占土地的自然条件和坐落位置等不同而使这两宗不动产实质上并不相同。此外，假定两相邻地块其他各种差异可以忽略不计，只是土地利用强度(建筑容积率、建筑密度、建筑高度等)的规定有所不同，则两地块会因产权人权益的不同而不同。在极端情况下，即使是同一宗土地，也会因为设定他项权利后的权益发生变化而与此前的不同不动产的个别性使得不动产之间不能实现完全替代，每一宗不动产的价格都存在差异，因此不动产市场是一个非完全竞争的市场。同时，由于不动产涉及多方面的综合知识，使得不动产市场交易信息严重不对称，因此需要不动产估价专业人员提供估价服务。

需要注意的是，尽管不动产具有个别性，但是一些不动产之间在一定程度上仍然存在着替代性。如住宅不动产之间、商业不动产之间存在着竞争关系，价格上也充分体现了它们之间的相互影响，不动产估价方法中的市场法便是基于此。

### 4. 数量有限性

数量有限性又称供给有限性，是指人类赖以生存的土地资源总量是固定不变和有限的。土地是自然物，不能被人类所创造，相对于人类无限需求而言，数量十分有限。

土地供给通常分为自然供给和经济供给。土地自然供给(又称为土地的物理供给或实质供给)是指地球所能提供给人类社会利用的各类土地资源的数量，包括已利用的土地资源和未来可利用的土地资源。它不受任何人为因素或社会经济因素的影响，数量固定不变，因而是无弹性供给。土地自然供给受到气候条件、土壤质地、可资利用的淡水资源、生产资源以及交通条件等因素的影响。土地经济供给是土地在自然供给及自然条件允许的情况下，随着土地利用效益的提高而增加的土地供给量。鉴于土地具有多宜性，土地利用效益存在差异性，因此，土地经济供给随着土地需求的增长和经济效益的提高而变化，具有弹性。在土地作为商品进行交易的条件下，土地经济供给的变动趋势直接与土地的价格、地租发生关系。影响土地经济供给的基本因素有多种：土地自然供给量、土地利用的集约度、社会发展的需求、交通运输条件和现代科学技术的发展等。

另外，土地良好区位条件的形成需要大量人力、物力和财力的投入，也需要比较漫长的时间，而区位条件好的土地数量更为有限，在这些位置建造的建筑物数量也十分有限，从而使得占用这些十分有限的不动产必须支付更大的代价，所以位置好坏对不动产价格具有特别重要的意义。

目前，要增加不动产数量的方法，一是通过平面扩张，即向城市外的郊区发展；二是通过立体化的发展，即向上、向下扩张来实现，如提高建筑密度、建筑容积率、建筑高度等。但这些都要以耕地保护、城市规划、城市的可持续发展等为前提和基础，不能盲目增加。

## 1.2.2 社会经济特性

不动产的社会经济特性，体现的是人们之间的社会关系和经济关系的特性，主要有价值量大、用途多样性、相互影响性、权益受限性、难以变现性和保值增值性。

## 1. 价值量大

与一般物品相比，不动产不仅单价高，而且总价大。从单价高来看，每平方米土地或每平方米建筑面积房屋的价格，少则数百元，多则数千元甚至数万元。从总价大来看，不动产不可能按照单位面积零星消费，而必须要按照一定的规模(面积)消费，因此，一宗地或一套建筑物的总价值昂贵，少则几万元，多则数十万元、数百万元甚至更高。

## 2. 用途多样性

用途多样性也称为用途的竞争、转换及并存的可能性。用途多样性指土地可根据人类需要用于多种不同用途，主要是空地所具有的特性。如作为商业、住宅、工业、农业用地等。在一定条件下，不同用地之间可实现相互转化。如农业用地转化为商业、住宅或工业用地等，或工业用地转化为商业或农业用地等，只要这种转化能够使土地资源得到更有效或更适宜的利用，或者为了满足人类对某种用地的急需。同类用地也可在利用形式上发生变化，如改变用地的利用强度和空间分布等。此外，不同用地还可实现空间交叉或并存，如多功能建筑群用地和综合楼用地等。

虽然不动产具有用途多样的特性，但现实中不动产的用途并不是可以随意决定的。其利用一方面要符合城市规划等的规定；另一方面还存在着不同用途以及利用方式之间的竞争和优选问题。在市场经济中，不动产拥有者趋向于将其不动产用于预期可以获得最高收益的用途和利用方式。从经济角度看，土地利用的优先选择顺序一般是：商业、办公、居住、工业、耕地、牧场、放牧地、森林、不毛荒地。

## 3. 相互影响性

相互影响性指不动产涉及社会的各个方面，容易对外界各方面产生影响，但同时它也容易受到外界各方面的影响。

动产的使用基本上是孤立的，相互间较少有影响，再加上可以移动，即使有影响，也易于排除，影响通常是短暂的。而由于不动产具有位置固定性和耐久性，一旦形成某种格局就很难轻易改变。从总体上看，城市用地结构和空间布局是长期形成的，无论合理与否都很难改变，除需要大量的资金投入和时间耗费之外，还涉及社会各方面的利益。比如一条道路甚至一栋建筑物的修建，既可能给一些群体带来方便和利益，但也可能对另一些群体的利益造成损害；或者在给人们带来利益的同时，也给人们带来一定的损害。从个体上看，任何不动产的价值不仅取决于自身的状况，也取决于周围环境和区位条件的优劣。对每一宗不动产而言，它既是其他不动产周围环境的组成部分，同时也是整体区位的组成单元。也就是说，它不仅受外界的影响，而且也对外界产生影响。

进一步来看，不动产利用存在经济学里所讲的"外部性(也称为外部效应)"。所谓外部性，是指某个经济行为主体(生产者或消费者)进行生产或消费等活动时，对其他经济行为主体带来的影响。外部性分为正的(有利的)外部性和负的(有害的)外部性。正的外部性，是指某个经济行为主体的活动使他人或社会受益，而受益者无须为此花费代价。例如，某人在自己的住宅周围种植花草树木、美化环境，其邻居也会受益，但却不用支付任何费用。负的外部性，是指某个经济行为主体的活动使他人或社会受损，而该经济行为主体却没有为此承担成本。例如，工厂向河流中排放废水、汽车排放废气，污染了环境，对社会和广大

的人群产生了有害的影响，而它们却没有向受害者支付任何补偿费。

### 4. 权益受限性

不动产是各种生产、生活中都不可或缺的基本要素，关系国计民生及社会、经济的稳定，再加上不动产的相互影响特性，因此，需要对不动产进行必要的限制或者管制。

在美国，政府为了维护公共利益，通过实行以下权利对不动产权益加以限制。

(1) 征用权

征用权在美国是联邦政府和州政府的一种固有权利，现已授权给政府部门和私营公用事业公司行使。政府为了公共利益的需要，无须取得业主同意，有权征用私人的不动产，但需对业主进行补偿。征用权的行使也必须执行法律程序，征用目的应是为了用于公共设施。我国法律也规定，国家为了公共利益的需要，可以征用农民集体所有的土地。

(2) 管制权

管制权是政府为了给社区提供公共健康、安全、道德和一般福利而对不动产的利用加以规范和进行限制的权利。州立法机构经常将该项权利分级授予县、市、村各级政府机构。管制权的行使通常包括制定土地细分规则、分区制、建筑规范、环境保护法规等，分别对公共用地要求，各种用地的形状、方位和最小单元面积，土地功能分区利用，建筑设计和施工，环境保护等做出具体规定。类似我国城市规划等相关法规对土地用途、土地使用强度、绿化、建筑标准和环保等做出的规定。

(3) 征税权

州政府和地方政府为了增加社区福利，可以在必要时提高不动产税收。在我国也设有类似的权利。

(4) 无继承人财产充公权

无继承人财产充公权是政府对土地私有业主的一种限制。当土地所有者死亡，没有留下有效遗嘱或没有继承人，也没有对其财产的合法原告和请求人时，其不动产将被自动转为州政府或县政府的财产。

除此之外，政府还针对外部性问题对不动产权益制定了一些限制性规定。如不动产业主在利用其不动产时不得损害他人的利益；共有不动产的正当占有人有责任维护其他共有产权人的合法利益，不得因自身行为不当引起共有不动产的价值损失；不动产的受让人应按转让或承租合约利用不动产，同时也必须服从政府为维护公共利益所制定的法规；不动产业主有为他人提供地役权的义务；不动产业主有责任对其不动产进行维修和保养，不得对他人人身和财产造成损害等。

### 5. 难以变现性

难以变现也称为流动性差。变现能力是指在没有过多损失的条件下，将非现金资产转换为现金的速度。

由于不动产价值高、不可移动和个别性，使得同一宗不动产的交易不可能很频繁。同时，一旦购买不动产，由于它不像动产那样可以自由流动，所以必须承担未来区位条件变化和政策影响的风险。不动产价值越高，风险相应也越大。此外，不动产的个别性使得它所面对的购买群体范围相对较窄。不动产价值越高，购买群体范围也越窄。因此，当不动产需要出售时，往往需要花费相当长的时间来寻找合适的买方和进行讨价还价，因而变现比较困难。否则，只有采用相当幅度降价的方式，才可能实现快速变现。

不同类型的不动产及在不同的不动产市场状况下，其变现能力会有区别。影响某宗不动产变现能力的因素主要有如下。

(1) 通用性

通用性即是否常见、是否普遍使用。通用性强的不动产变现能力较强，反之较弱。

(2) 独立使用性

独立使用性即能否单独使用而不受限制。一般来说，独立使用性越差的不动产，变现能力越弱。

(3) 不动产的价值大小

价值越大的不动产，所需的资金越多，越不容易找到买者，变现能力越弱。

(4) 可分割转让性

可分割转让性，是指在物理上、经济上是否可以分离开来使用。容易分割转让的不动产，变现能力较强；反之，变现能力就较弱。

(5) 不动产的开发程度

开发程度越低的不动产，不确定性因素越多，变现能力越弱。例如，生地、毛地比熟地的变现能力弱，在建工程比现房的变现能力弱。

(6) 区位

一般来说，所处区位越偏僻、越不成熟发达的不动产，其变现能力越弱。例如，郊区的不动产比市区的不动产变现能力弱，商圈外的商业用房比商圈内的商业用房变现能力弱。

(7) 市场状况

不动产市场越不景气，出售越困难，变现能力越弱。

### 6. 保值增值性

一般来说，豆腐、牛奶之类易腐烂变质的物品，经过一段时间之后价值会完全丧失；计算机、电视机之类的高科技产品，随着更加高技术的出现，价值会大大降低。但是由于不动产具有耐久性，土地可长久使用，建筑物价值自然损耗时间也很长，其价值通常可以保持，甚至随着时间的推移其价值会自然增加，即自然增值。

引起不动产价格上升的原因主要有 4 个方面。

(1) 对不动产本身进行投资改良

例如装饰装修改造，更新或添加新设备，改进物业管理。

(2) 通货膨胀

不动产的交换价值可随货币贬值而增加，从而表现出保值和增值性。

(3) 需求增加

需求增加导致稀缺性增加。例如经济发展和人口增长带动不动产需求增加。

(4) 外部经济

例如交通条件或周围环境改善带动不动产价格的提升。

不动产的保值增值性是针对不动产价格变化的总体趋势而言的，不排除不动产价值随社会经济发展的波动而波动，也不排除人为造成的市场动荡和外部负效应所引起的不动产贬值。然而，对于不动产个体而言，由于我国法律限制了土地使用权年限，所以保值增值性是相对的。也就是说，在某个时间段内，它的交换价值表现出保值增值性，但随着剩余使用年限逐渐减少到零，产权人所能获得的交换价值也将逐渐减少到零。而在土地使用权到期被国家收回后，国家重新出让的土地使用权价格体现的是该时点市场条件下新的权益价值，往往会在原出让价格上发生增值。

# 1.3 不动产类别划分

## 1.3.1 土地利用现状分类

根据《土地利用现状分类》(GB/T 21010—2007)国家标准，土地利用现状分类采用一级、二级两个层次的分类体系，共分 12 个一级类、57 个二级类。其中一级类包括：耕地、园地、林地、草地、商服用地、工矿仓储用地、住宅用地、公共管理与公共服务用地、特殊用地、交通运输用地、水域及水利设施用地、其他土地。详细分类见本小节最后的案例 1-1。

## 1.3.2 不动产分类

不动产分类的方式有多种，本书按照用途的不同进行分类介绍。

按用途划分，不动产主要可分为居住用途、商业用途、办公用途、服务用途、文化娱乐及休闲用途、医疗用途、工业和仓储用途、农业用途、特殊用途和综合用途 10 类。

### 1. 居住用途

居住不动产是不动产商品中所占比重最大的一类，包括普通住宅、公寓、别墅、集体宿舍等。

居住不动产的分类方式有多种，可以按照档次和市场化程度对其进行划分。

(1) 按档次划分

① 普通住宅。它是为普通居民提供的，符合国家住宅标准的住宅。普通住宅符合国家一定时期的社会经济发展水平，符合国家人口、资金和土地资源等基本国情。它代表一个国家或地区城市居民实际达到或能够达到一定经济条件下的居住水平。

② 高级住宅。它是为满足市场中高收入阶层的特殊需求而建造的高标准豪华型住宅，包括高级公寓、花园住宅和别墅等。这类住宅的户型和功能空间多样化；每套建筑面积较大，从一百多平方米到几百平方米不等；装修、设施和设备高档化，较多地采用进口和出口高级装饰材料和洁具设备；户外环境要求高；服务标准高，管理系统完善，往往采取封闭式安全保卫措施和高质量的物业管理。高级住宅税费额度大，其工程造价和市场售价均较高。

③ 简易住宅。它主要是指建筑年代较早、功能短缺、设备不全、设施陈旧、结构单薄的住房。

(2) 按市场化程度划分

① 社会保障性住宅。它是体现政府、单位、个人三者共同负担投资和税费的原则，为保障居民必要的居住水平，以优惠的税费和价格向居民提供的住宅，如为中、低收入者提供的住宅。其价格是不完全的成本价格，不包括土地增值的价值，有的甚至只包括部分成

本费用。这类房地产的估价较为复杂，往往因交易对象、交易目的不同而出现不同的价格。

② 市场化商品住宅。它包括向高收入职工家庭出售的实行市场价的公有住房、单位和个人在市场上购买的住宅商品房，以及其他以市场价格交易的各类住宅。

### 2. 商业用途

商业不动产是指用于各种零售、批发、餐饮、娱乐、健身服务、休闲等经营用途的不动产，包括零售商店、购物中心、超级市场、批发市场、贸易场所等。

商业不动产规模有大有小。规模大的商业不动产项目可以达到几十万、上百万平方米，规模小的商业不动产项目仅几百平方米，甚至更小。规模庞大的商业不动产，其经营多采用开发商整体开发，主要以收取租金为投资回报形式的模式；规模较小的商业不动产，大多数项目采取租金回收的方式。

### 3. 办公用途

办公不动产，俗称写字楼，是指用于公司或企业从事各种业务经营活动的建筑物及其附属设施和相关场地，包括经营性的商务办公楼，如金融、保险大厦，电话、电信大楼等；也包括政府行政办公楼等。

### 4. 服务用途

服务不动产包括宾馆、旅店、饭店、度假村、招待所、酒店、餐馆、快餐店、酒吧、咖啡店、食堂、菜场、浴室、理发店、加油站等。

### 5. 文化娱乐及休闲用途

文化娱乐及休闲不动产包括图书馆、博物馆、文化馆、展览馆、音乐厅、影剧院、游乐场、娱乐城、康乐中心、夜总会、体育馆(场)、游泳馆(池)、高尔夫球场、海滩、滑雪场、风景名胜区等。

### 6. 医疗用途

医疗不动产包括医院、疗养院、急救中心等。

### 7. 工业和仓储用途

工业和仓储不动产包括工业厂房、车间、料场、矿山、仓库、直接为工业生产配套服务的厂内办公场所等。

### 8. 农业用途

农业不动产包括农用地、农场、林场、畜牧场、谷场、果园、水利设施等。

### 9. 特殊用途

特殊用途不动产通常伴随着专营权，包括火车站、汽车站、机场、水上客运站、大中小学设施、托幼设施、实验楼、部队营房、教堂、寺庙、墓地等。

### 10. 综合用途

综合用途不动产是指具有上述两种或两种以上用途的不动产。

**重点提示：**

掌握土地与不动产的类别划分。

**【案例 1-1】**

土地利用现状分类(GB/T 21010—2007)

| 一级类 | | 二级类 | | 含　义 | 三大类 |
|---|---|---|---|---|---|
| 类别编码 | 类别名称 | 类别编码 | 类别名称 | | |
| 01 | 耕地 | | | 指种植农作物的土地，包括熟地、新开发、复垦、整理地，休闲地(轮歇地、轮作地)；以种植农作物(含蔬菜)为主，间有零星果树、桑树或其他树木的土地；平均每年能保证收获一季的已垦滩地和海涂。耕地中还包括南方宽度<1.0米、北方宽度<2.0米固定的沟、渠、路和地坎(埂)；临时种植药材、草皮、花卉、苗木等的耕地，以及其他临时改变用途的耕地 | 农用地 |
| | | 011 | 水田 | 指用于种植水稻、莲藕等水生农作物的耕地。包括实行水生、旱生农作物轮种的耕地 | |
| | | 012 | 水浇地 | 指有水源保证和灌溉设施，在一般年景能正常灌溉，种植旱生农作物的耕地。包括种植蔬菜等的非工厂化的大棚用地 | |
| | | 013 | 旱地 | 指无灌溉设施，主要靠天然降水种植旱生农作物的耕地，包括没有灌溉设施，仅靠引洪淤灌的耕地 | |
| 02 | 园地 | | | 指种植以采集果、叶、根、茎、枝、汁等为主的集约经营的多年生木本和草本作物，覆盖度大于50%或每亩株数大于合理株数70%的土地。包括用于育苗的土地 | |
| | | 021 | 果园 | 指种植果树的园地 | |
| | | 022 | 茶园 | 指种植茶树的园地 | |
| | | 023 | 其他园地 | 指种植桑树、橡胶、可可、咖啡、油棕、胡椒、药材等其他多年生作物的园地 | |
| 03 | 林地 | | | 指生长乔木、竹类、灌木的土地，及沿海生长红树林的土地。包括迹地，不包括居民点内部的绿化林木用地，以及铁路、公路、征地范围内的林木，以及河流、沟渠的护堤林 | |
| | | 031 | 有林地 | 指树木郁闭度≥0.2的乔木林地，包括红树林地和竹林地 | |
| | | 032 | 灌木林地 | 指灌木覆盖度≥40%的林地 | |
| | | 033 | 其他林地 | 包括疏林地(指树木郁闭度≥0.1、<0.2的林地)、未成林地、迹地、苗圃等林地 | |
| 04 | 草地 | | | 指生长草本植物为主的土地 | |
| | | 041 | 天然牧草地 | 指以天然草本植物为主，用于放牧或割草的草地 | |
| | | 042 | 人工牧草地 | 指人工种植牧草的草地 | |
| | | 043 | 其他草地 | 指树木郁闭度<0.1，表层为土质，生长草本植物为主，不用于畜牧业的草地 | 未利用地 |

续表

| 一级类 | | 二级类 | | 含　义 | 三大类 |
|---|---|---|---|---|---|
| 类别编码 | 类别名称 | 类别编码 | 类别名称 | | |
| 05 | 商服用地 | | | 指主要用于商业、服务业的土地 | |
| | | 051 | 批发零售用地 | 指主要用于商品批发、零售的用地。包括商场、商店、超市、各类批发(零售)市场、加油站等及其附属的小型仓库、车间、工场等的用地 | |
| | | 052 | 住宿餐饮用地 | 指主要用于提供住宿、餐饮服务的用地。包括宾馆、酒店、饭店、旅馆、招待所、度假村、餐厅、酒吧等 | |
| | | 053 | 商务金融用地 | 指企业、服务业等办公用地，以及经营性的办公场所用地。包括写字楼、商业性办公场所、金融活动场所和企业厂区外独立的办公场所等用地 | |
| | | 054 | 其他商服用地 | 指上述用地以外的其他商业、服务业用地。包括洗车场、洗染店、废旧物资回收站、维修网点、照相馆、理发美容店、洗浴场所等用地 | |
| 06 | 工矿仓储用地 | | | 指主要用于工业生产、物资存放场所的土地 | |
| | | 061 | 工业用地 | 指工业生产及直接为工业生产服务的附属设施用地 | |
| | | 062 | 采矿用地 | 指采矿、采石、采砂(沙)场，盐田，砖瓦窑等地面生产用地及尾矿堆放地 | |
| | | 063 | 仓储用地 | 指用于物资储备、中转的场所用地 | |
| 07 | 住宅用地 | | | 指主要用于人们生活居住的房基地及其附属设施的土地 | |
| | | 071 | 城镇住宅用地 | 指城镇用于居住的各类房屋用地及其附属设施用地。包括普通住宅、公寓、别墅等用地 | 建设用地 |
| | | 072 | 农村宅基地 | 指农村用于生活居住的宅基地 | |
| 08 | 公共管理与公共服务用地 | | | 指用于机关团体、新闻出版、科教文卫、风景名胜、公共设施等的土地 | |
| | | 081 | 机关团体用地 | 指用于党政机关、社会团体、群众自治组织等的用地 | |
| | | 082 | 新闻出版用地 | 指用于广播电台、电视台、电影厂、报社、杂志社、通讯社、出版社等的用地 | |
| | | 083 | 科教用地 | 指用于各类教育，独立的科研、勘测、设计、技术推广、科普等的用地 | |
| | | 084 | 医卫慈善用地 | 指用于医疗保健、卫生防疫、急救康复、医检药检、福利救助等的用地 | |
| | | 085 | 文体娱乐用地 | 指用于各类文化、体育、娱乐及公共广场等的用地 | |
| | | 086 | 公共设施用地 | 指用于城乡基础设施的用地。包括给排水、供电、供热、供气、邮政、电信、消防、环卫、公用设施维修等用地 | |
| | | 087 | 公园与绿地 | 指城镇、村庄内部的公园、动物园、植物园、街心花园和用于休憩及美化环境的绿化用地 | |
| | | 088 | 风景名胜设施用地 | 指风景名胜(包括名胜古迹、旅游景点、革命遗址等)景点及管理机构的建筑用地。景区内的其他用地按现状归入相应地类 | |

续表

| 一级类 | | 二级类 | | 含　义 | 三大类 |
|---|---|---|---|---|---|
| 类别编码 | 类别名称 | 类别编码 | 类别名称 | | |
| 09 | 特殊用地 | | | 指用于军事设施、涉外、宗教、监教、殡葬等的土地 | |
| | | 091 | 军事设施用地 | 指直接用于军事目的的设施用地 | |
| | | 092 | 使领馆用地 | 指用于外国政府及国际组织驻华使领馆、办事处等的用地 | |
| | | 093 | 监教场所用地 | 指用于监狱、看守所、劳改场、劳教所、戒毒所等的建筑用地 | |
| | | 094 | 宗教用地 | 指专门用于宗教活动的庙宇、寺院、道观、教堂等宗教自用地 | |
| | | 095 | 殡葬用地 | 指陵园、墓地、殡葬场所用地 | |
| 10 | 交通运输用地 | | | 指用于运输通行的地面线路、场站等的土地。包括民用机场、港口、码头、地面运输管道和各种道路用地 | |
| | | 101 | 铁路用地 | 指用于铁道线路、轻轨、场站的用地。包括设计内的路堤、路堑、道沟、桥梁、林木等用地 | |
| | | 102 | 公路用地 | 指用于国道、省道、县道和乡道的用地。包括设计内的路堤、路堑、道沟、桥梁、汽车停靠站、林木及直接为其服务的附属用地 | |
| | | 103 | 街巷用地 | 指用于城镇、村庄内部公用道路(含立交桥)及行道树的用地。包括公共停车场、汽车客货运输站点及停车场等用地 | |
| | | 104 | 农村道路 | 指公路用地以外的南方宽度≥1.0米、北方宽度≥2.0米的村间、田间道路(含机耕道) | 农用地 |
| | | 105 | 机场用地 | 指用于民用机场的用地 | |
| | | 106 | 港口码头用地 | 指用于人工修建的客运、货运、捕捞及工作船舶停靠的场所及其附属建筑物的用地,不包括常水位以下部分 | 建设用地 |
| | | 107 | 管道运输用地 | 指用于运输煤炭、石油、天然气等管道及其相应附属设施的地上部分用地 | |
| 11 | 水域及水利设施用地 | | | 指陆地水域、海涂、沟渠、水工建筑物等用地。不包括滞洪区和已垦滩涂中的耕地、园地、林地、居民点、道路等用地 | |
| | | 111 | 河流水面 | 指天然形成或人工开挖河流常水位岸线之间的水面,不包括被堤坝拦截后形成的水库水面 | 未利用地 |
| | | 112 | 湖泊水面 | 指天然形成的积水区常水位岸线所围成的水面 | |
| | | 113 | 水库水面 | 指人工拦截汇积而成的总库容≥10万立方米的水库正常蓄水位岸线所围成的水面 | 建设用地 |
| | | 114 | 坑塘水面 | 指人工开挖或天然形成的蓄水量<10万立方米的坑塘常水位岸线所围成的水面 | 农用地 |
| | | 115 | 沿海滩涂 | 指沿海大潮高潮位与低潮位之间的潮侵地带。包括海岛的沿海滩涂。不包括已利用的滩涂 | |
| | | 116 | 内陆滩涂 | 指河流、湖泊常水位至洪水位间的滩地;时令湖、河洪水位以下的滩地;水库、坑塘的正常蓄水位与洪水位间的滩地。包括海岛的内陆滩地。不包括已利用的滩地 | 建设用地 |

续表

| 一级类 | | 二级类 | | 含　义 | 三大类 |
| 类别编码 | 类别名称 | 类别编码 | 类别名称 | | |
|---|---|---|---|---|---|
| 11 | 水域及水利设施用地 | 117 | 沟渠 | 指人工修建，南方宽度≥1.0米、北方宽度≥2.0米用于引、排、灌的渠道，包括渠槽、渠堤、取土坑、护堤林 | 农用地 |
| | | 118 | 水工建筑用地 | 指人工修建的闸、坝、堤路林、水电厂房、扬水站等常水位岸线以上的建筑物用地 | 建设用地 |
| | | 119 | 冰川及永久积雪 | 指表层被冰雪常年覆盖的土地 | 未利用地 |
| 12 | 其他土地 | | | 指上述地类以外的其他类型的土地 | |
| | | 121 | 空闲地 | 指城镇、村庄、工矿内部尚未利用的土地 | 建设用地 |
| | | 122 | 设施农业用地 | 指直接用于经营性养殖的畜禽舍、工厂化作物栽培或水产养殖的生产设施用地及其相应附属用地，农村宅基地以外的晒晒场等农业设施用地 | 农用地 |
| | | 123 | 田坎 | 主要指耕地中南方宽度≥1.0米、北方宽度≥2.0米的地坎 | |
| | | 124 | 盐碱地 | 指表层盐碱聚集，生长天然耐盐植物的土地 | 未利用地 |
| | | 125 | 沼泽地 | 指经常积水或渍水，一般生长沼生、湿生植物的土地 | |
| | | 126 | 沙地 | 指表层为沙覆盖、基本无植被的土地。不包括滩涂中的沙漠 | |
| | | 127 | 裸地 | 指表层为土质、基本无植被覆盖的土地；或表层为岩石、石砾，其覆盖面积≥70%的土地 | |

# 本 章 小 结

本章首先对动产与不动产的界定进行了详细说明，明确了动产和不动产的含义、区别与联系；其次对不动产的实物构成与所涉及的权益进行了系统的说明；再次详细介绍了不动产自身所具有的一系列特性；最后根据土地利用现状分类标准和不动产用途分类标准对不动产分类进行了说明，便于读者对不动产有初步的认识和了解。

# 复习思考题

1. 如何界定动产与不动产？
2. 不动产与动产的区别是什么？
3. 不动产实物部分包括哪些？
4. 不动产权益的含义是什么？我国对土地使用权有哪些规定？
5. 不动产的自然特性有哪些？
6. 不动产的社会经济特性有哪些？
7. 不动产权益为何易受到限制？
8. 土地利用现状分类标准分为哪几个一级类？
9. 不动产的类型主要有哪些？

# 第 2 章　不动产估价概述

**【学习目标】**

- 掌握不动产估价的特点、估价要素和估价程序。
- 熟悉不动产估价的含义、不动产价格的形成条件和不动产估价原则。
- 了解不动产估价的必要性。

**本章导读**

本章主要学习不动产估价的含义、不动产价格的形成条件、不动产估价的特点、不动产估价的必要性；不动产估价的要素，具体包括估价当事人、估价目的、估价时点、估价对象、价值类型、估价依据、估价假设、估价原则、估价程序、估价方法、估价结果；以及不动产估价原则、不动产估价程序等内容。

**案例导入**

某房地产开发商进行住宅楼工程建设，在工程建设过程中，开发商为借款而将该住宅楼工程及土地使用权抵押给某银行，由于开发商资金问题不能偿还银行借款，银行要求行使抵押权，对该住宅楼工程进行拍卖。

**问题导入**

上述案例中，住宅楼工程经历了几次估价，分别处于哪个阶段？各估价过程涉及的估价要素有哪些？通过本章的学习，读者可以了解不动产估价的基础知识，为深入学习不动产估价奠定理论基础。

# 2.1　不动产估价的基本知识

## 2.1.1　不动产估价的含义

### 1. 不动产估价的概念

本书所讲的不动产估价也称为房地产估价，是指专业估价人员根据估价目的，遵循估价原则，按照估价程序，采用科学的估价方法，并结合估价经验与影响不动产价格的因素，对估价对象在估价时点的特定价值进行分析、测算和判断，并提供相关专业意见的活动。其中，估价目的是委托方希望经评估能够实现的目的或需要。在不动产估价中，是指一个不动产估价项目的估价结果的期望用途。例如，是为房地产买卖或租赁提供价格或租金参考依据而估价，还是为银行衡量拟抵押房地产的价值而估价，还是为确定被拆迁房屋的货币补偿金额而估价，或是为政府掌握划拨土地使用权进入市场应补缴的土地使用权出让金等的数额而估价。

### 2. 不动产价格的形成条件

不动产价格是和平地获得他人的不动产所必须付出的代价——货币或实物、无形资产和其他经济利益。在市场经济条件下，不动产价格通常用货币表示，也可以用实物等非货币形式来偿付，例如以不动产作价出资入股换取技术、设备等。

不动产之所以有价格，在于它满足以下三个前提条件。

(1) 有用性

物品的有用性指物品具有满足人们某种生理需要或欲望的能力，也就是说它具有使用价值，能够对人们产生效用。不动产是人类生产和生活的必需品，具有使用价值，人们在利用不动产的过程中，能够获得某种心理上的满足。因此，人们自然会产生占有不动产的愿望和要求。有用性只是形成价格的必要条件，而不是充分条件。如果这种物品极为丰富，随时随地都能自由取用，即使它对人类再重要也不能形成价格。因为它不可能被任何人独占，自然也不存在交换价值。

(2) 稀缺性

稀缺性是指物品的数量没有多到使每个人都可以随心所欲地得到它。一种物品是稀缺的，并不意味着它是难以得到的，而仅意味着它是不能自由取用的，即不付出代价就不能得到，是相对缺乏，而不是绝对缺乏。因此，人们才可能为占有和使用这种物品支付代价。而且物品越稀缺，也越容易被人们独占，其他人想要占有和使用这种物品所需支付的代价也越高。由此可见，稀缺性对价格的影响至关重要，物品稀缺程度直接影响其价格的高低。即使某种物品几乎没有使用价值，但由于它十分稀缺，使得占有这种物品能给人们带来极大的心理满足，人们为了占有它也愿意支付很高的代价。

不动产是一种稀缺性物品。因为人类拥有的土地资源是有限的，相对于人类无限需求而言，数量有限的不动产总是稀缺的，尤其是那些具有较好区位条件、能使人们获得更大利益或满足程度的不动产更为稀缺，因此它们的价格也越高。

(3) 有效需求

不动产的有用性和稀缺性使它具有潜在的交换价值，但这种交换价值必须在市场上进行交换才能以价格形式实现，而不动产交换价值实现的条件是人们对它有需求。

在经济学中，需求指某个消费者(家庭)在某特定时期内和一定市场上，按某一价格愿意并且能够购买的某种商品或劳务的数量。应当注意的是，需求是与该商品销售价格所对应的消费者购买欲望和购买能力的统一。只有需要而无支付能力(即想买但没有钱)，或者虽然有支付能力但不需要(即有钱但不想买)，都不能使购买行为发生，从而不能使价格成为现实。可见，需要不等于有效需求，需要只是一种要求或欲望，有支付能力支持的需要才是有效需求。

## 2.1.2　不动产估价的特点

不动产估价需要专业人员按照严谨的程序对不动产价值进行综合分析评估。不动产估价不是简单的价格判定，它有不同于普通物品估价的特点。不动产估价的特点概括起来有 5个方面。

### 1. 不动产估价是评估不动产的价值而不是价格

价值(value)和价格(price)之间的关系及本质区别是：价值是物的真实所值，是内在的，是相对客观和相对稳定的，是价格的波动"中心"；价格是价值的外在表现，围绕着价值而上下波动，是实际发生、已经完成并且可以观察到的事实，它因人而异，时高时低。现实中由于定价决策、个人偏好或者交易者之间的特殊关系和无知等原因，时常会出现"低值高价"或者"高值低价"等价格背离价值的情况。因此，为了表述上更加科学、准确，也为了与国际上通行的估价理念、理论相一致，便于对外交流与沟通，应当强调不动产估价本质上是评估房地产的价值而不是价格。

虽然估价是评估价值，而且理论上是价值决定价格，但估价实践中一般是通过外在的价格来了解内在的价值。另外，价值和价格的内涵虽然在估价理论上有上述严格区分，但由于习惯等方面的原因，有时并不对它们作严格意义上的区别，可以交换使用。

### 2. 不动产估价应是模拟市场定价而不是替代市场定价

估价与定价(pricing)有本质不同。估价是提供关于价值的专业意见，为相关当事人的决策提供参考依据。定价往往是相关当事人自己的行为，如卖方要价、买方出价或者买卖双方的成交价等。交易当事人出于某种目的或者需要，可以使其要价、出价或者成交价低于或高于房地产的价值。例如，根据国家产业政策，政府为了鼓励某些产业发展，在向其提供土地时可以给予价格优惠；或者为了限制某些产业发展，可以对其实行高地价政策。

进一步就估价是一种广义的"定价"来说，虽然价值总的来讲是一种主观的东西，估价在表面上或形式上也是一种主观活动，看上去是估价师在给估价对象定价，并且由于房地产具有不可移动、独一无二、价值量大等特性，不存在大量相同房地产的交易，同一宗房地产交易的参与者数量一般也很少，许多情况下甚至只有一两个买者，从而房地产成交价格容易受交易者的动机、偏好等个别情况的影响，但是对于房地产估价师或者某个市场参与者而言，房地产价值则是客观的、由市场力量决定的，即房地产价值是由众多的市场参与者的价值判断而非个别市场参与者的价值判断所形成的。因此，不动产估价不是房地产估价师的主观随意定价，而是房地产估价师模拟大多数市场参与者的思维和行为，在充分认识房地产市场形成房地产价格的机制和过程，以及深入调查了解房地产市场行情的基础上，通过科学的分析、测算和判断活动，把客观存在的不动产价值揭示出来。换句话说，不动产价值本来就存在，估价师只是运用他所掌握的估价理论知识、积累的估价实践经验去"揭示"或者"发现"房地产价值，而不是去"发明"或者"创造"房地产价值。在具体模拟市场给某个估价对象"定价"时，房地产估价师应考虑该估价对象的潜在目标客户群是如何思考和分析的，即要模拟估价对象的潜在目标客户群的思维进行估价，避免以自己的偏好来判断，更不应该把自己主观想象的某个"价值"强加给估价对象。

### 3. 不动产估价是提供价值意见而不是作价格保证

估价行业外的人通常认为，估价机构和估价师提供的评估价值，应是在市场上可以实现的。否则，估价机构和估价师应当赔偿由此所造成的损失。实际上，不动产估价是不动产估价师以"房地产价格专家"的身份发表自己对估价对象价值的见解、看法或观点，即估价结果是一种专业意见，而不应被视为估价机构和估价师对估价对象在市场上可实现价格的保证。

虽然估价是提供价值意见而不是作价格保证，但并不意味着估价机构和估价师可以不负任何责任。可以把估价专业意见的作用分为性质不同的两类：一是咨询性或参考性的；二是鉴证性或证据性的。为估价委托人自己使用而提供的估价，即估价报告是供委托人自己使用，例如评估投资价值为委托人确定投标报价提供参考，估价报告是一种"私人产品"，这种估价通常是属于咨询性或参考性的。为估价委托人向第三方证明或者说服第三方而提供的估价，即估价报告是给委托人以外的特定第三方特别是给众多的不特定的第三方使用，例如评估市场价值为上市公司的关联交易提供参考依据，估价报告具有"公共产品"性质，这种估价通常是属于鉴证性或证据性的。在这两类起着不同作用的估价中，估价机构和估价师都要承担一定的法律责任。其中在起着鉴证性或证据性作用的估价中承担的法律责任，一般要大于在起着咨询性或参考性作用的估价中承担的法律责任。

不论是起着何种作用的估价以及应承担的法律责任的大小如何，估价师和估价机构都应当认真对待，勤勉尽责地去完成。目前，已有一些法律、法规规定了包括不动产估价在内的"资产评估"的法律责任，例如，《中华人民共和国刑法》(2005 年 2 月 28 日修正文本)第 229 条第 1 款规定："承担资产评估、验资、验证、会计、审计、法律服务等职责的中介组织的人员故意提供虚假证明文件，情节严重的，处五年以下有期徒刑或者拘役，并处罚金。"此外，还有一些其他的法律也有规定，如《中华人民共和国公司法》、《中华人民共和国证券法》等，这些内容在《房地产基本制度与政策》教材中会有更为详细的描述。

### 4. 不动产估价都有误差但误差应在合理范围内

从估价行业外的人来看，合格的估价师对同一估价对象的评估价值应是相同的；对于为交易提供价值参考依据的估价，评估价值是否正确还应当用事后的实际成交价格来检验。但在实际中，评估价值与实际成交价格常常有一定的差异甚至差异很大；即使是聘请合格的估价师对同一估价对象在同一估价目的、同一估价时点下的价值进行重新评估，不同的估价师得出的评估价值往往也不相同。这就产生了估价准确性的问题。

对估价准确性问题的全面认识包括 5 点。第一，即使都是合格的估价师，也不可能得出完全相同的评估价值，只会得出近似的评估价值。因为估价总是在信息不完全和不确定性下作出的，不同的估价师掌握的信息一般不可能完全相同。第二，所有的评估价值都会有误差。估价对象的真实价值只是理论上存在，实际中不可得知，因此评估价值有误差是必然的。即使是高度、面积、重量等一般物理量的测量，被测量物和测量工具通常还是有形的实物，也不可避免地存在误差。更何况是估价，它在某种意义上讲是选用无形的估价方法等去测量看不见、摸不着的价值，存在误差也就不难理解了。第三，不能用物理量测量的误差标准来要求估价的误差标准，应允许估价有较大的误差。在英国和其他英联邦国家，在估价委托人起诉估价师的法庭诉讼中，法官使用的误差范围通常是±10%，有时放宽到±15%，对于难度很大的估价业务甚至放宽到±20%。如果评估价值超出了误差范围，即可以认为估价师存在"专业疏忽"。但以误差范围来判断估价的准确性，在英国估价行业内一直存有争议。虽然如此，估价误差还应有个度，误差应在合理范围内，因此就需要确定一个合理的误差范围，上述英国的估价误差范围值得借鉴。第四，判断一个评估价值的误差大小或者准确性，理论上是将它与真实价值进行比较。由于真实价值不可得知，出现了两种替代真实价值的选择：一是实际成交价格；二是合格的估价师的重新估价结果。因为评估价值一般是在一系列正常交易假定条件下最可能的价格，而实际成交时的交易情况不一定正常，实际成交价格不一定是正常市场价格，所以一般不能采用实际成交价格，而应采用合格的估价师(通常为公认的具有较高专业胜任能力的若干名估价专家)对同一估价对象在同一估价目的、同一估价时点下的重新估价结果。第五，即使可以用上述方法判断一个评估价值的误差大小或者准确性，但实际中不轻易直接评判一个评估价值的对与错，误差有多大，而是通过考察估价师和估价机构在履行估价程序上有无疏漏、在估价过程中有无失误等，间接对其估价结果予以肯定或否定。

为了防止不同的估价师对同一估价对象在同一估价目的、同一估价时点的评估价值出现较大偏差，促使评估价值更加客观合理，相关估价国际组织、区域组织以及许多国家和地区的估价组织或者政府部门，制定了指导估价师从事估价业务的技术规范和职业道德规范的估价标准、规则、指南、指引等。例如，国际估价标准委员会制定并努力推广《国际估价标准》，欧洲估价师协会联合会制定了《欧洲估价标准》，美国估价促进会估价标准委员会制定了《专业估价操作统一标准》，英国皇家特许测量师学会制定了《皇家特许测量师学会估价标准》，我国港台地区也有相应的标准，我国内地制定的国家标准有《房地产估价规范》、《城市房屋拆迁估价指导意见》、《房地产抵押估价指导意见》等。

**5. 不动产估价既是科学也是艺术**

正确的房地产价值分析、测算和判断必须依靠科学的估价理论和方法，但又不能完全拘泥于这些理论和方法，还必须依靠房地产估价师的实践经验。因为房地产市场是地区性市场，各地的房地产市场行情和价格影响因素可能各不相同，而且影响房地产价格的因素众多，其中许多因素对房地产价格的影响难以准确把握和量化，从而房地产价值不是简单地套用某些数学公式或者数学模型就能够测算出来的，数学公式或者数学模型中的一些参数、系数等，有时也要依靠房地产估价师的实践经验作出判断。此外，每种估价方法都是从某种角度或者某个方面建立起来的，它们或多或少存在一些局限性。在估价实务中要求采用两种以上的估价方法进行估价，就是出于对不同估价方法局限性的调整和综合平衡的考虑。针对不同的估价对象，如何选用合适的估价方法，如何对不同估价方法测算出的结果进行取舍、调整得出最终的估价结果，这个过程是房地产估价师对房地产市场规律的把握、对估价理论和方法的掌握以及其实务操作能力的综合体现。最终的估价结果是否客观合理，也依赖于房地产估价师综合判断艺术水平的高低。可以说，不动产估价不仅是科学，也是艺术。因此，要成为执业的房地产估价师，不仅应具有相当程度的估价理论知识，而且应具有一定年限以上的估价实践经验。

虽然不动产估价也是艺术，但房地产估价师仍应努力把握房地产价格影响因素，科学量化它们对房地产价格的影响，从而不断增加不动产估价的科学成分，减少其"艺术"成分，提高估价的客观性。

## 2.1.3 不动产估价的必要性

一种职业乃至一个行业的生存与发展，必须建立在社会对它有内在需要的基础上。如果社会大众无法认识或了解一种职业、一个行业存在的理由，无法认识这种职业、行业对社会福利和社会进步带来的贡献，那么这种职业、行业就难以在现代竞争激烈的社会中存在下去，更不用说发展了。

虽然任何资产在交易中都需要衡量和确定价格，但对于价值量较小或者价格依照通常方法容易确定的资产，通常不需要专业估价。2004 年 11 月 25 日发布的《最高人民法院关于人民法院民事执行中拍卖、变卖财产的规定》(法释〔2004〕16 号)第 4 条规定："对拟拍卖的财产，人民法院应当委托具有相应资质的评估机构进行价格评估。对于财产价值较低或者价格依照通常方法容易确定的，可以不进行评估。"可见，一种资产只有同时具有"独一无二"和"价值量大"两个特性时，才真正需要专业估价。这是因为：一种资产如果不具有独一无二的特性，相同的很多，价格普遍存在、人尽皆知，或者常人依照通常方法(例如通过简单的比较)便可以得知，就不需要专业估价；一种资产虽然具有独一无二的特性，但如果价值量不够大，聘请专业机构或专业人员估价的花费与资产本身的价值相比较高，甚至超过资产本身的价值，聘请专业机构或专业人员估价显得不经济，则也不需要专业估价。

### 1. 理论上的必要性

房地产具有不可移动、独一无二和价值量大等特性，此外，房地产市场还是典型的不完全市场。在经济学上，"完全市场"必须同时具备以下 8 个条件：①同质商品，买者不在乎从谁的手里购买；②买者和卖者的人数众多；③买者和卖者都有进出市场的自由；④买者和卖者都掌握当前价格的完全信息，并能预测未来的价格；⑤就成交总额而言，每个买者和卖者的购销额是无关紧要的；⑥买者和卖者无串通共谋行为；⑦消费者要求总效用最大化，销售者要求总利润最大化；⑧商品可转让且可发生空间位置的移动。一个市场如果不符合上述 8 个条件中的任何一个，就是不完全市场。纯粹的完全市场在现实中几乎不存在。证券交易所和小麦市场通常被看作近似于完全市场的实例。房地产作为商品，其品质各不相同和复杂的特性不符合第①条和第④条。另外，房地产实物无法移动，不符合第⑧条。因此，房地产市场通常被视为典型的不完全市场。

由于房地产市场是不完全市场，并且市场信息不对称，所以需要房地产估价师提供市场信息，进行"替代"市场的估价。不动产估价有助于将房地产价格导向正常化，促进房地产公平交易，建立合理的房地产市场秩序。

房地产估价，在美国等市场经济发达国家和地区，通常还分为住宅估价和商业房地产估价两大类。在这两类中又有各自的专业范畴。例如，在住宅估价中，有的房地产估价师专做小型的(一至四个单元)给多户家庭使用的住宅估价，有的房地产估价师专做大面积住宅估价。在商业房地产估价中，有的房地产估价师可能专做土地开发估价，有的房地产估价师可能专做工业房地产估价，或者专做写字楼估价。总之，估价如果不分专业，一个估价师如果什么资产都可以估价，某些估价师可能会因所有估价业务都可承揽而一时得利，但终因没有专业化发展而不能提供优质服务，进而会发生"信任危机"而不被社会认可，得不到社会尊重、没有尊严，估价行业难以持续发展，最终受害的将是估价师和估价行业自身。至于估价机构，可以根据拥有的估价师的专业情况以及自己的发展定位等，专营某种资产估价业务，成为某种专业的估价机构；或者从事多种资产估价业务，成为综合性的估价机构。

### 2. 现实中的必要性

房地产以外的其他资产主要是发生转让行为，在转让的情况下需要估价。房地产除了发生转让行为，还普遍发生租赁、抵押、征收、征用、课税等行为。因此，不仅房地产转让需要估价，房地产租赁、抵押、征收、征用、分割、损害赔偿、税收、保险等活动也需要不动产估价。

【案例 2-1】

《中华人民共和国宪法》(2004 年 3 月 14 日修正文本)第 10 条规定："国家为了公共利益的需要，可以依照法律规定对土地实行征收或者征用并给予补偿"；第 13 条规定："国家为了公共利益的需要，可以依照法律规定对公民的私有财产实行征收或者征用并给予补偿。"《物权法》第 42 条规定: "征收集体所有的土地,应当依法足额支付土地补偿费、安置补助费、地上附着物和青苗的补偿费等费用,安排被征地农民的社会保障费用,保障被征地农民的生活,维护被征地农民的合法权益。征收单位、个人的房屋及其他不动产,应当依法给予拆迁补偿,维护被征收人的合法权益;征收个人住宅的,还应当保障被征收人的居住条件。"第 44 条规定: "单位、个人的不动产或者动产被征用或者征用后毁损、灭失的,应当给予补偿。"《中华人民共和国土地管理法》(2004 年 8 月 28 日修正文本)第 2 条规定: "国家为了公共利益的需要,可以依法对土地实行征收或者征用并给予补偿。"《中华人民共和国城市房地产管理法》(2007 年 8 月 30 日修正文本)第 6 条规定: "为了公共利益的需要,国家可以征收国有土地上单位和个人的房屋,并依法给予拆迁补偿,维护被征收人的合法权益;征收个人住宅的,还应当保障被征收人的居住条件。"第 20 条规定: "国家对土地使用者依法取得的土地使用权,在出让合同约定的使用年限届满前不收回;在特殊情况下,根据社会公共利益的需要,可以依照法律程序提前收回,并根据土地使用者使用土地的实际年限和开发土地的实际情况给予相应的补偿。"《城市房屋拆迁管理条例》(2001 年 6 月 13 日中华人民共和国国务院令第 305 号发布)第 4 条规定: "拆迁人应当依照本条例的规定,对被拆迁人给予补偿、安置。"

## 2.2  不动产估价要素

### 2.2.1  估价当事人

估价当事人是指与估价活动有直接关系的单位和个人,包括估价委托人、不动产估价机构和不动产估价人员。其中,不动产估价人员和不动产估价机构是估价服务的提供者,是估价主体;估价委托人是估价服务的直接需求者,是估价服务的直接对象。

#### 1. 估价委托人

估价委托人简称委托人,俗称客户,是指为了某种需要,委托估价机构对自己或者他人的房地产进行估价的单位和个人。委托人有义务向估价机构如实提供其知悉的估价所必要的资料,例如估价对象的权属证明、财务会计信息,并对所提供的资料的真实性、合法性和完整性负责;有义务协助估价师搜集估价所必要的资料及对估价对象进行实地查看等工作;不得干预估价人员和估价机构的估价行为和估价结果。

要能够区分估价委托人、估价对象权利人、估价利害关系人、估价报告使用者之间的异同。估价对象权利人是指估价对象的所有权人、使用权人、抵押权人等权利人。估价利害关系人是指估价结果的客观合理与否会直接影响其利益的单位或个人。估价对象权利人一般是估价利害关系人,估价对象的潜在投资者、受让人往往也是估价利害关系人。估价报告使用者可能是估价对象权利人、债权人、投资者、受让人、政府及其有关部门和社会公众等。估价委托人不一定是估价对象权利人或估价报告使用者。委托人委托估价、获取估价报告的目的可能是供自己使用,此时委托人同时也是估价报告使用者。委托人委托估价、获取估价报告的目的可能是提供给特定的第三方使用,例如房地产抵押估价中借款人委托的,估价报告使用者是贷款人(如商业银行);委托人委托估价、获取估价报告的目的还可能是提供给不特定的第三方使用，例如受上市公司委托出具的某些估价报告是提供给社会公众使用。委托人和估价报告使用者通常是估价利害关系人，但也有例外。例如，在为人民法院拍卖、变卖被查封的房地产的估价中，人民法院既是委托人也是估价报告使用者，但不是估价利害关系人。

### 2. 不动产估价机构

不动产估价机构(简称估价机构)是指具备足够数量的房地产估价师等条件，依法设立并取得不动产估价机构资质，从事不动产估价活动的专业服务机构。目前规定，不动产估价机构应当由自然人出资，以有限责任公司或者合伙企业形式设立；法定代表人或者执行合伙事务的合伙人是注册后从事不动产估价工作 3 年以上的房地产估价师；资质等级由低到高分为暂定期内的三级资质、二级资质、一级资质；依法从事不动产估价活动不受行政区域、行业限制；不同资质等级不动产估价机构的业务范围按照估价目的划分，应当在其资质等级许可的业务范围内从事估价活动；不动产估价报告应由不动产估价机构出具。

### 3. 房地产估价师

注册房地产估价师(简称房地产估价师、估价师)是指具有不动产估价知识和经验，取得房地产估价师执业资格证书，并按照《注册房地产估价师管理办法》注册，取得房地产估价师注册证书，从事不动产估价活动的专业人员。一名合格的房地产估价师应当具有不动产估价方面的扎实的理论知识、丰富的实践经验和良好的职业道德。具有扎实的理论知识和丰富的实践经验，是对其估价专业能力的要求；具有良好的职业道德，是对其估价行为规范的要求。仅有理论知识而缺乏实践经验，难以得出符合实际的估价结果；仅有实践经验而缺乏理论知识，会只知其然而不知其所以然，难以对价值作出科学深入的分析和解释，更难以举一反三、触类旁通地分析解决现实中不断出现的新的估价问题。理论知识和实践经验即使兼备，但如果没有良好的职业道德，也难以作出客观公正的估价。

目前中国规定，房地产估价师应当受聘于一个不动产估价机构，在同一时间只能在一个不动产估价机构从事不动产估价业务；房地产估价师不得以个人名义承揽不动产估价业务，应当由所在的不动产估价机构接受委托并统一收费。

## 2.2.2　估价目的

估价目的是指一个估价项目中估价委托人对估价报告的预期用途。例如，是为房地产买卖或租赁活动确定相关价格或租金提供参考依据，还是为商业银行等债权人确定房地产抵押价值提供参考依据，或者是为征收人与被征收人之间确定被征收房屋的货币补偿金额、为税务机关核定某种房地产税收的计税依据、为保险公司衡量投保房屋的保险价值、为政府掌握划拨土地使用权进入市场应当补缴的出让金等费用提供参考依据。

委托人不会无缘无故地花钱委托估价机构估价，肯定是为了某种需要才委托估价机构估价。因此，任何一个估价项目都有估价目的，而且估价目的来源于委托人的估价需要。一个估价项目通常只有一个估价目的。对不动产估价的不同需要及相应的估价目的可以划分为：国有建设用地使用权出让(又可按照出让方式，分为招标出让、拍卖出让、挂牌出让、协议出让)，房地产转让(又可分为买卖、互换、赠予、以房地产作价入股、以房地产出资设立企业、以房地产抵偿债务等)、租赁、抵押贷款、征收征用补偿(又可分为土地征收、土地征用、城市房屋拆迁补偿)、税收、损害赔偿、分割、保险、争议调处、司法鉴定，企业对外投资、合资、合作、合并、分立、改制、资产重组、产权转让、租赁、清算，不动产估价争议中的不动产估价复核或鉴定等。在实际估价中，还可以根据具体情况对上述某些估价目的进行细分或者作进一步的说明。例如，房地产买卖中普通拍卖的保留价(底价)评估；城市房屋拆迁补偿估价还可分为货币补偿估价和房屋产权调换补偿估价。

不同的估价目的将影响估价结果，因为估价目的不同，估价对象的范围可能不同，估价时点可能不同，评估的价值类型可能不同，估价依据可能不同，估价应考虑的因素可能不同，甚至估价方法也可能不同。例如，许多房地产在买卖、抵押之前已出租，买卖、抵押时带有租赁期间未届满的租赁合同(也称为租约)，购买者、抵押权人应尊重并履行这些租赁合同的各项条款，即所谓"买卖不破租赁"，这叫作有租约限制的房地产、带租约的房地产或已出租的房地产。如果为房地产买卖、抵押目的对这类房地产进行估价，就应考虑租赁合同中约定的租金(简称合同租金、租约租金)与市场租金差异的影响，特别是对于那些合同租金与市场租金差异较大和租赁期限较长的房地产；但如果为城市房屋拆迁补偿目的而估价，则不考虑房屋租赁的影响，应视为无租约限制的房地产来估价。在价值构成的各要素，例如成本、费用、税金、利润等的取舍上，也应服从于估价目的。此外，估价目的还限制了估价报告的用途。针对某种估价目的得出的估价结果，不能盲目地套用于与其不相符的用途。因此，在估价中房地产估价师应始终谨记估价目的。

## 2.2.3　估价时点

估价时点也称为价值日期、估价基准日，是指一个估价项目中由估价目的决定的需要评估的价值所对应的时间。由于同一宗房地产在不同的时间会有不同的价值，所以估价必须弄清并说明是评估估价对象在哪个特定时间的价值。这个特定时间就是估价时点，一般用公历年、月、日表示。

特别需要强调的是，估价时点不是可以随意确定的，应当根据估价目的来确定，并且估价时点的确定应在先，评估价值的确定应在后，而不是先有了评估价值之后，再把它定义为某个时间上的价值。有关估价时点的确定等内容，见 2.3.4 节"估价时点原则"。

## 2.2.4　估价对象

估价对象即估价客体，也称为被估价房地产、估价标的。当估价对象为房屋所有权和土地使用权以外的某种房地产权益时，例如租赁权、地役权、抵押权时，可称为被估价权益，是指一个估价项目中需要评估其价值的房地产或房地产权益及相关其他财产。尽管房地产的基本存在形态在理论上只有土地、建筑物、土地与建筑物的综合体(简称"房地"，具体可表述为"建筑物及其占用范围内的土地"或者"土地及其上的建筑物")三种，但现实中的估价对象是丰富多彩、复杂多样的。

建筑物已开始建造但尚未建成、不具备使用条件的房地产，即通常所说的"在建工程"，可以成为估价对象；也有要求对正在开发建设或者计划开发建设、但尚未出现的房地产，例如通常所讲的"期房"(虽然称为期房，但实际上包含其占用范围内的土地)进行估价；还可能因民事纠纷或者理赔等原因，要求对已经灭失的房地产，例如已被拆除的房屋、已被损毁的房屋进行估价。估价对象也可能是房地产的某个局部，例如某幢房屋中的某个楼层、某幢住宅楼中的某套住房。估价对象还可能是现在状况下的房地产与过去状况下的房地产的差异部分，例如在预售商品房的情况下购买人提前装饰装修的部分、在房屋租赁的情况下承租人装饰装修的部分。另外，国有土地上房屋征收估价要求对被征收房屋室内自行装饰装修单独处理。不动产估价中也可能含有房地产以外的作为房地产的一种附属财产的价值，例如为某一可供直接经营使用的旅馆(宾馆、酒店等)、餐馆、商场、汽车加油站、高尔夫球场等的交易提供价值参考依据而估价，其评估价值除了包含该旅馆、餐馆、商场、汽车加油站、高尔夫球场等的建筑物及其占用范围内的土地的价值之外，通常还应包含房地产以外的其他资产，例如家具、电器、货架、机器设备等的价值，甚至包含特许经营权、商誉、客户基础、员工队伍等的价值，即以房地产为主的整体资产价值评估或称企业价值评估。

概括起来，不动产估价对象有土地、房屋、构筑物、在建工程、以房地产为主的整体资产、整体资产中的房地产等。

## 2.2.5 价值类型

价值类型有两种含义，一是指价值的种类；二是指一个估价项目中由估价目的决定的、需要评估的具体某种类型的价值——特定价值。不动产估价虽然总的来讲是评估房地产的价值，但因为价值的种类很多，每种价值的含义和大小不同，所以针对一个具体的估价项目，不能笼统地说是评估房地产的价值，而应弄清是评估哪种类型的价值，并在估价报告中说明"评估的价值类型及其定义"。

同一估价对象可能有不同类型的价值，即同一估价对象的价值并不是唯一的。但同一估价对象的具体一种类型的价值是其在相应的估价目的特定条件下所形成的正常值，理论上它是唯一的，并能使各方当事人和公众相信、认可或接受。

价值类型主要有市场价值、快速变现价值、谨慎价值、在用价值、残余价值和投资价值(市场价值以外的价值通称为非市场价值)。

## 2.2.6 估价依据

估价依据是指一个估价项目中估价所依据的有关法律、法规和标准，包括有关法律、行政法规、最高人民法院和最高人民检察院颁布的有关司法解释、估价对象所在地的地方性法规、国务院所属部门颁发的有关部门规章和政策、估价对象所在地的国家机关颁发的有关地方政府规章和政策，以及不动产估价的国家标准、行业标准、指导意见和估价对象所在地的地方标准等。例如，《物权法》、《城市房地产管理法》、《土地管理法》的有关规定，以及《房地产估价规范》、《城市房屋拆迁估价指导意见》、《房地产抵押估价指导意见》、《北京市房屋质量缺陷损失评估规程》等。

广义的估价依据还包括估价委托人提供的有关情况和资料，估价机构和估价师掌握、搜集的有关情况和资料。为了使估价委托人提供的有关情况和资料可靠，估价师应要求委托人如实提供其知悉的估价所需的估价对象权属证书、开发建设成本、运营收入和费用等

情况和资料，并要求委托人声明其提供的情况和资料是真实、合法的，没有隐匿或虚报的情况；估价师还应当对委托人提供的有关情况和资料进行必要的核查。

还需要说明的是，估价标准特别是国家标准是估价的底线，是最基本或最低的要求。鼓励估价机构制定严于估价标准的企业标准，在实际估价中也要严于估价标准的要求，并在不违反有关法律、法规和标准的前提下有所创新。

## 2.2.7　估价假设

估价假设是指一个估价项目中估价师对那些估价所必要、但尚不能肯定、而又必须予以明确的前提条件作出的某种假定，以及对于由估价目的决定的评估的估价对象状况与估价对象现状不同之处作出的说明。例如，在评估一宗房地产开发用地的价值时，在该地块的建筑容积率等规划条件尚未确定的情况下，对其作出的假定。

合理且有依据地说明估价假设，既体现了一名合格的估价师的专业胜任能力，又反映了估价师的职业道德。其作用一方面是规避估价风险，保护估价师和估价机构；另一方面是告知、提醒估价报告使用者注意，保护估价报告使用者。

## 2.2.8　估价原则

估价原则是指在不动产估价的反复实践和理论探索中，在认识房地产价格形成和变动客观规律的基础上，总结和提炼出的一些简明扼要的进行不动产估价所应依据的法则或标准。不动产估价原则主要有：①独立、客观、公正原则；②合法原则；③最高最佳使用原则；④估价时点原则；⑤替代原则；⑥谨慎原则。其中，独立、客观、公正是对不动产估价的基本要求，因此它不仅是不动产估价的基本原则，而且是不动产估价的最高行为准则。合法原则、最高最佳使用原则、估价时点原则、替代原则是在各种估价目的的不动产估价中都应遵循的技术性原则。谨慎原则是仅在房地产抵押估价中应遵循的特殊原则。在下一节中，会对估价原则进行详细说明。

估价原则可以使不同的房地产估价师对于不动产估价的基本前提具有认识上的一致性，对于同一估价对象在同一估价目的、同一估价时点的评估价值趋于相同或近似。

## 2.2.9　估价程序

估价程序是指完成一个估价项目所需要做的各项工作按照它们之间的内在联系排列出的先后次序。不动产估价的基本程序是：①获取估价业务；②明确估价基本事项；③签订估价合同；④拟订估价作业方案；⑤估价资料的搜集和整理；⑥实地查勘；⑦选择估价方法并计算估价额；⑧撰写估价报告；⑨审核估价报告；⑩交付估价报告；⑪估价资料归档。

通过估价程序可以看到一个估价项目运作的全过程，可以了解到一个估价项目中各项具体工作之间的相互关系。履行必要的估价程序，是规范估价行为、保障估价质量、提高估价效率、防范估价风险的重要方面。

## 2.2.10　估价方法

　　不动产估价应采用科学的方法进行分析、测算和判断，不能仅凭经验进行主观判断。一宗房地产的价值通常可以通过下列 3 种途径来求取。

　　(1) 近期市场上类似房地产是以什么价格进行交易的——基于理性而谨慎的买者肯出的价钱不会高于其他买者最近购买类似房地产的价格，即基于类似房地产的成交价格来衡量其价值。所谓类似房地产，是指与估价对象处在同一供求范围内，并在用途、规模、建筑结构、档次、权利性质等方面与估价对象相同或者相似的房地产。类似房地产简单来说就是与估价对象相同或者相似的房地产。所谓同一供求范围，也称为同一供求圈、同一市场，是指与估价对象之间具有一定的替代关系、价格会相互影响的房地产区域范围。

　　(2) 如果将该宗房地产出租或营业预计可以获得多少收益——基于理性而谨慎的买者肯出的价钱不会高于该宗房地产的预期收益的现值之和，即基于该宗房地产的预期收益来衡量其价值。

　　(3) 如果重新开发建设一宗类似房地产需要多少费用——基于理性而谨慎的买者肯出的价钱不会高于重新开发建设类似房地产所必要的代价，即基于房地产的重新开发建设成本来衡量其价值。

　　由上述三种途径便产生了三大基本估价方法，即市场比较法、收益还原法和成本法。此外，还有由基本估价方法衍生出的一些其他估价方法，如假设开发法、长期趋势法、路线价法、基准地价修正法等。每种估价方法都有其适用的估价对象和估价需要具备的条件，这些方法有时可以同时运用，以相互验证，有时是相互补充的，但不应相互替代。估价师应当熟知、理解各种估价方法及其综合运用，正确运用估价方法进行估价。在评估一宗房地产的价值时，当理论上可以同时采用多种估价方法进行估价的，应同时采用多种估价方法进行估价，不得随意排除可以采用的估价方法。如果确因客观条件不能采用某种方法的，必须在估价报告中充分说明不采用的理由。本书将在后面的章节中对不动产估价方法进行详细的介绍。

## 2.2.11　估价结果

　　估价结果是指估价师分析、测算和判断出的估价对象价值及提供的相关专业意见。由于估价结果对估价委托人十分重要，估价委托人通常会对估价结果有特别的期望。但因估价工作的客观公正性质，估价师和估价机构不能在估价结果上让"客户满意"；不能在未估价之前就征求估价委托人或其他估价利害关系人对估价结果的意见，也不能在完成估价之前与他们讨论估价结果，因为这有可能影响估价独立、客观、公正地进行；更不得迎合估价委托人的高估或者低估要求来争取估价业务。

　　虽然要求估价结果是客观合理的，但实际上的估价结果可能带有估价师的主观因素，受估价师专业能力和职业道德的影响，并且所要求的客观合理的估价结果和实际上的估价结果又都可能与估价对象在市场上真正交易的成交价格有所不同。出现这种情况的原因，不一定是估价结果存在问题，可能是成交价格受到交易者的个别情况的影响，或者房地产市场状况或估价对象状况因成交日期与估价时点不同而发生了变化。

分析与思考：

同一个估价对象，在不同的估价目的下，其估价结果是否相同？举例说明。

# 2.3　不动产估价原则

## 2.3.1　合法原则

合法原则要求以估价对象的合法产权、合法使用、合法处分为基础。

合法产权，就是估价对象具有合法的不动产权属证书。现阶段涉及不动产的权属证书有：①房产权属证书，包括《房屋所有权证》、《房屋共有权证》、《房屋他项权证》；②土地权属证书，包括《国有土地使用证》、《集体土地所有证》、《集体土地使用证》、《土地他项权利证明书》；③房地产权证书，包括《房地产权证》、《房地产共有权证》、《房地产他项权证》。

合法使用，即以城市规划、土地用途管制等使用管制为依据。

合法处分，即以法律、行政法规或合同等允许的处分方式为依据。

## 2.3.2　最高最佳使用原则

最高最佳使用原则要求遵循法律上许可、技术上可能、经济上可行、价值上最大原则。

最高最佳使用并不是无条件的最高最佳，而是在合法使用前提下的最高最佳使用。如果一种用途对该土地的使用来说可以实现价值最大化，但该用途不符合城市规划、土地用途管制等的限制，则这种用途并非最高最佳使用。

当估价对象尚未决定采取何种用途，则根据分析进行用途选择；当估价对象已选择了用途，则进行如下分析。

### 1. 保持现状前提条件

现状不动产的价值＞新建不动产的价值-(拆除现有建筑物的费用+建造新建建筑物的费用)。

### 2. 装修改造前提条件

预计装修改造后的不动产价值的增加额＞装修改造费用。

### 3. 转换用途前提条件

预计转换用途所带来的不动产价值的增加额＞转换用途所需的费用。

### 4. 重新利用前提条件

拆除现有建筑物可实现最佳利用。

## 2.3.3　替代原则

替代原则要求不动产估价结果不得明显偏离类似不动产在同等条件下的正常价格。不动产价格并不是独立的，要受类似不动产价格的制约。

不动产具有独一无二性，但在同一市场上相近效用的不动产，其价格是相似的。应针对它们之间的差别，对房地产价格作适当的调整修正。

### 2.3.4　估价时点原则

估价时点原则要求不动产估价结果应是估价对象在估价时点时的客观合理价格或价值。估价时点、不动产状况和不动产市场状况的关系见表 2-1。

表 2-1　估价时点、不动产状况和不动产市场状况的关系

| 估价时点 | 不动产状况 | 不动产市场状况 | 举　例 |
|---|---|---|---|
| 过去 | 过去 | 过去 | 不动产纠纷估价 |
| 现在 | 过去 | 现在 | 不动产损害赔偿估价 |
| | 现在 | | 不动产抵押估价 |
| | 未来 | | 期房估价 |
| 未来 | 未来 | 未来 | 不动产市场预测估价 |

### 2.3.5　动态原则

动态原则表明不动产价格具有时间概念，某宗或数宗不动产过去时点的价格往往是现在价格的基础，而目前的价格水平又是过去价格的某种反映；过去和现在的价格可为推测未来价格的变动趋势提供依据。

### 2.3.6　综合原则

要正确评估不动产价格，就必须对待估不动产及其市场进行全面而深入的研究，全面理解、综合分析待估不动产的基本情况，正确选择估价方法，合理确定重要参数和估价额。

**重点提示：**

理解最高最佳原则使用的前提条件。

# 2.4　不动产估价程序

一般来说，不动产的估价程序可分为准备阶段、实施阶段、完成阶段。

### 2.4.1　准备阶段

准备阶段包括获取估价业务、明确估价基本事项、签订估价合同、拟订估价作业方案。

**1. 获取估价业务**

不动产估价业务来源主要有接受委托和主动争取两类。

(1) 接受委托

接受委托即不动产估价企业接受某些部门、机构或公司的委托，承担其不动产估价业务。无论在何种不动产市场状况下，都可以采用接受委托这种方式。

(2) 主动争取

主动争取即估价工作人员到不动产市场中去承揽估价业务。这种方式将随着不动产市场的发育、不动产估价机构的进一步完善，而成为不动产业务的主要来源。

### 2. 明确估价基本事项

(1) 明确估价对象

明确估价对象的实物、权益和区位。

(2) 明确估价目的

估价目的可以通过了解未来提供的估价报告的用途来明确，即需要弄清楚估价报告提交给谁使用或由谁认可。

(3) 明确估价时点

估价时点是估价结果对应的日期。同一宗不动产在不同的时点，其价值会有所不同。但是，估价时点也不是委托人或估价人员可以随意假定的，而应根据估价目的来确定，并应精确到日。

(4) 明确估价日期

估价日期即进行不动产评估的作业期，从本次估价的起止年月日，即正式接受估价委托的年月日，至完成估价报告的年月日。

### 3. 签订估价合同

估价方与委托方签订委托估价合同或协议，以法律形式明确双方的业务关系，规定双方的权利和义务，说明估价基本事项。

### 4. 拟订估价作业方案

拟订估价作业方案包括：拟订估价技术路线；预计所需的时间、人力、经费；安排估价作业步骤和时间进度。

## 2.4.2　实施阶段

实施阶段包括估价资料的搜集和整理、实地查勘、选择估价方法并计算估价额。

### 1. 估价资料的搜集和整理

所需资料的搜集一般可通过以下方法：委托人提供、实地查勘、询问、查阅估价机构的资料库、查阅政府有关部门的资料、通过报刊和网站获取信息。

搜集的资料包括如下几项。

(1) 微观因素资料：产权资料、规划资料、宗地资料、建筑物及装饰资料、财务报表与经营资料等。

(2) 区域因素资料：市场交易资料、交通条件资料、基础设施资料、建筑物造价资料、环境质量资料等。

(3) 宏观因素资料：统计资料、法规资料、社会经济资料、城市规划资料等。

## 2．实地查勘

实地查勘需要明确不动产所处区域、周围环境、不动产自身的特征、产权状况等情况。

## 3．选择估价方法并计算估价额

对于同一估价对象，宜选用两种或两种以上的估价方法进行估价。

(1) 市场比较法。有条件选用市场比较法进行估价的，应以市场比较法为主要估价方法。

(2) 收益还原法。收益性不动产宜选用收益还原法进行估价。

(3) 假设开发法。具有投资开发或再开发潜力的不动产估价，适宜采用假设开发法。

(4) 成本法。在无市场依据或市场依据不充分时，不宜采用市场比较法、收益还原法、假设开发法进行估价的情况下，可将成本法作为主要的估价方法。

## 2.4.3　完成阶段

完成阶段包括撰写估价报告、审核估价报告、交付估价报告、估价资料归档。

### 1．撰写估价报告

估价人员在确定了最终的估价结果之后，应当撰写估价报告。估价报告可视为估价机构提供给委托人的"产品"，它是在完成估价后给委托人的正式答复，是关于估价对象的客观合理价格或价值的研究报告，也是全面、公正、客观、准确地记述估价过程、反映估价成果的文件，它的撰写要求很强的规范性和逻辑性。从规范性上讲，应严格按照《房地产估价规范》要求的格式来撰写；从逻辑上说，应该与科技成果报告的要求一样，做到逻辑关系正确、条理结构清楚，两者不可或缺。

### 2．审核估价报告

只有经审核合格的估价报告，才能出具给委托人。在估价报告审核中，要做好审核记录。完成审核后，审核人员应在审核记录上签名，并注明审核日期。

### 3．交付估价报告

报告交付后，估价双方按合同收取或支付估价服务费用，履行并完成合同。

房地产估价和土地评估具体收费标准参考表 2-2～表 2-4。

表 2-2　房地产估价收费标准

| 档　次 | 房地产价格总额/万元 | 累进计费率/% |
|---|---|---|
| 1 | 100 以下(含 100) | 5 |
| 2 | 101～1000 | 2.5 |
| 3 | 1001～2000 | 1.5 |
| 4 | 2001～5000 | 0.8 |
| 5 | 5001～8000 | 0.4 |
| 6 | 8001～10000 | 0.2 |
| 7 | 10000 以上 | 0.1 |

表 2-3  一般宗地评估收费标准

| 档　次 | 土地价格总额/万元 | 累进计费率/% |
| --- | --- | --- |
| 1 | 100 以下(含 100) | 4 |
| 2 | 101～200 | 3 |
| 3 | 201～1000 | 2 |
| 4 | 1001～2000 | 1.5 |
| 5 | 2001～5000 | 0.8 |
| 6 | 5001～10000 | 0.4 |
| 7 | 10000 以上 | 0.1 |

表 2-4  基准地价评估收费标准

| 序　号 | 城镇面积/平方千米 | 收费标准/万元 |
| --- | --- | --- |
| 1 | 5 以下(含 5) | 4～8 |
| 2 | 5～20(含 20) | 8～12 |
| 3 | 20～50(含 50) | 12～20 |
| 4 | 50 以上 | 20～40 |

此标准是最高限标准，经济特区可适当高于上述标准，但最高不得超过上述收费标准的 30%。

**4．估价资料归档**

估价资料的保管期限从估价报告出具之日起计算，一般应在 15 年以上。保管期限届满而估价服务的行为尚未了结的估价资料，应保管到估价服务的行为终结为止。

**重点提示：**

理解并掌握不动产估价程序各阶段的工作内容。

# 本 章 小 结

本章首先介绍了不动产估价的概念、不动产价格的形成条件，分析了不动产估价的五个特点以及不动产估价在理论和实际中的必要性；其次，介绍了不动产估价的要素，包括估价当事人、估价目的、估价时点、估价对象、价值类型、估价依据、估价假设、估价原则、估价程序、估价方法、估价结果；再次，对不动产估价原则进行了说明；最后，对不动产估价过程的整个估价程序进行了梳理，可使读者对不动产估价的基本知识有一定的了解，便于后续知识的学习和理解。

# 复习思考题

1. 何谓不动产价格？
2. 不动产价格条件有哪些？
3. 不动产估价不同于普通物品估价的特点有哪些？
4. 为什么要对不动产进行估价？从理论和现实两个角度进行分析。
5. 不动产估价要素包括哪些内容？
6. 不动产估价原则有哪些？
7. 简述不动产估价的估价程序。

# 第3章　不动产估价的价格影响因素

【学习目标】

● 掌握经济因素、土地个别因素和建筑物个别因素。

● 熟悉社会因素、城市不同功能分区因素和城市不同功能区的环境因素。

● 了解制度(行政)因素的内容。

## 本章导读

本章主要学习不动产估价的各类价格影响因素，分别是一般因素、区域因素和个别因素。其中，一般因素部分主要学习社会因素、经济因素、制度(行政)因素；区域因素部分主要学习城市不同功能分区因素和城市不同功能区的环境因素；个别因素部分主要学习土地个别因素和建筑物个别因素。

## 案例导入

《国务院关于坚决遏制部分城市房价过快上涨的通知(国发〔2010〕10号)》节选：

二、坚决抑制不合理住房需求

(三)实行更为严格的差别化住房信贷政策。对购买首套自住房且套型建筑面积在90平方米以上的家庭(包括借款人、配偶及未成年子女，下同)，贷款首付款比例不得低于30%；对贷款购买第二套住房的家庭，贷款首付款比例不得低于50%，贷款利率不得低于基准利率的1.1倍；对贷款购买第三套及以上住房的，贷款首付款比例和贷款利率应大幅度提高，具体由商业银行根据风险管理原则自主确定。人民银行、银监会要指导和监督商业银行严格住房消费贷款管理。住房城乡建设部要会同人民银行、银监会抓紧制定第二套住房的认定标准。要严格限制各种名目的炒房和投机性购房。商品住房价格过高、上涨过快、供应紧张的地区，商业银行可根据风险状况，暂停发放购买第三套及以上住房贷款；对不能提供1年以上当地纳税证明或社会保险缴纳证明的非本地居民暂停发放购买住房贷款。地方人民政府可根据实际情况，采取临时性措施，在一定时期内限定购房套数。

对境外机构和个人购房，严格按有关政策执行。

(四)发挥税收政策对住房消费和房地产收益的调节作用。财政部、税务总局要加快研究制定引导个人合理住房消费和调节个人房产收益的税收政策。税务部门要严格按照税法和有关政策规定，认真做好土地增值税的征收管理工作，对定价过高、涨幅过快的房地产开发项目进行重点清算和稽查。

## 问题导入

上述案例中，政策的出台会对房地产价格产生何种影响？为何房地产价格会受其影响而产生波动？通过本章的学习，读者将能解答这些问题，初步了解不动产估价的价格影响因素等相关知识。

影响不动产价格的因素众多而且复杂，不动产价格是这些因素相互作用的结果。由于人们对影响不动产价格因素认识的角度不同，因此出现了多种分类方法，本书把影响不动产价格的因素归纳划分为三大类：一般因素、区域因素和个别因素，分别对应于全局、局部和个别性影响因素。

# 3.1　一　般　因　素

一般因素是指对不动产价格水平高低及其变动具有普遍性、一般性和共同性影响的因素。这些因素对不动产价格的影响是整体性和全方位的，覆盖面是整个地区。主要包括社会因素、经济因素、制度(行政)因素(见表 3-1)。

表 3-1　影响不动产价格的一般因素

| 社会因素 | 经济因素 | 制度(行政)因素 |
|---|---|---|
| 1.人口状况 | 1.经济发展状况 | 1.土地制度 |
| 2.城镇化 | 2.储蓄、消费及投资水平 | 2.住房制度 |
| 3.教育及社会福利状况 | 3.财政与金融状况 | 3.城市规划 |
| 4.不动产交易惯例 | 4.物价及居民收入 | 4.建筑规范 |
| 5.生活方式等状况 | 5.税收负担状况 | 5.不动产有关税制 |
| 6.心理因素 | 6.技术革新及产业结构状况 | 6.地价政策 |
| 7.国内政治状况 | 7.城市交通体系状况 | 7.交通管制 |
| 8.社会治安状况 | 8.国际化状况 | 8.行政隶属关系变更 |
| 9.国际政治状况 | 9.国际经济状况 | |

## 3.1.1　社会因素

### 1. 人口状况

人口状况是最主要的社会因素。人口状况对不动产价格的影响主要表现在人口数量(人口密度)、人口素质和家庭人口构成三个方面。

(1) 人口数量。不动产价格与人口数量的关系非常密切。当人口数量增加时，通常会增加不动产需求，不动产价格就会上涨；而当人口数量减少时，对房地产的需求就会减少，不动产价格也就会下跌。同理，人口密度增加可以刺激商业和服务业等的发展，从而使不动产价格上涨；但是，人口密度过高又会导致生活和居住环境恶化，从而降低不动产价格。

(2) 人口素质。人们的文化教育水平、生活质量和文明程度，对不动产价格有较大影响。随着社会经济的发展、人们需求不断提高，对居住环境的要求也不断提升，从而增加对不动产的需求，导致不动产价格升高。如果住宅区的居民素质高，邻里关系和谐，住宅区秩序良好，居住环境优美，公共设施维护保养好，这些条件能够增加人们对该类住宅区的需求，从而提高该区的不动产价格；如果住宅区的居民素质低、构成复杂，社会秩序欠佳，人们多不愿意在此居住，则会降低该区的不动产价格。

(3) 家庭人口构成。家庭人口构成反映家庭结构和家庭成员数量。随着生活方式的改变和城镇化的影响，传统的三代、四代同堂的大家庭逐渐被以夫妻为中心的小家庭所替代。独身和单亲家庭也逐步出现并增多。家庭结构的小型化，即使人口总数不变，但由于户数增多，也将引起影响对住宅套数的需求，从而影响对住宅供应总量的需求增加，引起住宅价格上涨。

### 2. 城镇化

城镇化是指农村人口不断向城镇转移，第二、三产业不断向城镇聚集，从而使城镇数量增加、规模扩大的一种历史过程。它主要表现为随着一个国家或地区社会生产力的发展、科学技术的进步以及产业结构的调整，其农村人口居住地点向城镇的迁移和农村劳动力从

事职业向城镇等二、三产业的转移。

经济发展会推动城镇化的进程，城镇化水平的高低反映一个国家或地区的经济实力。一般发达国家的城镇化率都比较高。然而，城市的发展受城市承受能力的限制，即受城市基础设施和公共设施条件的制约。城市基础设施和公共设施建设所需投资数额巨大，建设周期也较长，因此城市土地总面积的增长相对缓慢。在人口密集的大城市和经济发达的重要城市，经济发展较快，就业机会相对较多，城镇化进程也较快，因此地价水平和涨幅往往高于其他城市。随着经济发展和城镇化的推进，大量外来人员和民工以暂住人口、流动人口的形式涌入城市，因而也造成了一些城市用地紧张和地价上涨。

### 3. 教育及社会福利状况

教育及社会福利状况，一般包括人均享有的公共设施、医疗设施等。我国目前城市居民消费意愿排序中，大多将"子女教育支出"排在首位，因此子女能否受到良好教育及受到良好教育的方便程度成了居民购房时考虑的重要因素，从而影响城市内不同区域的住宅价格。而就这些条件而言，城市优于农村，大城市优于中小城市，经济发达地区优于经济落后地区，它通过区域之间和城市之间的地价差异得到体现。

### 4. 不动产交易惯例

在市场经济比较发达的国家，不动产交易及收益分配等已形成惯例，市场比较公开和有序，便于监控管理，对地下交易和隐性交易的抑制性较强，不动产价格相对准确地反映出市场供求状况。如果市场行为不规范，则极易引起权力寻租和地下交易，并易引发大规模的土地投机，造成不动产价格大幅度波动，从而破坏市场的正常运行。

### 5. 生活方式

生活方式指人们对物质文化生活等多方面的表现和追求。随着收入水平的提高，人们对居住环境和居住面积的要求在逐渐增加，对室内装修、厅室布局、功能、流向等要求也越来越高。随着商品经济的发展，人们需要更多地联系和交往，从而增加了对商业物业的需求。同时随着人们工作和生活节奏的加快，促进了商业服务行业的发展，旅游、休闲度假也逐渐成为时尚。传统生活方式的改变，也将极大地影响到城市土地利用与布局、道路交通设施建设、物业设计和配置以及不动产的价格。

### 6. 心理因素

心理因素是影响不动产价格的重要因素。影响房地产价格的心理因素主要有：①购买或出售心态。当房地产需求者选定了合意的房地产后，如该房地产的拥有者无出售之意，则房地产需求者必须以高出正常价格为条件才可能改变其惜售的原意，因此成交价格自然会高于正常价格。如果当房地产拥有者发生资金调度困难，急需现金周转，只有出售房地产变现时，则其成交价格多会低于正常价格。对于有债务纠纷的房地产，债务人为达到快速脱身的目的，也会贱售房地产。②个人偏好。③时尚风气。④接近名家住宅心理。⑤讲究风水或吉祥号码，如讲究门牌号码、楼层数字等。

### 7. 国内政治状况

国内政治局势安定与否,将极大影响投资和置业者的信心。政局稳定,则投资运转渠道正常,风险易于估计,投资回报目的容易实现,从而增加人们对不动产投资和置业的需求,带动不动产价格上涨;反之,投资者会抽走资金,抛售物业,使不动产价格下降。

### 8. 社会治安状况

社会治安状况对不动产价格的影响比较明显。社会秩序好,则人们具有安全感,愿意置业和消费,从而带动不动产价格上涨;反之,若治安状况不好,人们的生命财产缺乏保障,影响人们置业的愿望,因而会造成不动产价格下降。

### 9. 国际政治状况

国际政治状况会直接影响到国与国之间的经济往来。一方面影响到国家之间的外贸进出口,从而影响外向型企业的供求关系及投资取向;另一方面也影响到国家之间人员往来和机构设置以及资金流向,其结果也必然影响到对不动产的需求。

## 3.1.2　经济因素

经济因素主要是指经济发展状况,储蓄、消费及投资水平,财政与金融状况,物价与居民收入,国际经济状况等对不动产价格的影响因素。经济因素对不动产价格的影响更加直接。

### 1. 经济发展状况

衡量经济发展状况主要考虑以下几方面:物质福利的改善,尤其是对于那些收入最低者来说;根除贫困,以及与此相关联的文盲、疾病和过早死亡;改变投入与产出的构成,包括把生产结构从农业向工业转变;以生产性就业普及于适龄人口而不是只普及于少数具有特权的人的方式来组织经济活动;以及相应地使有着广大基础的集团更多地参与经济方面和其他方面的决定,从而增进自己的福利。

经济发展意味着财政、金融状况景气,经济繁荣,生产和投资活动活跃,就业机会增加,对厂房、办公楼、住宅、商业服务和文娱体育设施等的各种需求也会不断增加,从而引起不动产价格上涨。从一些国家和地区的资料看,不动产价格尤其是土地价格明显受经济周期的影响,并滞后于经济周期,波浪式地变化,说明不动产需求的变动趋势与经济循环趋势一致。

### 2. 储蓄、消费及投资水平

一般而言,储蓄水平与投资水平是正相关的,即储蓄水平增长,投资也相应增长。资本积累依赖于储蓄,而储蓄的多少则由储蓄能力和储蓄意愿所决定。对于消费者来说,储蓄的目的主要是使闲散资金得到保值和增值,或者用于养老、防病、子女教育,或者用于购置高额耐用品。储蓄能力取决于消费者的收入水平和消费水平,而储蓄意愿则取决于消费取向和利率水平。此外,我国居民的购买力主要参考国民储蓄率,若国民储蓄率高,则表示居民的购买力强,但同时居民还必须有购置不动产的强烈意愿,才会真正对不动产价格产生影响。例如，若买房不如租房，即使居民具有购买力，他们也不一定愿意购房。储蓄率高的时期往往也是超额储蓄积累期，容易形成不动产价格上涨的潜力。如果通货膨胀率过高，则会导致储蓄率突然降低，大量游离资金会冲击消费市场和不动产市场，引起不动产价格上涨。

### 3. 财政与金融状况

财政与金融状况是国家综合经济实力的反映，对不动产价格的影响极大。衡量财政金融状况的尺度主要有经济发展状况、财政预算执行情况、货币供应量、金融秩序、金融市场的流动性等。一般而言，如果经济稳步增长，财政收支平衡，则货币供应量及金融秩序稳定正常，银根比较宽松，存、贷利率也会下降，因此能刺激市场购买力和投资欲望，尤其能增加对不动产的需求，从而引起不动产价格正常上涨。

### 4. 物价与居民收入

(1) 物价。不动产价格是物价的一种，但与一般物价的特性不同。一般而言，当物价普遍波动时，表明流通中的货币值在发生波动，即通货膨胀或紧缩，不动产价格也会呈现出相同的波动趋势。个别物价的变动对不动产价格的影响较小，但某些物价的变动也可能引起不动产价格的变动。如建筑材料等影响不动产开发成本的价格上涨，则可能带动不动产价格上涨。

从较长时期来看，不动产价格的上涨率要高于一般物价的上涨率和国民收入的增长率。但在不动产价格中，土地价格、建筑物价格和房地价格，或者不同类型不动产的价格，其变动幅度不是完全同步的，有时甚至是不同方向的。

(2) 居民收入。通常，居民收入的真正增加(非名义增加。名义增加是指在通货膨胀情况下的增加)，意味着人们的生活水平将随之提高，其居住与活动所需的空间会扩大，从而会增加对房地产的需求，导致房地产价格上涨。

### 5. 税收负担状况

税收对不动产价格的影响是多方面的。一方面，税收负担高，有利于增加国家财政收入，便于国家集中资金进行基础设施建设和发展经济，改善投资环境和区位条件，使不动产在投资的辐射作用下而发生增值。但在另一方面，税负增加会减少企业利润和居民储蓄，降低微观经济组织和个人的投资意愿，减少对不动产的需求。因此，税收政策的制定需考虑各方面的利益，合理设置税种和制定税率，才能促进国民经济和不动产市场的健康发展。

### 6. 技术革新及产业结构状况

技术革新、技术进步是生产力发展的表现，它能极大地促进经济发展，并能影响到产业结构调整以及人们工作和生活方式的改变。因此，新技术的发展除了可以降低开发成本、提高不动产的功能和质量外，更重要的是，它会导致人们对各种不动产类型的需求变化，从而影响不动产价格。如20世纪80年代的日本，随着办公自动化和新技术的发展与普及，每个职员所需的办公场所不断增加，引发了对东京商业中心办公场所的高度需求，因而引起东京商业用地价格急剧上升。

### 7. 城市交通体系状况

城市交通体系包括城市对外交通联系所需的交通运输设施、市内交通设施及附属设施等。城市对外交通联系一般采用公路、铁路、水运、航空等运输方式，主要设施包括长途客运站、货运站、火车站、码头、机场及其附属设施等。这些设施是否完备和便利是衡量城市区位条件和投资硬环境的重要指标，直接影响到城市不动产价格的整体水平。市内交通包括城市道路网、城市铁路(含地铁)、无轨或轻轨交通线路、市内航道、公交线路、站点等市内交通设施及附属设施。评价市内交通设施状况的指标体系主要考察路网布局是否合理，干道和支线的线型、路型、宽度是否满足要求，各主要路段的交通流量是否大致均衡，道路和交叉口是否容易堵塞，与对外交通设施的连接是否能充分发挥运输效率，公共交通是否方便居民出行等。

### 8. 国际化状况

国际化城市是指与国际社会密切相关的城市。虽然目前还没有形成对国际化城市的严格定义，但笔者认为国际化城市至少应具有以下特征：第一，至少是本国的政治或经济中心之一；第二，必须是国际社会人流、物流或资金流的集散地；第三，该城市的经济发展或所发生的事件能对国外其他城市产生较大影响，反之亦然。

### 9. 国际经济状况

随着世界市场的进一步开放，国家之间的经济联系将更加密切，一个国家的经济状况常常影响到其他国家和地区。因此，国际经济状况如何，对不动产价格有很大的影响。如果全球经济发展态势好，国际贸易活跃，往往会刺激国内扩大生产和增加出口，从而增加对不动产的需求；反之，则会抑制人们对不动产的需求，降低不动产价格。

## 3.1.3　制度(行政)因素

制度(行政)因素是指国家经济制度、行政法规以及政策等对不动产价格的影响因素。国家可以运用多种手段配置土地资源，因而对不动产价格产生很大影响。

### 1. 土地制度

土地制度主要包括土地所有制和土地使用制度。改革开放以来，我国城市土地实行有偿使用制度，国有土地所有权与使用权分离，土地使用权作为特殊商品进入流通领域，从而形成了为获得土地使用权而支付的地价。我国的不动产转让，并不涉及土地所有权，只涉及土地使用权的转移。国家有关制度对土地使用权的规定，是确定该项权利交换价值的依据，因而直接影响到我国的不动产价格。

### 2. 住房制度

住房制度主要指住房供给、分配及相应的配套制度。在市场经济发达国家，住房由开发商或业主供给，居民在市场上购买或租用住房，政府则对低收入家庭实行税收减免、低息贷款或货币补贴等政策。如美国一些州对低收入家庭租房所给予的货币补贴，是市场租金与该家庭收入水平所对应的由自己支付租金的差额。其特点是，这一货币补贴并不直接

支付给低收入家庭，而是支付给住房所有者。因此，虽然低收入家庭只支付政府规定的低额租金，但并不影响住房的市场价格或租金水平。

### 3. 土地利用规划和城市规划

土地利用规划和城市规划对不动产价格均有很大影响。土地利用规划是依据国民经济和社会发展计划、国土资源和环境保护的要求、土地供给能力以及各项建设对土地的需求，对一定时期内一定行政区域范围的土地开发、利用和保护所制定的目标、计划和战略部署。土地利用规划确定区域土地利用结构，为城市发展提供充足的发展空间，促进城镇化发展和区域社会经济的发展，并控制新增建设用地的数量。由此可见，土地利用规划影响土地利用结构和土地供给，从而影响不动产价格。

### 4. 建筑规范

建筑规范指对建筑结构、强度、抗震、建筑外形、户型、内部格局、施工、验收等所制定的标准和规定。它直接影响房屋建筑的工程造价，也影响不动产价格。

### 5. 不动产有关税制

不动产税制指对不动产取得、保有、流转三个不同环节的税种设置,包括不同税种对纳税对象、纳税人、税率的具体规定。

### 6. 地价政策

地价政策对地价趋势的影响很大。一般而言，高地价政策指政府放开地价管制，或采取某些措施引导地价上涨；低地价政策指政府采取各种手段抑制地价上涨，如调整土地供给、实行限价、控制贷款、税收调节等，使地价水平下降。

### 7. 交通管制

交通管制指政府交通管理部门对某些道路交通实行的限制性规定。如单行道、禁止某类车辆通行、限制通行时间等。交通管制的作用在于控制交通流量和分布，改变道路的通达度和便利度，增强安全感和改善环境。交通管制对不动产价格的影响，主要看实行交通管制后的综合效果。

### 8. 行政隶属变更

行政隶属变更一般分为两种情况。一是级别上升，如将某个非建制镇改为建制镇，或将县级市升格为地级市，省辖市升格为直辖市，无疑会扩大城市用地规模和人口规模，加快城镇化进程，增加不动产需求，从而使该地区不动产价格上涨。二是级别虽然不变，但管辖权由原地区划归另一地区。这种划归一般是将原属较落后地区的地方划归另一较发达地区管辖，以利于经济均衡发展，因而会促进被划地方的不动产价格上涨。

**重点提示：**

理解掌握经济因素如何对不动产价格产生影响。

# 3.2　区　域　因　素

区域因素是指影响一个城市内部不同功能区域不动产价格的因素。区域因素包括两方面，一是不动产所在区域的自然条件及经济地理位置与前述一般因素相结合而形成的地区社会经济地位及由此决定的不动产供求状况对不动产价格的影响；二是城市内各种不同类别用地地域由于本身特性而对不动产价格产生影响的因素。

## 3.2.1　城市不同功能分区因素

区位一方面指该事物的位置；另一方面指该事物与其他事物的空间的联系。一般应包括以下两个方面：①它不仅表示一个位置，还表示放置某事物或为特定目标而标定的一个地区、范围；②它还包括人类对某事物占据位置的设计、规划。

如何合理地选择区位，这是人类在进行生产活动时首要解决的问题。首先，要坚持因地制宜原则。在选择区位时，不应死搬硬套区位理论，如杜能的农业区位论、韦伯的工业区位论、廖什和克里斯塔勒的中心地理论。而应根据具体的经济活动和具体的地点，仔细考虑当地影响区位活动的各种因素，如气候、地形、土壤、水源等自然因素，市场、交通、劳动力的素质和数量、政策等社会经济因素，以使我们的区位活动能充分而合理地利用当地的各种资源，从而降低生产成本，获得经济效益。其次，要坚持动态平衡原则。我们在区位选择时，应遵循动态平衡的原则，对影响区位选择的各因素进行动态的分析，如市场、交通、政策、技术等因素，并对各因素的变化及其可能会产生的影响做出充分的预测，从而在一定的时空范围内做出最合理的区位选择。

图 3-1 所示为不同用途土地的竞租能力，从图中可以看出，在城市中心区域商业用途可支付的租金额最高，根据支付租金能力不同，由城市中心区域到城市外围，土地用途分别为商业、住宅、工业、农业，因此形成了商业区域、住宅区域、工业区域。

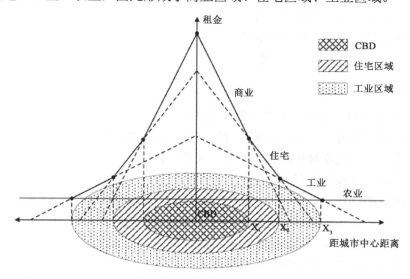

图 3-1　不同用途土地的竞租能力

## 3.2.2 城市不同功能区的环境因素

### 1. 商业区域

影响不同商业区域房地产价格水平的主要因素有：

(1) 商业及业务种类、规模、商业集聚状况；

(2) 商业近邻地域状况、顾客群体数量及状况；

(3) 顾客及工作人员的交通工具及状况；

(4) 商业繁华程度及兴衰动向；

(5) 商品进出运输的便利程度；

(6) 临街道路(往复)可及性及通行能力；

(7) 营业类别及竞争状况；

(8) 地域内经营者的创造性及资本实力条件；

(9) 停车设施状况。

### 2. 住宅区域

影响不同住宅区域房地产价格水平的主要影响因素有：

(1) 日照、温度、湿度、风向等自然地理状态；

(2) 街道幅宽、构造状态；

(3) 离市中心距离及交通设施状况；

(4) 附近商店配置状况；

(5) 上下水道、煤气(燃料)供给、污水处理、环卫设施状况；

(6) 公共服务设施的配置及状况；

(7) 洪水、地震等灾害发生的可能性；

(8) 噪声、污染等公害的发生程度；

(9) 地块的面积、方位、配置及利用情况；

(10) 眺望、景观等自然环境状况。

### 3. 工业区域

影响不同工业区域房地产价格水平的主要影响因素有：

(1) 干线道路、铁道、港湾、机场等对外交通设施的便利程度；

(2) 商品销售市场及原材料购入市场与厂区的位置关系；

(3) 动力资源及排放设施有关费用；

(4) 关联产业的位置；

(5) 水质污染、大气污染等公害发生的可能性及危害程度；

(6) 劳动力资源状况及生活条件；

(7) 有关法律、法规对产业发展的有关规定。

对这三种类型功能区均有影响的因素包括商服繁华程度、交通条件、城市设施、区域环境条件等因素，我们简单对这几个因素进行分析：①商服繁华程度。商服繁华程度，是指所在地区的商业、服务业繁华状况及各级商业、服务业中心的位置关系，反映了城市的经济发展水平及地区的物质流、信息流、能量流等。一般来说，商服繁华程度高的区域，不动产价格也高；②交通条件。交通条件大多指的是交通的便捷程度，包括公共交通系统的完善程度和公共交通的便利程度。交通条件直接影响城市的流通性以及人们出行的方便程度，而这是人们选择不动产必须考虑的因素。交通条件越好，交通便捷度越高，则不动产价格也越高；③城市设施。城市设施对人们的生活、学习、工作都产生着直接的影响。城市设施包括供水、排水、供暖、供气、供电等基础设施和文化教育、医疗卫生、文娱体育、邮电、公园绿地等设施。在其他条件相近的情况下，城市设施越齐备，区域的不动产价格越高。

分析与思考：

商业区域、住宅区域、工业区域影响房地产价格水平的因素为何会有所不同？

# 3.3　个　别　因　素

个别因素指不动产由于各自条件的差异而影响其价格的因素。这是由不动产的个别性所决定的，并由此影响同类不动产的价格。个别因素可细分为土地个别因素和建筑物个别因素两个方面。

## 3.3.1　土地个别因素

土地个别因素又称为宗地因素，是指宗地自身条件和特征对宗地地价的影响，是在同一地域内，造成各宗地价格之间差异的重要因素。这里特别说明的是，土地用途不同，同一宗地的各个别因素对地价的影响程度也会不同，例如，作为居住用地，则地质条件和土地规划限制影响会加重，作为商业用地宗地位置和临街宽度影响会显著，而作为农业用地的话，土壤肥力就会起到很大的作用。

### 1. 自然条件

自然条件包括宗地的地形、地势、地质状况，宗地的面积、形状及与道路街面的方位关系。

一般来说，宗地越平坦，则地价越高；若城市发展受地形地势影响，土地的经济供给不能增加时，地价会上涨；地质条件好，承载力较大，利于建筑使用，地价就高；土地面积较大的土地价格优于土地面积小的土地，特殊情况除外(如：相邻地块的小块土地，不同地区、消费习惯而导致的特例。)；土地形状不一，有正方形、长方形、梯形、三角形及不规则形状，宗地形状不规则，利用率低，地价也较低。一般宗地的性质以矩形为宜，但需依情况而定，如在两面临街的道路交叉地段，三角形等不规则宗地的地价也可能会很高。

### 2. 局部条件

局部条件包括宗地所处的地段位置，离街面的距离，连接街面的道路系统，街面的幅

宽、构造等状态，交通设施状况，相邻不动产及周围情况，上下水道、电力、燃料设施状况等。其中，用于住宅的宗地侧重于附近购物是否方便快捷，周围的公共设施和公益设施是否完备，污水等排污处理和环卫设施的状况等。用于商业的宗地强调与商业地域中心的接近程度以及对顾客流动状态的适合性。而用于工业的宗地则侧重于与干线道路、铁路、港湾、机场等交通运输设施的位置关系。

### 3. 环境状况

环境状况包括景观和绿化状况，噪声及污染程度，对宗地利用的若干限制条件等。若一个区域的绿地较多、环境优美，则该区域的不动产价格较高；若一个区域存在着严重的噪声污染、大气污染、水污染等问题，则该区域的不动产价格较低。

## 3.3.2 建筑物个别因素

建筑物个别因素包括建筑物用途类别、建筑结构、建筑层数及建筑质量等。

### 1. 建筑物用途类别

从用途类别上看,建筑物可划分为住宅建筑、商业建筑、工业建筑、公共建筑和其他建筑五类。其中住宅建筑又可分为独立住宅(别墅、独立庭院等)、共同住宅(住宅楼、四合院等)、并用住宅(商住综合楼、店铺并用住宅等)、农户住宅等。商业建筑包括商场、超级市场、购物中心、店铺、办公写字楼、银行、宾馆、旅店、酒楼、餐饮、娱乐设施、市场及交易中心等。工业建筑主要包括工厂、仓库等。公共建筑包括政府机构、学校、医院、图书馆、美术馆、社会福利设施、车站、码头、机场、停车场所等。其他建筑包括付费停车场及附属建筑物、公共浴室、宗教建筑物等。

不同用途建筑物的价格存在着较大的区别，其价格状况要根据实际情况进行比较，一般来说，价格由高到低的顺序依次为商业建筑、住宅建筑、工业建筑。

### 2. 建筑结构

从建筑结构划分，可分为砖木结构、砖混结构、钢筋混凝土结构、钢结构四类。

砖木结构建筑主要是用砖石和木材建造并由砖石和木骨架共同承重的建筑物，我国古代建筑、1960年之前建造的民居，绝大多数为砖木结构建筑。

砖混结构建筑主要是由砖、石和钢筋混凝土等作为承重材料的建筑物。这种结构的建筑造价较低，但是抗震性能较差，开间、进深和层高都受到一定的限制。

钢筋混凝土结构的承重构件都是由钢筋混凝土构件构成。其结构的适应性强、抗震性能好、耐用年限长。

钢结构建筑的主要承重构件采用的是钢材。这种结构的建筑造价较高，多适用于超高层建筑物和大跨度建筑物。

一般情况下，不同建筑结构建筑物价格由高到低的顺序依次为钢结构、钢筋混凝土结构、砖混结构、砖木结构。

### 3. 建筑层数

从层数上划分，可分为低层建筑、多层建筑和高层建筑。低层建筑，通常为一至三层的房屋,多为住宅、别墅、幼儿园、中小学校、小型的办公楼以及轻工业厂房等。多层建筑,一般为四至七层的房屋,多为居民住宅楼、普通办公楼等。高层建筑,目前国际通行的划分是将高层建筑分为四类:第一类,层数 8～16 层,房屋高度在 25～50m,结构形式一般为钢筋混凝土框架结构;第二类,层数 17～25 层,最高达 75m;第三类,层数 26～40 层,最高达 100m;第四类,层数在 40 层以上,高度超过 100m,为超高层建筑。

一般情况下,建筑层数越高,建筑物造价越高。但是,低层建筑物的稀缺性以及其利用的高端性,使得其价格通常不低于普通高层建筑物。

### 4. 建筑质量

从功能和质量上看,分类标准包括面积、层高、建筑构造、材质、装修档次、外观、内部设计及设施的配置、施工质量及安全要求、建筑物的造型、感观以及与周围环境的适应性等。一般可分为完好房屋、基本完好房屋、一般损坏房屋、严重损坏房屋和危险房屋。

完好房屋指主体结构完好。不倒、不塌、不漏,庭院不积水、门窗设备完整,上下水道通畅,室内地面平整,能保证居住安全和正常使用的房屋,或者虽有一些漏雨和轻微破损,或缺乏油漆保养,经过小修能及时修复。

基本完好房屋指主体结构完好,少数部件虽有损坏,但不严重,经过维修就能修复的房屋。

一般损坏房屋指主体结构基本完好,屋面不平整、经常漏雨,门窗有的腐朽变形,下水道经常阻塞,内粉刷部分脱落,地板松动,墙体轻度倾斜、开裂,需要进行正常修理的房屋。

严重损坏房屋指年久失修,破损严重,但无倒塌危险,需进行大修或有计划翻修、改建的房屋。

危险房屋指结构已严重损坏或承重构件已属危险构件,随时有可能丧失结构稳定和承载能力,不能保证居住和使用安全的房屋。

一般情况下,建筑物的价格随着房屋的结构损坏程度增大而降低。

### 【案例 3-1】

### 2014 年房价趋势预测

专家认为,2013 年的房地产市场总体特征就是震荡上行。由于各地并未严格执行调控政策,房地产市场出现明显"回暖",尤其是一线城市房价出现了连续多月的较快上涨,虽然各地相继收紧调控政策,但也未能将房价限制住。对于 2014 年,专家认为将是房地产市场的"退烧年",房价将会呈现高位震荡,渐趋降温的特点,但是总体仍将以上涨为主。

中国人民大学公共管理学院教授黄燕芬认为,2013 年房地产市场经历了一个前低后高,逐步"回暖",房价明显上涨的过程,年初对于"国五条"调控效果的期待基本全部落空。2014 年,由于调控的限制以及土地供应量的大幅增加,房价失去了大幅上涨的底气,上涨幅度应该明显趋缓。

中国三星经济研究院研究员文华认为,2013 年房地产市场最大的特点就是二手房和新房出现"各领风骚数月"的局面。上半年由于"国五条"税收政策的出台,二手房市场在政策生效前出现了"井喷式"爆发,主要城市前八月的二手房成交量超过了 2012 年,价格也出现了明显上涨。而在 2013 年下半年新房开始"领涨"房地产市场，一线城市连续多月房价同比增长速度超过 20%。大量保障房的入市和并不宽松的资金链应该限制了 2014 年房价出现大幅上涨的可能。

中央财经大学中国金融发展研究院助理教授李晟认为，2013 年楼市最大的特点就是价格分化开始显现，以北京、上海为代表的一线城市房价涨幅要明显高于二三线城市，但是基本可以认为是供求矛盾所决定的，一线城市的房价快速上涨是由于强大的刚需推动，而在部分二三线城市由于库存较多，需求有限，房价必然增长乏力。而像温州、鄂尔多斯本身投机问题严重的市场，房价泡沫已经在被逐步挤破。2014 年，城市间楼市价格的分化将会进一步扩大，房价总体上涨并不排除局部地区房价下跌，甚至出现局部的大幅下跌的可能。

中原地产市场研究部总监张大伟认为，2013 年楼市最大的亮点在于调控的决策权已经下放到地方，调控手段摆脱全国"一刀切"，根据城市特性产生了分化。正是因为全国的楼市已经出现了明显的分化趋势，所以再搞全国一盘棋式的行政调控也就没有任何意义，对比去年各城市的调控细则可以看出地方政府的调控自主权在增强，房价快速上涨的城市进行了调控升级，而供应充足、成交低迷的城市则采取适度的放松微调。对于 2014 年，张大伟认为各地可能将继续因地制宜地对政策的执行尺度和力度进行微调，对于房价上涨过快的一线和少数二线城市仍从严落实差别化住房信贷、税收政策和住房限购措施，增加住房用地和住房有效供应，而库存较多的部分二线与三四线城市的调控只会松不会紧。

# 本 章 小 结

本章首先介绍了影响不动产价格的一般因素，一般因素分为社会因素、经济因素、制度(行政)因素；其次介绍了影响不动产价格的区域因素，为了便于理解，主要介绍了城市不同功能分区因素和城市不同功能区的环境因素；最后介绍了影响不动产价格的个别因素，个别因素包括土地个别因素和建筑物个别因素。

# 复习思考题

1. 不动产价格影响因素有哪几大类？它们如何对不动产价格产生影响。
2. 影响不动产价格的一般因素包括哪些具体因素？
3. 影响不动产价格的经济因素有哪些？
4. 影响不动产价格的制度(行政)因素有哪些？
5. 与土地相关的个别因素有哪些？
6. 建筑物个别因素有哪些？
7. 按建筑质量分类，可将建筑物分为哪些类别？

# 第4章 市场比较法

**【学习目标】**

- 懂得市场比价法的理论依据和使用条件。
- 掌握市场比较法的计算。
- 懂得选取可比实例的要求。
- 懂得如何建立价格可比的基础。
- 掌握房地产状况调整的方法。
- 掌握比准价格的求取方法。

chapter
04 房地产估价

### 本章导读

市场比较法被认为是一种使用范围广、可靠性好、说服力强的基本估价方法。因此，本章主要学习市场比较法的概念、理论依据、适用的估价对象、估价需要具备的条件、估价的操作步骤以及每个操作步骤所涉及的具体内容等。

### 案例导入

为评估某宗房地产的价格，在估价中选取 4 个可比实例，甲成交价格 4800 元/m²，建筑面积 100m²，首次付清 24 万元，其余半年后支付 16 万元，一年后支付 8 万元；乙成交价格 5000 元/m²，建筑面积 120m²，首次支会 24 万元，半年后付清余款 36 万元；丙成交价格 4700 元/m²，建筑面积 90m²，成交时一次付清；丁成交价格 4760 元/m²，建筑面积 110m²，成交时支付 20 万元，一年后付清余款 32.36 万元。已知折现率为 10%，那么估算该宗房地产 2013 年 8 月 31 日的正常单价如何呢？

### 问题导入

为评估某宗房地产的价格，估价人员在该宗房地产附近地区调查选取近期类似房地产的交易实例，将待估房地产与类似房地产进行对照比较，从而求取其评估基准日的正常合理价格。那么应该如何选取可比实例？如何建立价格可比基础？如何进行房地产状况调整？如何求取比准价格？通过本章的学习将会解答这些问题，具备应用市场比较法进行房地产评估相关基本知识的能力。

市场比较法是一种被评估人士广泛使用的基本评估方法，它适用于具有交易性的房地产，需要估价人员以其扎实的估价理论知识、丰富的估价实践经验以及估价对象或者类似房地产所在地的市场行情、交易习惯等的深入了解并作出相关判断。

# 4.1 市场比较法的基本概念和理论

## 4.1.1 基本概念

市场比较法又称市场法、比较法、交易实例比较法，是将估价对象与在估价时点的近期发生过交易的类似房地产进行比较，对这些类似房地产的成交价格做适当的处理来求取估价对象价值的方法。因为该评估方法不仅直观形象，容易理解和掌握，而且更直接依靠现实的市场价份额资料，更符合当时的现实经济行为，所以被认为是一种使用范围广、可靠性好、说服力强的基本评估方法。

上述选取的符合一定条件、发生过交易的类似房地产，通常称为可比实例，是指交易实例中交易类型与估价目的吻合、成交日期与估价时点接近、实际成交价格为正常成交价格或者可修正为正常成交价格的类似房地产。

市场比较法是房地产估价中最重要、最常用的基本方法之一。采用市场比较法求得的价格，称为比准价格。其本质是以房地产的市场交易价格为导向求取估价对象的价值。

## 4.1.2　理论依据

市场比较法的理论依据是房地产价格形成的替代原理。

根据替代原理，在市场上任何经济主体都谋求以最小的代价求取最大利润或效用，所以其在选择商品时会选择效用最大而价格低的商品。当效用与价格相比，效用太小或价格太高时，购买者就会放弃购买；因此，效用均等的物品或服务在其价格上应该相等。我们把在效用上能够相互替代的产品称为替代品，在一个完全竞争的市场上，两个以上具有同等效用的替代品存在时，该类商品的价格就会由于替代关系而通过相互竞争，最终促使其价格趋于一致。

替代原理同样适用于房地产市场。正是因为在房地产价格形成中有替代原理的作用，所以，估价对象的未知价格可以通过类似房地产的已知成交价格来求取。当然，由于在现实房地产交易中交易者的心态、偏好、对市场的了解程度、讨价还价能力等的不同，具体一宗房地产交易的成交价格可能会偏离其正常市场价格。但是，只要有足够多的交易实例，其成交价格的综合结果可以作为正常市场价格的最佳指标。

## 4.1.3　使用条件和范围

市场法适用的对象是具有交易性的房地产，如房地产开发用地、普通商品住宅、高档公寓、别墅、写字楼、商场、标准工业厂房等。而那些很少发生交易的房地产，如特殊工业厂房、学校、古建筑、教堂、寺庙、纪念馆等，则难以采用市场法估价；或者如在建工程这类可比性较差的房地产，也难以采用市场比较法。

市场比较法使用的条件是在同一供求范围内并在估价时点的近期，存在着较多类似房地产的交易。如果在房地产市场发育不够或者房地产交易较少发生的地区，就难以采用市场比较法估价。

另外，在市场比较法估价中需要进行交易情况、交易日期、房地产状况的修正，这些修正有的很难采用量化的计算公式，需要估价人员以其扎实的估价理论知识、丰富的估价实践经验以及对估价对象或者类似房地产所在地的市场行情、交易习惯等的深入了解作出相关判断。因此，如果估价人员没有扎实的估价理论知识、丰富的估价实践经验，对估价对象或者类似房地产所在地的市场行情和交易习惯等不够熟悉，则难以运用市场比较法得出客观合理的估价对象价值。

市场比较法的原理和技术，也可以用于其他估价方法中有关参数的求取，如经营收入、成本费用、空置率、资本化率、开发经营期等。

# 4.2　市场比较法的计算方法

运用市场法估价一般分为下列 7 个步骤进行：①搜集交易实例；②选取可比实例；③建立价格可比基础；④交易情况修正；⑤交易日期调整；⑥房地产状况调整；⑦求取比准价格。

## 4.2.1 搜集交易实例

### 1. 搜集大量交易实例的必要性

运用市场法估价，首先需要拥有大量真实的交易实例(一些不能反映市场真实价格行情的报价、标价是无效的)。只有拥有了大量真实的交易实例，才能把握正常的市场价格行情，才能评估出客观合理的价格或价值。所以，首先应尽可能地搜集较多且真实的交易实例。

### 2. 搜集交易实例的途径

搜集交易实例的途径主要有：

(1) 查阅政府有关部门的房地产交易资料。

(2) 向房地产交易当事人、四邻、促使交易协议达成的经纪人、律师、财务人员、银行有关人员等了解其知晓的房地产成交价格资料和有关交易情况。

(3) 与房地产出售者，如业主、房地产开发商、房地产经纪人等洽谈，获得其房地产的要价资料。

(4) 查阅报刊、网络资源上有关房地产出售、出租的广告、信息等资料。

(5) 参加房地产交易展示会，了解房地产价格行情，搜集有关信息，索取有关资料。

(6) 同行之间相互提供。估价机构或估价人员可以约定相互交换所搜集的交易实例及经手的估价案例资料。

### 3. 搜集内容的完整性和真实性

搜集内容完整、真实的交易实例，是提高估价精度的一个基本保证。在搜集交易实例时应尽可能地搜集较多的内容，一般应包括：①交易双方的基本情况和交易目的；②交易实例房地产的状况，如名称、坐落、面积、四至、用途、产权、土地形状、建筑物建成年月、周围环境、景观等；③成交日期；④成交价格；⑤付款方式；⑥交易情况，如交易税费的负担方式，有无隐价瞒价、急卖急买、人为哄抬、亲友间的交易等特殊交易情况。房地产交易实例调查表见表4-1。

表 4-1　房地产交易实例调查表

| 房地产基本状况 | 名称 | | | | |
| --- | --- | --- | --- | --- | --- |
| | 坐落 | | | | |
| | 四至 | | | | |
| | 规模 | | | | |
| | 用途 | | | | |
| | 权属 | | | | |
| 交易基本情况 | 卖方 | | | | |
| | 买方 | | | | |
| | 成交日期 | | | | |
| | 成交价格 | 总价 | | 单价 | |
| | 付款方式 | | | | |

续表

| 交易情况<br>说　明 | | |
|---|---|---|
| 房地产状<br>况说明 | 区位状况说明 | |
| | 实物状况说明 | |
| | 权益状况说明 | |
| 位置图 | 外观图片 | 其他图片 |

调查人员：　　　　　　　　　　　　　　调查日期：　　年　　月　　日

#### 4. 建立交易实例库

房地产估价机构和估价人员应当建立房地产交易实例库。建立交易实例库不仅是运用市场法估价的需要，还是从事房地产估价的一项基础性工作，也是形成房地产估价机构和估价人员的核心竞争力之一。建立交易实例库，有利于交易实例资料的保存和在需要时查找、调用，提高估价工作的效率。

### 4.2.2　选取可比实例

从交易实例库中选择符合一定条件的交易实例作为参照比较的交易实例，这些用于参照比较的交易实例，称为可比实例。

可比实例选取得恰当与否，直接影响到市场法评估出的价格的准确性，因此应特别慎重。选取可比实例的基本要求是：第一，可比实例应是估价对象的类似房地产，具体是指可比实例与估价对象房地产在同一地区或同一供求范围内；可比实例与估价对象房地产用途、结构、权利性质相同，规模、档次相当；第二，可比实例的成交日期应与估价时点接近；第三，可比实例的交易类型应与估价目的吻合；第四，可比实例的成交价格应为正常价格或能够修正为正常价格。

在实际选取可比实例时，上述四个方面可具体化为下列几点。

#### 1. 可比实例应与估价对象处在同一地区或是处于同一供求范围内的类似地区

以北京市为例，如果估价对象是坐落在王府井地区的一个商场，则选取的可比实例最好也在王府井地区；但如果在该地区内可供选择的交易实例不多，则应选择像东单、西单这类邻近地区或同等级别的商业区中的交易实例。如果估价对象是在北京市内某个住宅小区的普通商品住宅，则选取的可比实例最好是在同一住宅小区内的交易实例；如果在同一住宅小区内没有合适的交易实例可供选取，则应选取位于北京市内类似地区、规模、档次的住宅小区内的交易实例。

#### 2. 可比实例的用途应与估价对象的用途相同

这里的用途主要指大类用途，如果能做到小类用途也相同则更好。大类用途一般分为：①居住；②商业；③办公；④旅馆；⑤工业；⑥农业等。

#### 3. 可比实例的建筑结构应与估价对象的建筑结构相同

这里的建筑结构主要是指大类建筑结构，如果能做到小类建筑结构也相同则更好。大

类建筑结构一般分为：①钢结构；②钢筋混凝土结构；③砖混结构；④砖木结构；⑤简易结构。

### 4. 可比实例的权利性质应与估价对象的权利性质相同

当两者不相同时，一般不能作为可比实例。例如，国家所有的土地与农民集体所有的土地的权利性质不同；出让土地使用权与划拨土地使用权的权利性质不同；商品住宅与经济适用住房、房改所购住房的权利性质不同。因此，如果估价对象是出让土地使用权或出让土地使用权土地上的房地产，则应选取出让土地使用权或出让土地使用权土地上的房地产的交易实例，而不应该选取划拨土地使用权或划拨土地使用权土地上的房地产的交易实例。

### 5. 可比实例的规模应与估价对象的规模相当

例如估价对象为一宗土地，则选取的可比实例的土地面积应与该宗土地的面积差不多大小，既不能过大也不能过小。选取的可比实例规模一般应在估价对象规模的 0.5～2 范围内，即 0.5≤可比实例规模/估价实例规模≤2。

### 6. 可比实例的档次应与估价对象的档次相当

### 7. 可比实例的成交日期应与估价时点接近

这里的"接近"是相对而言的：如果房地产市场比较平稳，则较早之前发生的交易实例可能仍然有参考价值，也可以被选作可比实例；但如果房地产市场变化快，则此期限应缩短，可能只有近期发生的交易实例才有说服力。一般认为，交易实例的成交日期与估价时点相隔一年以上的不宜采用，因为难以对其进行交易日期调整。有时即使进行交易日期调整，可能会出现较大的偏差。

### 8. 可比实例的交易类型应与估价目的吻合

交易类型主要有一般买卖、拍卖、租赁、土地使用权协议出让等。如果为一般买卖、拍卖、租赁、土地使用权协议出让等目的估价，则应选取相对应的交易类型的交易实例为可比实例。另外，为抵押、抵债、房屋拆迁目的的估价，应选取一般买卖的交易实例为可比实例。

### 9. 可比实例的成交价格应是正常成交价格或能够修正为正常成交价格

选取可比实例时，一般是指估价对象为土地的，应选取类似土地的交易实例；估价对象为建筑物的，应选取类似建筑物的交易实例；估价对象为房地的，应选取类似房地的交易实例。选取可比实例还有所谓"分配法"，其内容如下：如果估价对象为单独的土地或单独的建筑物，但缺少相应的交易实例，而有土地与建筑物合成体的交易实例时，则可将此土地与建筑物合成体及其成交价格予以分解，提取出与估价对象同类型部分的房地产及其价格，再以此为可比实例。例如，估价对象为土地，但在其所在地区或同一供求范围内的类似地区中，没有类似土地的单独交易实例，而有包含与该土地同类型土地的房地交易实例时，则可以从该房地成交价格中扣除建筑物价格，剩余部分为土地价格，此土地便可作为可比实例。然后再对该土地价格进行适当的修正和调整，即可以求得估价对象土地的价格。例如，需要评估某宗土地的价格，在附近有一幢房屋买卖，其成交总价为 100 万元，其中属于建筑物的价格为 60 万元(用成本法求得)，则其土地价格为 40 万元，再以此 40 万元的地价为基础，修正、调整出估价对象土地的价格。

选取的可比实例数量从理论上讲越多越好，但是，如果要求选取的数量过多，一是可能由于交易实例缺乏而难以做到；二是后续进行修正、调整的工作量大，所以，一般要求选取 3 个以上(含 3 个)、10 个以下(含 10 个)的可比实例即可。

## 4.2.3　建立价格可比基础

选取了可比实例之后，应先对这些可比实例的成交价格进行换算处理，使其之间的口径一致、相互可比，并统一到需要求取的估价对象的价格单位上，为进行后续的修正、调整建立共同的基础。

建立价格可比基础包括：统一付款方式；统一采用单价；统一币种和货币单位；统一面积内涵；统一面积单位，即"五统一"。

### 1. 统一付款方式

由于房地产的价值量大，房地产的成交价格往往采用分期付款的方式支付。而且付款期限的长短不同，付款数额在付款期限内的分布不同，实际价格也会有所不同。估价中为便于比较，价格通常以一次付清所需支付的金额为基准，所以，就需要将分期付款的可比实例成交价格折算为在其成交日期时一次付清的数额。具体方法是资金的时间价值中的折现计算。

### 2. 统一采用单价

在统一采用单价方面，通常为单位面积上的价格。例如，建筑物通常为单位建筑面积、单位套内建筑面积或者单位使用面积上的价格；土地除单位土地面积上的价格之外，还可为楼面地价。在这些情况下，单位面积是一个比较单位。根据估价对象的具体情况，还可以有其他的比较单位，如仓库以单位体积为比较单位，停车场以每个车位为比较单位，旅馆以每个房间或床位为比较单位，电影院以每个座位为比较单位，医院以每个床位为比较单位，保龄球馆以每个球道为比较单位。

### 3. 统一币种和货币单位

在统一币种方面，不同币种的价格之间的换算，应采用该价格所对应的日期时的汇率。在通常情况下，是采用成交日期时的汇率。但如果先按原币种的价格进行交易日期调整，则对进行了交易日期调整后的价格，应采用估价时点时的汇率进行换算。汇率的取值，一般采用国家外汇管理部门公布的外汇牌价的卖出、买入的中间价。

在统一货币单位方面，按照使用习惯，人民币、美元、港币等，通常都采用"元"。

### 4. 统一面积内涵

在现实房地产交易中，有按建筑面积计价，有按套内建筑面积计价，也有按使用面积计价的。它们之间的换算如下：

$$建筑面积下的价格 = 套内建筑面积下的价格 × 套内建筑面积/建筑面积 \qquad (4\text{-}1)$$

$$建筑面积下的价格 = 使用面积下的价格 × 使用面积/建筑面积 \qquad (4\text{-}2)$$

$$套内建筑面积下的价格 = 使用面积下的价格 × 使用面积/套内使用面积 \qquad (4\text{-}3)$$

**5. 统一面积单位**

在面积单位方面，中国内地通常采用平方米(土地的面积单位有时还采用公顷、亩)，中国香港地区和美国、英国等习惯采用平方英尺，中国台湾地区和日本、韩国一般采用坪。它们之间的换算如下：

平方米下的价格=亩下的价格÷666.67

平方米下的价格=公顷下的价格÷10 000

平方米下的价格=平方英尺下的价格×10.764

平方米下的价格=坪下的价格×0.303

## 4.2.4 交易情况修正

### 1. 交易情况修正的含义

可比实例的成交价格可能是正常的，也可能是不正常的。由于要求评估的估价对象的价格是客观合理的，所以，如果可比实例的成交价格是不正常的，则应将其调整为正常的，如此才能作为估价对象的价格。这种对可比实例成交价格进行的调整，称为交易情况修正。因此，经过交易情况修正后，就将可比实例的实际而可能是不正常的价格变成了正常价格。

### 2. 造成成交价格偏差的因素

由于房地产具有不可移动、独一无二、价值量大等特性，以及房地产市场是不完全市场，房地产的成交价格往往容易受交易中的一些特殊因素的影响，从而使其偏离正常的市场价格。交易中的特殊因素较复杂，归纳起来主要有以下几个方面：

(1) 强迫出售或强迫购买的交易。强迫出售的价格通常低于正常市场价格，强迫购买的价格通常高于正常市场价格。

(2) 有利害关系人之间的交易。例如亲朋好友之间、母子公司之间、公司与其员工之间等的房地产交易，多数情况下成交价格低于正常市场价格。但也有特殊动机的，如上市公司的大股东将其房地产高价卖给上市公司，其成交价格高于正常市场价格。

(3) 交易双方或某一方对市场行情缺乏了解的交易。如果买方不了解市场行情，盲目购买，成交价格往往偏高；相反，如果卖方不了解市场行情，盲目出售，成交价格往往偏低。

(4) 急于出售或急于购买的交易。例如欠债到期要还，无奈只有出售房地产偿还，此种情况下的成交价格往往偏低；相反，在急于购买情况下的成交价格往往偏高。

(5) 交易双方或某一方有特别动机或偏好的交易。例如，买方或卖方对其所买卖的房地产有特别的爱好、感情，特别是该房地产对卖方有特殊的意义或价值，从而卖方惜售，或买方执意要购买，此种情况下的成交价格往往偏高。

(6) 相邻房地产的合并交易。房地产价格受土地形状是否规则、土地面积或建筑规模是否适当的影响。形状不规则或者面积、规模较小的房地产，价值通常会较低。但这类房地产如果与相邻房地产合并后，则效用通常会增加，会产生附加价值或"合并价值"。因此，当相邻房地产的拥有者欲购买该房地产时，往往愿意出较高的价格，出售者通常会索要高价。所以相邻房地产合并交易的成交价格往往高于其单独存在、与其不相邻者交易时的正常市场价格。

## 4.2.5　交易日期调整

### 1. 交易日期调整的含义

可比实例的成交价格是其成交日期时的价格，是在其成交日期时的房地产市场状况下形成的。要求评估的估价对象的价格是估价时点时的价格，是应该在估价时点时的房地产市场状况下形成的。如果成交日期与估价时点不同(往往是不同的，而且通常成交日期早于估价时点)，房地产市场状况可能发生了变化，如政府出台新的政策措施、利率发生变化、出现通货膨胀或通货紧缩等，从而房地产价格就有可能不同。因此，应将可比实例在其成交日期时的价格调整为在估价时点时的价格，如此才能将其作为估价对象的价格。这种对可比实例成交价格进行的调整，称为交易日期调整。

交易日期调整实质上是房地产市场状况对房地产价格影响的调整。经过交易日期调整后，就将可比实例在其成交日期时的价格变成了在估价时点时的价格。

### 2. 交易日期调整的方法

采用百分率法进行交易日期调整的一般公式为：

$$\text{可比实例在成交日期时的价格} \times \text{交易日期调整系数} = \text{在估价时点时的价格} \qquad (4\text{-}4)$$

交易日期调整的关键，是要把握可比实例、估价对象这类房地产的价格自某个时期以来的涨落变化情况，具体是调查在过去不同时间的数宗类似房地产的价格，找出这类房地产价格随着时间变化而变动的规律，据此再对可比实例成交价格进行交易日期调整。调整的具体方法，可通过价格指数或价格变动率进行，也可采用时间序列分析(有关内容可参见第 10 章"长期趋势法")。

价格指数有定基价格指数和环比价格指数。在价格指数编制中，需要选择某个时期作为基期。如果是以某个固定时期作为基期的，称为定基价格指数；如果是以上一时期作为基期的，称为环比价格指数。

采用定基价格指数进行交易日期调整的公式为：

$$\text{在估价时点时的价格} = \text{可比实例在成交日期时的价格} \times \text{交易日期调整系数} \qquad (4\text{-}5)$$

采用环比价格指数进行交易日期调整的公式为：

$$\text{在估价时点时的价格} = \text{可比实例在成交日期时的价格} \times \text{成交日期的下一时期的价格指数}$$
$$\times \text{再下一时期的价格指数} \times \cdots \cdots \times \text{估价时点时的价格指数} \qquad (4\text{-}6)$$

在实际的交易日期调整中，有下列几类价格指数或价格变动率可供选用：①一般物价指数或变动率；②建筑造价指数或变动率；③建筑材料价格指数或变动率；④建筑人工费指数或变动率；⑤房地产价格指数或变动率。房地产价格指数或变动率又可细分为：①全国房地产价格指数或变动率；②某地区房地产价格指数或变动率；③全国某类房地产价格指数或变动率；④某地区某类房地产价格指数或变动率。

至于具体应选用哪种价格指数或变动率进行交易日期调整，要看具体的估价对象和有关情况。如果引起房地产价格变动的是单纯的通货膨胀因素，则可以选用一般物价指数或变动率；如果是建筑造价、建筑材料或建筑人工费方面的因素，则可以选用相应的价格指数或变动率。从理论上讲，由于房地产价格指数或变动率能全面反映引起房地产价格变化的因素，因此，宜选用房地产价格指数或变动率。但严格来说，并不是任何类型的房地产价格指数或变动率都可以采用，所以最适用的房地产价格指数或变动率，是可比实例所在

地区的同类房地产的价格指数或变动率。

## 4.2.6 房地产状况调整

### 1. 房地产状况调整的含义

如果可比实例房地产与估价对象房地产本身之间有差异，则还应对可比实例成交价格进行房地产状况调整，因为房地产价格还反映房地产本身的状况。进行房地产状况调整，是将可比实例在其房地产状况下的价格，调整为在估价对象房地产状况下的价格。因此，经过房地产状况调整后，就将可比实例在其房地产状况下的价格变成了在估价对象房地产状况下的价格。

### 2. 房地产状况调整的内容

由于房地产状况可以分为区位、权益和实物三大方面，从而房地产状况调整可分为区位状况调整、权益状况调整和实物状况调整。在这三大方面的调整中，还可进一步细分为若干因素的调整。进行房地产状况调整，是市场法的一个难点和关键。

(1) 区位状况调整的内容

区位状况是对房地产价格有影响的房地产区位因素的状况。进行区位状况调整，是将可比实例房地产在其区位状况下的价格，调整为在估价对象房地产区位状况下的价格。

区位状况比较、调整的内容主要包括：繁华程度、交通便捷程度、环境景观、公共服务设施完备程度(属于可比实例、估价对象以外的部分)、临路状况、朝向、楼层等影响房地产价格的因素。

(2) 权益状况调整的内容

权益状况是对房地产价格有影响的房地产权益因素的状况。进行权益状况调整，是将可比实例房地产在其权益状况下的价格，调整为在估价对象房地产权益状况下的价格。

权益状况比较、调整的内容主要包括：土地使用年限，城市规划限制条件(如容积率)等影响房地产价格的因素。在实际估价中，遇到最多的是土地使用年限调整。

(3) 实物状况调整的内容

实物状况是对房地产价格有影响的房地产实物因素的状况。进行实物状况调整，是将可比实例房地产在其实物状况下的价格，调整为在估价对象房地产实物状况下的价格。

实物状况比较、调整的内容很多，对于土地来说，主要包括：面积大小、形状、基础设施完备程度(属于可比实例、估价对象之内的部分)、土地平整程度、地势、地质水文状况等影响房地产价格的因素；对于建筑物来说，主要包括：新旧程度、建筑规模、建筑结构、设备、装修、平面格局、工程质量等影响房地产价格的因素。

### 3. 房地产状况调整的思路和方法

房地产状况调整的思路是：如果可比实例房地产状况好于估价对象房地产状况，则应对可比实例价格作减价调整；反之，则应作增价调整。具体思路是：

(1) 列出对估价对象这类房地产的价格有影响的房地产状况各方面的因素，包括区位方面、权益方面和实物方面的；

(2) 判定估价对象房地产和可比实例房地产在这些因素方面的状况；

(3) 将可比实例房地产与估价对象房地产在这些因素方面的状况进行逐项比较，找出它们之间的差异所造成的价格差异程度；

(4) 根据价格差异程度对可比实例价格进行调整。

总的来说，如果可比实例房地产优于估价对象房地产，则应对可比实例价格做减价调整；反之，则应做增价调整。房地产状况调整的方法有百分率法、差额法和回归分析法。

采用百分率法进行房地产状况调整的一般公式为：

在估价对象房地产状况下的价格数=可比实例在其房地产状况下的价格×
房地产状况调整系 　　　　　　　　　　　　　　　　　　　　(4-7)

采用差额法进行房地产状况调整的一般公式为：

在估价对象房地产状况下的价格=可比实例在其房地产状况下的价格±
房地产状况调整数额 　　　　　　　　　　　　　　　　　　　(4-8)

在百分率法中，房地产状况调整系数应以估价对象房地产状况为基准来确定。

具体进行房地产状况调整的方法，有直接比较调整和间接比较调整两种。

① 直接比较调整一般是采用评分的方法(见表 4-2)，以估价对象房地产状况为基准(通常定为 100 分)，将可比实例房地产状况与它逐项进行比较、打分。如果可比实例房地产状况比估价对象房地产状况差，则打的分数就低于 100；相反，打的分数就高于 100。再将所得的分数转化为调整价格的比率。

表 4-2　可比实例评分法调整

| 房地产状况 | 权　重 | 估价对象 | 可比实例 A | 可比实例 B | 可比实例 C | …… |
|---|---|---|---|---|---|---|
| 因素 1 | $f1$ | 100 | | | | |
| 因素 2 | $f2$ | 100 | | | | |
| ⋮ | | | | | | |
| 因素 n | $fn$ | 100 | | | | |
| 综合 | 1 | 100 | | | | |

采用直接比较进行房地产状况调整的表达式为：

$$在估价对象房地产状况下的价格=可比实例在其房地产状况下的价格×\frac{100}{(\ \ )} \qquad (4-9)$$

式(4-9)中括号内应填写的数字，为可比实例房地产状况相对于估价对象房地产状况的得分。

② 间接比较调整与直接比较调整相似，所不同的是设想一个标准房地产状况，然后以此标准房地产状况为基准(通常定为 100 分)，将估价对象及可比实例的房地产状况均与它逐项进行比较、打分。如果估价对象、可比实例的房地产状况比标准房地产状况差，则打的分数就低于 100；相反，打的分数就高于 100。再将所得的分数转化为调整价格的比率。

采用间接比较进行房地产状况调整的表达式为：

$$在估价对象不动产状况下的价格=\frac{可比实例在其不动产状况下的价格}{(\ \ )×(\ \ )} \qquad (4-10)$$

式(4-10)中位于分母的第一个括号内应填写的数字为可比实例房地产状况相对于标准房地产状况的得分，第二个括号内应填写的数字为估价对象房地产状况相对于标准房地产状况的得分。

### 4. 房地产状况调整应注意的问题

可比实例的房地产状况，无论是区位状况、权益状况还是实物状况，都应是成交价格所对应或反映的房地产状况，而不是在估价时点或其他时候的状况。因为在估价时点或其他时候，可比实例房地产状况可能发生了变化，从而其成交价格就不能反映了。除期房交易的成交价格之外，可比实例的房地产状况一般是可比实例房地产在其成交日期时的状况。

由于不同使用性质的房地产，影响其价格的区位和实物因素不同，即使某些因素相同，但其对价格的影响程度也不一定相同。因此，在进行区位状况和实物状况的比较、调整时，具体比较、调整的内容及权重应有所不同。例如，居住房地产讲求宁静、安全、舒适；商业房地产注重繁华程度、交通条件；工业房地产强调对外交通运输；农业房地产重视土壤、排水和灌溉条件等。

## 4.2.7 求取比准价格

### 1. 求取某个与可比实例对应的比准价格的方法

由前述内容可知，市场法估价需要进行交易情况、交易日期、房地产状况三大方面的修正和调整。经过了交易情况修正后，就将可比实例的实际而可能不是正常的价格变成了正常价格；经过了交易日期调整后，就将可比实例在其成交日期时的价格变成了在估价时点时的价格；经过了房地产状况调整后，就将可比实例在其房地产状况下的价格变成了在估价对象房地产状况下的价格。这样，经过了这三大方面的修正、调整后，就把可比实例房地产的实际成交价格，变成了可比实例房地产在估价时点时的客观合理价格。如果把这三大方面的修正、调整综合起来，计算公式如下。

(1) 修正、调整系数连乘形式：

$$可比实例的比准价格 = 可比实例成交价格 \times 交易情况修正系数 \times \\ 交易日期调整系数 \times 不动产状况调整系数 \qquad (4\text{-}11)$$

(2) 修正、调整系数累加形式：

$$可比实例的比准价格 = 可比实例成交价格 \times \begin{pmatrix} 1 + 交易情况修正系数 \\ + 交易日期调整系数 \\ + 不动产状况调整系数 \end{pmatrix} \qquad (4\text{-}12)$$

下面仅以连乘形式、采用百分率法来进一步说明市场法的综合修正与调整计算。由于房地产状况调整有直接比较调整和间接比较调整，因此，较具体化的综合修正与调整计算公式有直接比较修正与调整公式和间接比较修正与调整公式：

① 直接比较修正与调整公式：

$$可比实例的比准价格 = 可比实例成交价格 \times \frac{100}{(\ )} \times \frac{(\ )}{100} \times \frac{100}{(\ )} \qquad (4\text{-}13)$$

式(4-13)中，交易情况修正的分子为 100，表示以正常价格为基准；交易日期调整的分母为 100，表示以成交日期时的价格为基准；房地产状况调整的分子为 100，表示以估价对象的房地产状况为基准。

② 间接比较修正与调整公式：

$$可比实例的比准价格 = 可比实例成交价格 \times \frac{100}{(\ )} \times \frac{(\ )}{100} \times \frac{100}{(\ )} \times \frac{(\ )}{100} \tag{4-14}$$

式(4-14)中，标准化修正的分子为 100，表示以标准房地产的状况为基准，分母是可比实例房地产相对于标准房地产所得的分数；房地产状况调整的分母为 100，表示以标准房地产的状况为基准，分子是估价对象房地产相对于标准房地产所得的分数。

**2. 将多个可比实例对应的比准价格综合成一个最终比准价格的方法**

每个可比实例的成交价格经过上述各项修正、调整之后，都会相应地得到一个比准价格。例如有 5 个可比实例，经过各项修正、调整之后会得到 5 个比准价格。但这些比准价格可能是不相同的，最后需要将它们综合成一个比准价格，以此作为市场法的测算结果。从理论上讲，综合的方法主要有 3 种：平均数；中位数；众数。

(1) 平均数有简单算术平均数和加权算术平均数。其中，简单算术平均数是把修正、调整出的各个价格直接相加，再除以这些价格的个数，所得的数即为综合出的一个价格。

加权算术平均数是在把修正、调整出的各个价格综合成一个价格时，考虑到每个价格的重要程度不同，先赋予每个价格不同的权数，然后综合出一个价格。通常对于与估价对象房地产最类似的可比实例不动地产所修正、调整出的价格，赋予最大的权数，反之，赋予最小的权数。

(2) 中位数是把修正、调整出的各个价格按从低到高或从高到低的顺序排列，当项数为奇数时，位于正中间位置的那个价格为综合出的一个价格；当项数为偶数时，位于正中间位置的那两个价格的简单算术平均数为综合出的一个价格。例如，2600，2650，2800，2860，3950 的中位数为 2800。2200，2400，2600，2900 的中位数为(2400+2600)÷2 ＝2500。

(3) 众数是一组数值中出现次数最多的数值。例如，2200，2600，2300，2600，2300，2600，这组数值的众数是 2600。

此外，还可以采用其他方法将修正、调整出的多个价格综合成一个价格。例如去掉一个最高价格和一个最低价格，将余下的进行简单算术平均。在实际估价中，最常用的是平均数，其次是中位数，很少采用众数。当数值较多时，可以采用中位数和众数。如果一组数值中含有异常的或极端的数值，采用平均数可能得到非典型的甚至是误导的结果，这时采用中位数比较合适。

## 4.3　市场比较法总结

市场比较法是通过可比实例的实际成交价格来求取估价对象的价值，即选取一定数量的可比实例并将它们与估价对象进行比较，然后对这些可比实例的实际成交价格进行适当处理来求取估价对象价值的方法。为此，首先要从房地产市场中搜集大量的交易实例。其次，针对具体的估价对象、估价时点和估价目的，从搜集的大量交易实例中选取一定数量、符合一定条件的交易实例，即选取一定数量的可比实例。再对这些可比实例的成交价格依次进行换算、修正和调整——"换算"即建立比较基准，它是把可比实例的成交价格处理成正常市场价格；"调整"包括市场状况调整和房地产状况调整，市场状况调整是把可比实例在其交易日期时的价格处理成在估价时点时的价格，房地产状况调整是把可比实例在自身状况下的价格处理成在估价对象房地产状况下的价格。最后，采用平均数、中位数、众数等方法，把经过处理后得到的多个比准价格综合成一个比准价格，即采用市场比较法测算除估价对象价值的价值。

市场比较法总结如图 4-1 所示，市场比较法测算汇总表见表 4-3。

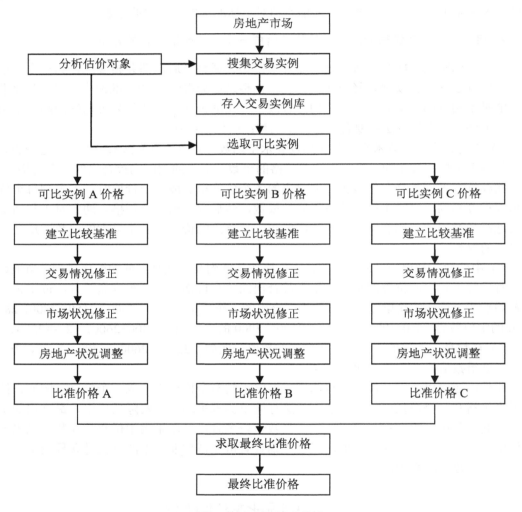

图 4-1　市场比较法总结

表 4-3　市场比较法测算汇总表

| | | 单　位 | 可比实例 1 | 可比实例 2 | 可比实例…… |
|---|---|---|---|---|---|
| 1.实际成交价格 | 总价 | 元 | | | |
| | 单价 | 元/m² | | | |
| 2.成交日期 | | 年、月、日 | | | |
| 3.建立比较基准后价格 | | | | | |

续表

| | 单　位 | 可比实例 1 | 可比实例 2 | 可比实例…… |
|---|---|---|---|---|
| 3.1 统一房地产范围后价格 | | | | |
| 3.2 统一付款方式后价格 | | | | |
| 3.3 统一价格单位后价格 | | | | |
| 4.交易情况修正后价格 | | | | |
| 4.1 交易情况修正系数 | % | | | |
| 4.1.1××交易情况修正率 | % | | | |
| 4.1.2××交易情况修正率 | % | | | |
| ……××交易情况修正率 | % | | | |
| 5.市场状况调整后价格 | | | | |
| 5.1 市场状况调整系数 | % | | | |
| 6.房地产状况调整后价格 | | | | |
| 6.1 房地产状况调整系数 | % | | | |
| 6.1.1 区位状况调整系数 | | | | |
| 6.1.1.1××区位因素调整率 | % | | | |
| 6.1.1.2××区位因素调整率 | % | | | |
| ……××区位因素调整率 | % | | | |
| 6.1.2 实物状况调整系数 | % | | | |
| 6.1.2.1 土地实物状况调整率 | % | | | |
| 6.1.2.1.1××土地实物状况调整率 | % | | | |
| 6.1.2.1.2××土地实物状况调整率 | % | | | |
| ……××土地实物状况调整率 | % | | | |
| 6.1.2.2 建筑实物状况调整率 | % | | | |
| 6.1.2.2.1××建筑实物状况调整率 | % | | | |
| 6.1.2.2.2××建筑实物状况调整率 | % | | | |
| ……××建筑实物状况调整率 | % | | | |
| 6.1.3 权益状况调整系数 | % | | | |
| 6.1.3.1 土地权益状况调整系数 | % | | | |
| 6.1.3.2 建筑物权益状况调整系数 | % | | | |
| 7.单个可比实例的比准价格 | | | | |
| 8.最终比准价格 | | | | |
| 9.非房地产成分价值 | 元 | | | |
| 10.市场比较法测算结果　总价 | 元 | | | |
| 　　　　　　　　　　　　　单价 | 元/m² | | | |

【例 4-1】 为了评估某商品住宅在 2013 年 9 月 1 日的正常市场价格，在该住宅附近地区选取了 A、B、C 三宗已成交的类似商品住宅作为可比实例，有关资料见表 4-4。

表 4-4 市场比较法案例表

| | 可比实例 A | 可比实例 B | 可比实例 C |
|---|---|---|---|
| 成交价格 | 4500 人民币元/m² | 600 美元/m² | 5000 人民币元/m² |
| 成交日期 | 2012 年 11 月 1 日 | 2013 年 1 月 1 日 | 2013 年 6 月 1 日 |
| 交易情况 | −5% | 0% | +2% |
| 区域因素 | +2% | +3% | −2% |
| 个别因素 | −3% | +5% | −2% |

表 4-4 中，交易情况比较中的正(负)值表示可比实例的成交价格高(低)于其正常价格的幅度；在区域因素、个别因素比较中，以估价对象的区域因素和个别因素为基准，正(负)值表示可比实例的区域因素和个别因素优(劣)于估价对象的区域因素和个别因素所导致的价格差异幅度。另外假设 2013 年 1 月 1 日人民币与美元的市场汇价为 1∶8.0，2013 年 9 月 1 日人民币与美元的市场汇价为 1∶7.9；该类商品住宅以人民币为基准的市场价格在 2012 年 6 月 1 日至 2013 年 2 月 28 日之间平均每月比上月上涨 1%，在 2013 年 3 月 1 日至 2013 年 9 月 1 日之间平均每月比上月下降 1.5%。试利用上述资料评估该商品住宅在 2013 年 9 月 1 日的正常市场价格。

(1) 计算公式

采用直接比较修正法连乘形式的公式进行评估。

(2) 求取各可比实例的比准价格(人民币)

$$比准价格 A = 4500 \times \frac{100}{100-5} \times (1+1\%)^4 \times (1-1.5\%)^6 \times \frac{100}{100+2} \times \frac{100}{100-3}$$
$$= 4550.09(元/m^2)$$

$$比准价格 B = 600 \times 7.8 \times \frac{100}{100-0} \times (1+1\%)^2 \times (1-1.5\%)^6 \times \frac{100}{100+3} \times \frac{100}{100+5}$$
$$= 4569.17(元/m^2)$$

$$比准价格 C = 5000 \times \frac{100}{100+2} \times (1-1.5\%)3 \times \frac{100}{100-2} \times \frac{100}{100-2}$$
$$= 4877.83(元/m^2)$$

(3) 计算评估结果

若将上述三个结果的简单算术平均值作为估价结果，则有：

$$估价对象价格 = (4550.09 + 4569.17 + 4877.83)/3 = 4666(元/m^2)$$

【例 4-2】 为评估某写字楼 2013 年 10 月 1 日的正常市场价格，在该写字楼附近调查选取了 A、B、C 三宗类似写字楼的交易实例作为可比实例，成交价格及成交日期见表 4-5，并对估价对象和可比实例在交易情况、房地产状况等方面的差异进行了分项目的详细比较，结合各因素对房地产价格影响的重要性，得出了可比实例价格修正和调整表，具体结果见

表4-5。在表4-5的交易情况中，正(负)值表示可比实例成交价格高(低)预期正常市场价格的幅度；房地产状况中，正(负)值表示可比实例房地产状况优(劣)于估价对象房地产状况导致的价格差异幅度。另假设人民币与美元的市场汇率2013年3月1日为1：7.7395，2013年10月1日为1：7.6850；该类写字楼以人民币为基准的市场价格2013年1月1日至2013年2月1日基本保持不变，2013年2月1日至2013年5月1日平均每月比上月下降1%，以后平均每月比上月上升0.5%。请利用上述资料测算写字楼2013年10月1日的正常市场价格。

表4-5 可比实例价格修正和调整表

| | 可比实例A | 可比实例B | 可比实例C |
|---|---|---|---|
| 成交价格 | 5000人民币元/m² | 680美元/m² | 5500人民币元/m² |
| 成交日期 | 2013年1月1日 | 2013年3月1日 | 2013年7月1日 |
| 交易情况 | +2% | +5% | −3% |
| 房地产状况 | −8% | −4% | +6% |

(1) 测算公式

$$比准价格 = 可比实例成交价格×交易情况修正系数×市场状况修正系数×房地产状况调整系数$$

(2) 求取比准价格

$$V_A=5000×\frac{100}{100+2}×(1−1\%)^3×(1+0.5\%)^5×\frac{100}{100-8}$$
$$=5300.51(元/m^2)$$

$$V_B=680×7.7395×\frac{100}{100+5}×(1−1\%)_2×(1+0.5\%)^5×\frac{100}{100-4}$$
$$=5246.41(元/m^2)$$

$$V_C=5500×\frac{100}{100-3}×(1+0.5\%)^3×\frac{100}{100+6}$$
$$=5429.79(元/m^2)$$

(3) 将上述三个比准价格结果的简单算术平均值作为市场比较法的测算结果，则：
$$估价对象价格(单价)=(5300.51+5246.41+5429.79)/3$$
$$=5325.57(元/m^2)$$

【例4-3】 为评估某住宅楼的价格，估价人员在该住宅楼附近地区调查选取了A、B、C、D、E共5个类似住宅楼的交易实例，其有关资料如表4-6所示。

表4-6 类似交易实例表

| | 实例A | 实例B | 实例C | 实例D | 实例E |
|---|---|---|---|---|---|
| 成交价格(元/m²) | 5100 | 5800 | 5200 | 5300 | 5000 |
| 成交日期 | 2012年11月30日 | 2013年6月30日 | 2013年1月31日 | 2011年7月31日 | 2013年5月31日 |

续表

|  |  | 实例 A | 实例 B | 实例 C | 实例 D | 实例 E |
|---|---|---|---|---|---|---|
| 交易情况 |  | +2% | +21% | 0 | 0 | −3% |
| 房地产<br>状况 | 区位状况 | 0 | −3% | +3% | +1% | 0 |
|  | 权益状况 | −2% | 0 | +2% | −1% | −1% |
|  | 实物状况 | −4% | −5% | −2% | +2% | +1% |

表 4-6 中，交易情况、房地产状况中的各正、负值都是按直接比较所得结果。其中，房地产状况中的三方面因素产生的作用程度相同。另据调查得知：从 2011 年 7 月 1 日至 2012 年 1 月 1 日该类住宅楼市场价格每月递增 1.5%，其后至 2012 年 11 月 1 日则每月递减 0.5%，而从 2012 年 11 月 1 日至 2013 年 4 月 30 日的市场价格基本不变，以后每月递增 1%。请利用上述资料根据估价相关要求选取最合适的 3 个交易实例作为可比实例，并估算该住宅楼 2013 年 8 月 31 日的正常单价(如需计算平均值，请采用简单算术平均法)。

① 选取可比实例。实例 B 误差太大，实例 D 成交时间与估价时点相隔 1 年以上，故实例 B 和实例 D 不作为可比实例。选取实例 A、实例 C、实例 E 作为可比实例。

② 计算公式：

估价对象价格＝可比实例价格×交易情况修正系数×交易日期修正系数×房地产状况修正系数

③ 交易情况修正系数为：

可比实例 A：100/(100+2)=100/102

可比实例 C：100/100

可比实例 E：100/(100−3)=100/97

④ 交易日期修正系数为：

可比实例 $A=(1+1\%)^4$

可比实例 $C=(1+1\%)^4$

可比实例 $E=(1+1\%)^3$

⑤ 房地产状况修正系数为：因房地产状况中的三方面因素产生的作用程度相同，故设三方面的因素的权数相同，均为 1／3，则有：

可比实例 A=100/[100×1/3+(100−2)×1/3+(100−4)×1/3]=100/98

可比实例 C=100/[(100+3)×1/3+(100+2)×1/3+(100−2)×1/3]=100/101

可比实例 E=100/[100×1/3+(100−1)×1/3+(100+1)×1/3)]=100/100

⑥ 计算比准价格：

比准价格 $A=5100×(100/102)×(1+1\%)^4×(100/98)=5309.20(元/m^2)$

比准价格 $C=5200×(100/100)×(1+1\%)^4×(100/101)=5357.57(元/m^2)$

比准价格 $E=5000×(100/97)×(1+1\%)^3×(100/100)=5310.83(元/m^2)$

⑦ 将上述三个比准价格的简单算术平均数作为市场法的估算结果，则有：

估价对象价格(单价)=(5309.20＋5357.57＋5310.83)/3 ＝5325.87(元/m²)

# 本 章 小 结

市场比较法被认为是一种使用范围广、可靠性好、说服力强的基本估价方法。本章首先介绍了对市场比较法的概念、理论依据，其次介绍了适用的估价对象、估价需要具备的条件，最后对市场比较法估价的操作步骤以及每个操作步骤所涉及的具体内容进行了阐述，以便于读者对市场比较法有初步的认识和了解。

# 复习思考题

一、单项选择题

1. 运用市场比较法评估房地产价格，在因素修正时需要具有丰富经验的估价师来确定(    )。

    A. 土地还原利率

    B. 各有关修正系数

    C. 如何计算容积率修正

    D. 如何计算土地使用年期修正

2. 市场比较法中，如果可比实例交易时的价格低于正常情况下的交易价格，则在将可比实例价格修正为正常交易情况下的价格的公式中(    )。

    A. 其中分母小于100

    B. 其中分母大于100

    C. 其中分母等于100

    D. 不成立

3. 市场比较法的理论依据与(    )的理论依据相同。

    A. 假设开发法　　B. 收益还原法　　C. 路线价法　　　D. 成本法

4. 在某宗房地产估价中，三个可比实例房地产对应的比准单价分别是 6800 元/ $m^2$、6700 元/ $m^2$ 和 6300 元/ $m^2$，根据可比性综合评估得到的三个可比实例对应的比准单价的权重分别是 0.3、0.5 和 0.2。如果分别采用加权算术平均法和中位数法测算最终的比准单价，则前者与后者的差值是(    )元/ $m^2$。

    A. -100　　　　　B. -50　　　　　C.50　　　　　　D. 100

5. 在估价中选取 4 个可比实例，甲成交价格 4800 元/ $m^2$，建筑面积 100 $m^2$，首次付清 24 万元，其余半年后支付 16 万元，一年后支付 8 万元；乙成交价格 5000 元/ $m^2$，建筑面积 120 $m^2$，首次支付 24 万元，半年后付清余款 36 万元；丙成交价格 4700 元/ $m^2$，建筑面积 90 $m^2$，成交时一次付清；丁成交价格 4760 元/ $m^2$，建筑面积 110 $m^2$，成交时支付 20 万元，一年后付清余款 32.36 万元。已知折现率为 10%，那么这 4 个可比实例实际单价的高低排序为(    )。

    A. 甲乙丙丁　　　B. 乙丁甲丙　　　C. 乙丙甲丁　　　D. 丙乙丁甲

6. 在市场法选择可比实例的过程中，可比实例的规模应与估价对象的规模相当，选取的可比实例规模一般应在估价对象规模的(    )之内。

    A. 0.5～2.0　　　B. 1.5～2.0　　　C. 0.5～1.5　　　D. 1.0～1.5

7. 在市场比较法中，对房地产状况进行间接比较调整其中可比实例的房地产状况优于标准房地产状况，得102分；估价对象的房地产状况劣于标准房地产状况，得97分，则房地产状况修正系数为(    )。

    A. 0.95        B. 0.99        C. 1.01        D. 1.05

8. 评估某房地产2013年9月末的价格，选取的可比实例成交价格为3000元/$m^2$，成交日期为2013年1月末，该类房地产自2013年1月末至2013年9月末的价格每月与上月的变动幅度为1.5%，2.5%，0.5%，-1.5%，-2.5%，-1.0%，1.5%，-1.5%，0%。则该可比实例在2013年9月末的价格为(    )元/$m^2$。

    A. 2938        B. 2982        C. 3329        D. 3379

9. 现需评估某宗房地产2013年10月末的价格，选取的可比实例成交价格为2500元/$m^2$，成交日期为2013年1月末。该类房地产自2012年7月末至2013年6月末每月价格递增1%，2013年6月末至2013年10月平均每月比上月价格上涨20元/$m^2$。该可比实例在2013年10月末的价格为(    )元/$m^2$。

    A. 2648        B. 2688        C. 2708        D. 2734

## 二、多项选择题

1. 房地产状况调整的内容主要包括(    )。

    A. 区位状况的调整            B. 实物状况的调整
    C. 环境状况的调整            D. 权益状况的调整

2. 下列(    )属于房地产市场状况的内容。

    A. 政府出台新的政策措施        B. 利率发生变化
    C. 出现通货膨胀              D. 未正常负担交易税费

## 三、简答题

1. 什么是市场比较法？
2. 市场比较法的理论依据是什么？
3. 哪些房地产适用市场比较法估价？
4. 市场比较法估价需要具备哪些条件？
5. 市场比较法估价的操作步骤是什么？
6. 为何要搜集大量的交易实例？
7. 搜集交易实例的途径主要有哪些？
8. 搜集交易实例时应当搜集哪些内容并做到真实？
9. 选取的可比实例应当符合哪些要求？
10. 为什么要建立价格可比基础？建立价格可比基础包括哪些内容？
11. 什么是交易情况修正？现实中造成成交价格偏离正常市场价格的因素有哪些？
12. 什么是交易日期调整？交易日期调整的主要方法有哪些？
13. 什么是房地产状况调整？它包括哪些内容？
14. 房地产状况直接比较调整与间接比较调整有何异同？

四、计算题

为评估某商品住宅 2013 年 8 月 15 日的正常市场价格，在该住宅附近选取了 A、B、C 三宗类似住宅的交易实例作为可比实例。根据下面所给条件，试用市场法测算该商品住宅 2013 年 8 月 15 日的正常市场价格。

已知可比实例成交价格及成交日期情况：

|  | 可比实例 A | 可比实例 B | 可比实例 C |
|---|---|---|---|
| 成交价格元/m² | 3700 | 4200 | 3900 |
| 成交日期 | 2013 年 3 月 15 日 | 2013 年 6 月 15 日 | 2013 年 7 月 15 日 |

已知以正常的市场价格为基准，可比实例交易情况分析判断结果如下：

|  | 可比实例 A | 可比实例 B | 可比实例 C |
|---|---|---|---|
| 交易情况 | -2% | 0 | +1% |

已知该类住宅 2007 年 2 月至 8 月的定基价格指数如下：

| 月份 | 2 | 3 | 4 | 5 | 6 | 7 | 8 |
|---|---|---|---|---|---|---|---|
| 价格指数 | 100 | 92.4 | 98.3 | 98.6 | 100.3 | 109.0 | 106.8 |

已知房地产状况比较判断结果如下：

| 房地产状况 | 权　重 | 估价对象 | 可比实例 A | 可比实例 B | 可比实例 C |
|---|---|---|---|---|---|
| 区位状况 | 0.5 | 100 | 105 | 100 | 80 |
| 实物状况 | 0.3 | 100 | 100 | 110 | 120 |
| 权益状况 | 0.2 | 100 | 120 | 100 | 100 |

# 第5章 收益还原法

**【学习目标】**

- 掌握收益还原法的基本概念、理论与方法。
- 熟悉收益还原法的估价步骤。
- 了解收益还原法的特点和适用范围。
- 会运用收益还原法对房地产进行估价。

**本章导读**

本章主要学习收益还原法的基本概念、原理、特点及适用范围、计算公式、估价步骤和方法。

**案例导入**

某综合不动产为一座 10 层框架结构建筑，建筑物总造价为 4500 元/平方米(建筑面积)，其中 1~3 层为商场，建筑面积为 3000 平方米，4~10 层为写字楼，建筑面积为 6500 平方米，建筑容积率为 5。该不动产经济耐用年限为 50 年，残值率为 0，综合还原率为 9%。目前该不动产租赁合同中，商场的实际租金为每月 360 元/平方米(建筑面积)，写字楼的实际租金为每月 240 元/平方米(建筑面积)。

据市场调查，同类物业的平均租金水平：商场为每月 330 元/平方米(建筑面积)，出租空置率平均为 5%；写字楼为每月 270 元/平方米(建筑面积)，出租空置率平均为 16%。各类物业出租的费用一般为：年管理费为租金的 5%，年维修费为建筑物造价的 8%，每年需支付税费 40 元/平方米(建筑面积)，年保险费为建筑物造价的 2‰。估算该不动产 50 年使用权的购买价格。估价基准日：2010 年 6 月 30 日，估价日期：2010 年 6 月 1 日至 7 月 31 日。

**问题导入**

案例中，不动产出租的总收益、总费用包括哪些？怎样计算？纯收益是什么？怎样计算？不动产总价值是多少？怎样计算？计算程序如何？通过本章的学习，读者将能解答这些问题，具备运用收益还原法的相关基本知识解决实际问题的能力。

# 5.1　收益还原法的概念、理论与方法

## 5.1.1　收益还原法的概念

### 1. 含义

收益还原法是房地产估价中最基本和最常用的方法之一，是对土地、房屋、不动产或其他具备收益性质的资产进行估价的基本方法。此种方法用于土地估价时，是把购买土地作为一种投资，地价款作为购买未来若干年土地收益而投入的资本。因此，收益还原法的概念可以表述为：在估算土地在未来每年预期纯收益的基础上，以一定的还原率，将评估对象在未来每年的纯收益折算为评估时日收益总和的一种方法。

### 2. 相关概念

总收益：是指以收益为目的的土地及与此相关的设施、劳力及经营等要素相结合而产生的总收益。

总费用：是指为创造收益所投入的直接必要的劳动费用与资本费用。

纯收益：从总收益中扣除总费用和房屋纯收益，即为土地纯收益；扣除总费用和土地纯收益即为房屋纯收益。

还原率：为通过土地纯收益折算土地价值而确定的一种比率，反映地价与土地纯收益

之间的关系。为通过房屋纯收益折算房屋价值而确定的一种比率，反映房屋与房屋纯收益之间的关系。

以土地为例，土地收益与地租的关系：由于土地的自然条件不同和土地区位的差异性，使土地使用者因使用不同的土地而获得的收益不同，这种因使用土地而带来的土地收益，因土地所有权的存在而转化为地租。即，地租是土地所有者凭土地所有权而得到的收益，是土地所有权借以实现的经济形式，即土地所有者从土地上获取收益的权利。因此，土地收益与地租二者在量上具有一致性，只不过由于土地所有权和使用权的分离，使来自土地的收益相对于土地使用者而言，称为土地收益；相对于土地所有者而言，称为地租。

## 5.1.2　收益还原法的原理

对于土地而言，由于土地具有固定性、不增性、个别性和持续性等特性，土地使用者在占有某块土地时，不仅能得到现实的纯收益，还能得到未来若干年间源源不断的收益，如果将这些土地收益看作是土地使用者用于购买土地支付的地价款的逐年回报，那么在土地收益与地价款之间必然存在反映二者关系的一个系数，即地价款投资总的回报率，通常称为土地还原率。当将此项随时间延续而能不断取得的纯收益，以适当的还原利率折算为现在价值的总额(称为收益价值或资本价值)时，它即表现为该土地的实质价值，也是适当的客观交换价值，这就是收益还原法的原理。

举例：假设一宗 1 平方米土地，其未来年均纯收益为 1000 元，土地所有人对此宗土地的纯收益期望能以 5%的资本年利率进行还原，如果出售土地，他所获得的售价(即该土地的纯收益价格)=土地年纯收益÷土地还原率=1000÷5%=20 000 元。再假设此人另以 20 000 元现金以年利率 5%存入银行，则每年得到的利息(货币纯收益)为 20 000×5%=1000 元，与上述 1 平方米土地的收益是等额的。因此，对该土地所有者来说，在土地收益、土地还原率每年不变，且在土地使用年期为无限年期情况下，1 平方米土地与 20 000 元货币，其资本价值是相等的。

## 5.1.3　收益还原法的特点与适用范围

### 1. 特点

(1) 收益还原法具有深厚的理论基础

地租理论和生产要素分配理论是收益还原法的理论依据。地租理论认为土地价格是地租的资本化，而地租是土地收益的一种形式。生产要素分配理论认为土地、劳动、资本等生产要素组合产生的收益，应由各要素分配。在这两种理论的基础上，归属于土地的收益应是地租和利用土地资产带来的纯收益。从总收益中减去其他生产要素产生的收益后，即为土地纯收益，将土地纯收益以一定的还原率还原，即为土地的价格。

(2) 收益还原法求得的价格又称为"收益价格"

收益还原法由于以收益途径评估其土地价格，因而所求得的土地价格又称为收益价格。收益还原法将土地的价格视为一笔货币额，如将其存入银行，每年可以得到一定的利息，这个利息可相当于土地的纯收益。因此，可以从确定土地收益入手，求得土地价格。但在实际土地使用中，由于未来收益的稳定性难以预测，因此一定要考虑到影响土地收益的各种因素，准确判断土地收益，才能客观评估土地价格。

(3) 收益还原法评估价结果的准确程度取决于土地的纯收益及还原率的准确程度

土地纯收益的影响因素很多，同时，在算法上还原率的倒数和土地收益为倍数关系，因此，土地纯收益的测定是否准确，还原率的选择是否合适，都直接影响土地价格的评估结果。由此可知，确定准确的土地收益和适当的还原率是使用收益还原法的关键。

### 2. 适用范围

由上面收益还原法的特点可知，此种方法是以求取土地纯收益为途径来评估土地价格的，因此，它只适用于有收益或潜在收益的土地和建筑物或房地产的评估。例如，租赁用房地产或企业用房地产估价均可采用此法，而对于没有收益的不动产的估价，如学校、机关、公园等公益用地的估价则大多不适用。同时，对于收益性土地的稳定性纯收益和适当的还原率的求取，受一般经济行情和工商企业以及房地产市场的发展变化的影响，因而比较难以确定，这是收益还原法的欠缺之处。

## 5.1.4 计算公式

### 1. 依据土地收益求取土地价格

(1) 土地年纯收益不变，土地使用年期为无限或有限

假定土地纯收益每年不变，土地还原率每年不变，土地使用年期为无限年期，则有：

$$p = \frac{a}{r}$$

式中：$p$ 为土地价格；$a$ 为土地纯收益；$r$ 为土地还原率。

在我国目前的土地制度下，土地使用年期多为有限，计算公式为：

$$p = \frac{a}{r}\left[1 - \frac{1}{(1+r)^n}\right]$$

式中：$p$、$a$、$r$ 含义同前；$n$ 为使用土地的年期或有土地收益的年期。

(2) 土地纯收益在若干年内有变化，还原率不变

当 $t$ 年以前(含 $t$ 年)纯收益有变化，其值为 $a_i$；$t$ 年以后纯收益无变化，其值为 $a$；$r$ 每年不变且大于零；使用年期无限时，土地价格的计算公式为：

$$p = \sum_{i=1}^{t} \frac{a_i}{(1+r)^i} + \frac{a}{r(1+r)^t}$$

式中：$p$、$a$、$r$ 含义同前；$a_i$ 为第 $i$ 年的纯收益；$t$ 为纯收益有变化的年限。

如果土地使用为有限年期时，土地价格的计算公式为：

$$p = \sum_{i=1}^{t} \frac{a_i}{(1+r)^i} + \frac{a}{r(1+r)^t} \times \left[1 - \frac{1}{(1+r)^{n-t}}\right]$$

式中：$p$、$a$、$r$、$a_i$、$t$、$n$ 含义同前。

(3) 假定未来若干年后的土地价格已知，还原率不变

当未来某年的土地价格已知，而已知土地价格的年份以前的纯收益有变化(不变时是特

例)，如一块土地租赁一定年期之后再以一定的价格卖出去，如果 $r$ 每年不变且大于零，土地价格的计算公式为：

$$p = \sum_{i=1}^{t-1} \frac{a_i}{(1+r)^i} + \frac{p_t}{r(1+r)^t}$$

式中：$p$、$a$、$r$ 含义同前；$r$ 为未来土地价格已知的年限；$p_t$ 为未来第 $t$ 年的土地价格。

(4) 纯收益按等差级数递增或递减

土地使用年期无限时的计算公式为：

$$p = \frac{a}{r} \pm \frac{b}{r^2}$$

式中：$p$、$a$、$r$ 含义同前；$b$ 为纯收益的等差级数递增或递减的数额，如纯收益第一年为 $a$，则第二年为 $a \pm b$，第三年为 $a \pm 2b$，第 $n$ 年为 $a \pm (n-1)b$。

式中符号的选取，当纯收益按等差级数递增时取加号，递减时取减号。

土地使用年期有限时的计算公式为：

$$p = \left( \frac{a}{r} \pm \frac{b}{r^2} \right) \times [1 - \frac{1}{(1+r)^n}] \mp \frac{b}{r} \times \frac{n}{(1+r)^n}$$

式中：$p$、$a$、$r$、$b$、$n$ 含义同前。

式中符号的选取，当纯收益按等差级数递增时取上面的符号，递减时取下面的符号。

(5) 假定纯收益按一定比率递增或递减，还原率不变

当土地使用年期无限时，地价计算公式为：

$$p = \frac{a}{r \mp s}$$

式中：$p$、$a$、$r$ 含义同前；$s$ 为纯收益逐年递增或递减的比率，如纯收益第一年为 $a$，则第二年为 $a(1 \pm s)$，第三年为 $a(1 \pm s)^2$，第 $n$ 年为 $a(1 \pm s)^{n-1}$。

式中符号的选取，当纯收益按等比级数递增时取减号，递减时取加号。$r$ 不变，递增时，$r > s$；递减时，$(r+s) > 0$。

当土地使用年期有限时，地价计算公式为：

$$p = \frac{a}{r \mp s} \left[ 1 - \left( \frac{1 \pm s}{r+r} \right)^n \right]$$

式中：$p$、$a$、$r$、$s$、$n$ 含义同前。

式中符号的选取，当纯收益按等比级数递增时取上面的符号，递减时取下面的符号。$r$ 不变，递增时，$r \neq s$，$r+s \neq 0$ 递减时不用说明、分母不等于 0。

(6) 假定纯收益、还原率均发生变化且每年不一样

计算公式为：

$$p = \frac{a_1}{(1+r)} + \frac{a_2}{(1+r_1)+(1+r_2)} + \cdots + \frac{a_n}{(1+r_1)+(1+r_2)+(1+r_3)}$$

式中：$a_1, a_2, \ldots, a_n$ 分别为未来各年的纯收益；$r_1, r_2, \ldots, r_n$ 分别为未来各年的还原利率。

**2. 依据房地收益求取房地价格**

求取房地纯收益，再以综合还原率还原，求取房地价格。

计算公式为：

$$p = \frac{a}{r}$$

式中：$p$ 为房地价格；$a$ 为房地纯收益。

$$r = \frac{r_1 L + (r_2 + d)B}{L + B}$$

式中：$r$ 为综合还原率；$r_1$ 为土地还原率；$r_2$ 为建筑物还原率；$d$ 为建筑物折旧率；$L$ 为土地价格；$B$ 为建筑物价格。

**3. 依据房地收益求取土地价格**

首先求得建筑物的价格，然后从待估不动产(房地)纯收益中减去属于建筑物的纯收益，得到土地的纯收益，再以土地还原率还原，即可得到土地的价格。

计算公式为：

$$a - B(r_2 + d) = Lr_1$$
$$L = \frac{a - B(r_2 + d)}{r_1} = \frac{a_1}{r_1}$$

式中：$a$ 为建筑物及其相应范围的土地所产生的纯收益($a$ 如为折旧后收益则减去 $d$ )；$B$ 为建筑物价格(以其他方法求得)；$r_1$ 为土地还原率；$r_2$ 为建筑物还原率；$d$ 为建筑物折旧率；$L$ 为土地价格；$a_1$ 为土地纯收益。

**4. 依据房地收益求取建筑物价格**

首先求取土地价格，然后以建筑物与其相应范围内所产生的总收益中，减去归属于土地的纯收益，求得建筑物的纯收益，再将此纯收益以建筑物的还原率还原，就可求取建筑物的收益价格。

计算公式为：

$$a - Lr_1 = B(r_2 + d)$$
$$B = \frac{a - Lr_1}{r_2 + d} = \frac{a_2}{r_2 + d}$$

式中：$B$ 为建筑物的收益价格；$a$ 为建筑物及其基地所产生的纯收益($a$ 如为折旧后收益则减去 $d$ )；$a_2$ 为建筑物的纯收益；$L$ 为土地的价格(以其他方法求得)；$r_1$ 为土地还原率；$r_2$ 为建筑物还原率；$d$ 为建筑物折旧率。

## 5.1.5 估价步骤

收益还原法估价的基本思路是，在土地收益的基础上，扣除相关成本费用，然后通过适当的土地还原率估算收益地价。基本程序如下。

(1) 收集相关资料

收集待估宗地和与待估宗地特征相同或相似的宗地用于出租或正常经营时的年平均总收益与总费用资料等。出租性土地及房屋的宗地应收集三年以上的租赁资料。营业性土地及房屋的宗地应收集五年以上的营运资料。直接生产用地应收集过去五年中原料、人工及产品的市场价格资料。所收集的资料应是持续、稳定的，能反映土地的长期收益趋势。

(2) 估算年总收益

总收益是指以收益为目的的土地及与此有关的设施、劳动力及经营等要素相结合而产生的总收益。计算总收益首先应分析可能产生的各种收益，然后按客观、持续及稳定等原则来确定土地的总收益。土地收益可以分为实际收益和客观收益。实际收益是在现状下实际取得的收益。由于个人的经营能力等因素对实际收益影响很大，故不能作为评估的依据。客观收益是指排除了土地实际收益中属于特殊的、偶然的要素后可能得到的一般正常收益，可以直接用于评估。

一般来讲，客观的总收益通常表现为以下几点。

① 处于正常利用状态下使用房地产所生产的收益，即从客观上看，是由具备良好素质及正常使用能力者使用而产生的收益。

② 必须是持续且有规律地产生的收益，即采用长期可以固定取得的收益。

③ 收益是安全可靠的收益，即必须符合国家规定和批准的经营项目所产生的收益，那些未经批准的，甚至是违法的经营项目收益不能作为计算客观收益的依据。

根据土地参与生产经营过程的形式和业主以土地取得收益的方式不同，总收益产生的形式有以下几种情况。

① 土地租金：指直接通过土地出租每年获得租金收入，包括在土地租赁过程中承租方所缴纳的押金或担保金的利息。

② 房地出租租金：指房地一起出租过程中，出租方从承租方取得的租金及有关收益。一般根据实际的租赁合同金额和当地的房地产租赁市场状况确定客观收益水平。

③ 企业经营收益：指企业在正常的经营管理水平下每年所获得的客观总收益。

分析企业经营的客观收益时，首先要根据企业的财务报表进行分析。客观的财务报表是企业经营状况的基本反映，但由于企业在经营过程中往往会受到经营管理水平、不合理的人为干预等偶然因素的影响，造成企业财务报表不能反映企业经营状况和土地及有关资产的收益能力，因此在利用企业财务报表进行企业经营收益分析时，应进行适当调整，调整为正常经营管理水平下的客观收益。同时，还可以根据企业的经营项目，按照其生产的产品或提供的服务项目及其相应的市场价格，分析计算其客观收益。

需要注意的是，在计算总收益时，还应准确分析测算由评估对象所引起的其他衍生收益，如租赁过程中承租方所支付押金的利息收益、企业经营生产过程中的副产品销售收益等。同时，也应考虑收益的损失，如出租房屋的闲置，一般以出租率或空房损失率折算总收益。

(3) 估算年总费用

总费用是指为创造收益所投入的直接必要的劳动费用与资本费用。总费用在不同情况下，所包含的项目也有所不同。计算总费用时，首先要分析可能的各种费用支出，然后在全面分析的基础上，计算加总一般正常合理的必要年支出，即得总费用。

① 土地租赁中总费用的计算

土地税：指因土地使用或租赁发生的，由评估土地负担的税赋。如我国的城镇土地使用税等。

管理费：指管理人员的薪水及其他费用。一般以年租金额的 3%计算。

维护费：指维护土地使用所发生的费用。如给排水及道路修缮费等。

② 房地出租中总费用的计算

管理费：指对出租房屋进行必要管理所需的费用。分为两部分，一是出租经营过程中消耗品价值的货币支出；二是管理人员的工资支出。计算方法也有两种，一是依管理面积平均计算；二是依租金的一定比例计算，一般为年租金的 2%～5%。

维修费：维修费主要发生在建筑物部分，估算方法比较复杂，一般有造价比例法、定期轮修法、经验估计法等。如果是一般建筑物，通常以建筑物重置价为基础估算，一般按建筑物重置价的 1.5‰～2‰。

保险费：通常根据当地保险公司确定的房屋保险率确定，一般用房屋重置价乘以保险费率来估算。我国房屋保险费率一般为房屋重置价(或现值)的 1.5‰～2‰。

税金：主要为房产税和营业税，以及附加城建税、教育税等，一般按照国家及各城市的税收标准及规定估算。通常月租金在 120 元以下者只缴纳 12%的房产税；月租金在 120 元以上者除缴纳房产税外，还要按租金额缴纳营业税 5%、附加城建税 0.35%、教育税附加 0.05%等。

房屋折旧费：指房屋在使用过程中因损耗而在租金中补偿的那部分价值。计算公式为：

$$年折旧费 = \frac{房屋重置价 - 残值}{耐用年限} = \frac{房屋重置价 \times (1-残值率)}{耐用年限}$$

式中的房屋重置价、耐用年限及残值随房屋结构及等级不同而变化，各地均有规定标准。房屋重置价又称房屋重置成本，是指根据估价期日的人工和建筑材料价格，按照目前的材料、标准与设计，建造功能相同的建筑物所需的建造成本，一般根据当地同类建筑物的建造成本进行分析计算。

值得注意的是，当房屋耐用年限超过了土地使用权出让年限时(即土地使用年限小于房屋耐用年限)，按土地使用权出让年限确定房屋可使用年限。这是因为，《城市房地产管理法》和国务院〔1990〕55 号令规定，土地使用期满而土地使用者未申请续期的，土地使用权由国家无偿收回，关于地上建筑物的处置，《城市房地产管理法》未作具体规定，而国务院 55 号令规定由国家无偿收回。这时，计算年折旧时也不应考虑残值，相应的计算公式为：

$$年折旧费 = \frac{房屋重置价}{房屋可使用年限}$$

③ 企业经营收益中总费用的计算

企业经营费用是指在企业经营过程中为获取经营收益而必须支付的一切费用，一般包括原料费、运输费、折旧费、一般管理费、职工工资、应纳税金、应摊提费用以及其他应扣除的费用等。

根据生产经营的方式不同，企业一般可分为经营性企业(如宾馆、饭店、商场等商业服务业企业)和生产性企业(如工厂、矿山等工业企业)两大类。经营性企业在经营过程中的总费用主要包括销售成本、销售费用、经营管理费用、销售税金、财务费用和经营利润等；生产性企业在经营过程中的总费用主要包括生产成本(包括原材料费、人工费、运输费等)、产品销售费、产品销售税金及附加、财务费用、管理费用等。

企业生产经营费用的计算通常有两种方法：一是具体根据企业财务报表中的损益表及有关财务资料分析计算企业经营总费用，必须详细分析企业生产经营和管理的整个过程，扣除不正常的生产经营和管理费用，从而计算客观的生产经营费用；二是根据企业生产经营或服务的项目计算企业经营费用，如工业企业可根据其生产的各种产品的平均成本计算总成本，这就需要详细了解企业的生产经营过程和各种成本费用的支出状况。

上述不同土地使用方式下计算经营总费用时，费用项目要以实际情况确定，根据出租人实际承担的项目为准进行计算。如果房屋维修、保险等由承租人负责的，即租金收入中不包含这些费用，这些费用也不应计入经营总费用中进行扣除。

(4) 计算土地纯收益

从总收益中扣除房屋折旧费、管理费、维修保险费、税金等总费用，即为纯收益。

土地纯收益的计算可以根据具体评估对象采取不同的计算方法。

① 土地租赁中土地纯收益的计算

土地纯收益=租金-(管理费+维修费+税金)

② 房地出租中土地纯收益的计算

土地纯收益=房地纯收益-房屋纯收益

房地纯收益=房地出租年总收益-房地出租年总费用

房屋纯收益=房屋现值×建筑物还原率

房屋现值=房屋重置价×房屋成新度=房屋重置价-房屋总折旧

房屋总折旧=房屋年折旧额×已使用年限

房屋成新度是指房屋建筑物在估价期日的新旧状况。

房屋总折旧是指房屋建筑物在已使用年限内由于物理、经济和功能等因素引起的房屋折旧总额。

房屋重置价在上述计算年总费用中房屋折旧费的计算时已作解释。

③ 企业经营中土地纯收益的计算

企业经营纯收益=年经营总收入-年经营总费用

土地纯收益=企业经营纯收益-非土地资产纯收益

④ 自用土地纯收益的计算

自用土地纯收益的求取可采用比较法，即以类似地区、接近相邻地块相似土地的纯收益，经过区域因素、个别因素的比较修正，求得其土地纯收益。

(5) 还原率的确定

还原率是影响地价高低的重要因素，必须慎重选择。一般首先要通过各种途径，确定各种可能的还原率，然后再经过综合分析、比较，确定可采用的还原率。

① 还原率的分类

土地还原率是采用收益还原法准确计算土地价格的关键，因收益情况不同，还原率有以下三种。

土地还原率，适用于求取单一土地的价格，或者是从不动产价格中分割出土地价格的情况，要求有对应的土地纯收益。

地上建筑物还原率，从土地及建筑物一体价值中分割出土地价值，或是求取单纯建筑物价格时适用。

综合还原率，适用于求取土地及其地上建筑物合为一体的价格时所使用的还原率，要求有对应的土地及其建筑物一体的纯收益。

一般情况下，土地还原率比建筑物还原率低 2～3 个百分点。土地还原率、综合还原率和建筑物还原率三者是相互联系的，一般关系式如下：

$$r = \frac{(r_1 L + r_2 B)}{L + B}$$

或

$$r = \frac{[r_1 L + r_2 (L + d) B]}{L + B}$$

式中：$r$ 为综合还原率；$r_1$ 为土地还原率；$r_2$ 为建筑物还原率；$L$ 为地价；$B$ 为建筑物价格；$d$ 为建筑物折旧率。

② 还原率的确定

土地纯收益与土地价格比率法此法：是采用收益还原法的基本公式反推过来的，即土地还原率=土地纯收益/土地价格。土地纯收益与土地价格可以通过市场调查得到，采用市场上相同或相似不动产的纯收益与价格的比率。具体方法：选择三宗以上最近发生的与待估不动产具有相似特点的交易案例，以案例的纯收益与其价格的比率作为还原率。

安全利率调整法：在安全利率(投资风险为零的收益率)的基础上，综合考虑通货膨胀、风险回报以及投资资本回收等因素调整确定土地还原率，即土地还原率=安全利率+通货膨胀调整值+风险调整值+投资资本回收调整值。其中，安全利率一般以同一时期一年期银行定期存款利率来确定；通货膨胀调整值参照与估价对象产生收益同一时间段或相近时间段的国库券的现有利率确定；风险调整值一般可以在股票收益率和国库券收益率之间进行比较确定；投资资本回收调整值可以根据估价对象所处地区建筑物的折旧进行推算确定。

现实投资收益率排序插入法：将现实中各种类型的投资收益率，如银行存款利率、贷款利率、国债利率、债券利率、股票收益率等按其大小从低到高排序，然后将各类投资的市场情况与土地投资的市场情况进行对比，根据经验综合分析，判断估价对象投资收益率最适合的范围，以此为依据确定土地还原率。

值得注意的是，利用收益还原法评估土地或房地产的价格时，影响评估结果最大的一个因素是还原率。还原率随房地产的种类不同而不同，对投资风险大的房地产，其还原率高，反之，风险越小，还原率越低。选择的还原率不同，评估出的收益价格就会发生很大的差别。从纯理论上讲，收益还原法中采用的还原率，应等于与获取纯收益具有同等风险和资本的获利率。因此，采用安全利率加上风险调整值比较合适。同时，采用租金与价格的比率是比较实用的。

(6) 土地(或房地产)价格的确定

在土地纯收益确定后，根据收益变化情况和土地使用年期等各种条件，选择适当的土地还原率和公式，将纯收益用相应的还原率进行还原，计算得到土地的试算收益价格。

若用此法评估房地产价格，则应选用综合还原率对房地产纯收益进行还原求取。

通常选取多个可行的还原率，计算得到几个价格，并从中比较分析确定可能的价格水平。同时，也应根据具体情况，在可能的条件下，采用其他的估价方法，例如采用市场比较法试算地价作为评估结果的验证。

# 5.2　收益还原法的应用

## 5.2.1　依据房地收益求取房地价格

【例 5-1】　某综合不动产为一座 10 层框架结构建筑，建筑物总造价为 4500 元/平方米(建筑面积)，其中 1～3 层为商场，建筑面积为 3000 平方米，4～10 层为写字楼，建筑面积为 6500 平方米，建筑容积率为 5。该不动产经济耐用年限为 50 年，残值率为 0，综合还原率为 9%。目前该不动产租赁合同中，商场的实际租金为每月 360 元/平方米(建筑面积)，写字楼的实际租金为每月 240 元/平方米(建筑面积)。

据市场调查，同类物业的平均租金水平：商场为每月 330 元/平方米(建筑面积)，出租空置率平均为 5%；写字楼为每月 270 元/平方米(建筑面积)，出租空置率平均为 16%。各类物业出租的费用一般为：年管理费为租金的 5%，年维修费为建筑物造价的 8%，每年需支付税费 40 元/平方米(建筑面积)，年保险费为建筑物造价的 2‰。估算该不动产 50 年使用权的购买价格。

估价基准日：2010 年 6 月 30 日。

估价日期：2010 年 6 月 1 日至 7 月 31 日。

估价过程：

(1) 计算该不动产出租收益

商场年总收益=330×12×3000×(1−5%)÷10 000

　　　　　　=1128.6(万元)

写字楼年总收益=270×12×6500×(1−16%)÷10 000

　　　　　　　=1769(万元)

不动产年总收益=1128.6+1769

　　　　　　　=2897.6(万元)

(2) 计算不动产出租总费用

年管理费=2897.6×5%=144.9(万元)

年维修费=4500×(3000+6500)×8%÷10 000

　　　　=342(万元)

年税费=40×9500÷10 000=38(万元)

年保险费=4500×(3000+6500)×2‰÷10 000

　　　　=8.55(万元)

不动产出租总费用=144.9+342+38+8.55=533.5(万元)

(3) 计算不动产年纯收益

不动产年纯收益=2897.6−533.45=2364.2(万元)

(4) 计算不动产总价值

$$不动产总价值=2897.6\div9\%\times\left[1-\frac{1}{(1+9\%)^{50}}\right]$$

$$=31762.6(万元)$$

## 5.2.2 依据房地收益求取土地价格

【例 5-2】 某宗土地取得时间为 2006 年 10 月，土地取得方式为有偿出让方式，土地取得年限为 50 年使用权。该宗地面积为 600 平方米，2007 年 10 月修建写字楼，现全部用于出租，出租率为 80%，每月实收租金为 10000 元。地上建筑物面积为 500 平方米，历史造价为 1200 元/平方米，目前同类建筑重置价格为 1600 元/平方米，经济耐用年限为 55 年，残值率为 10%。根据市场调查，当地目前同类建筑租金为每月 30 元/平方米，土地及房屋还原率分别为 5% 和 6%，每年支付土地使用税及房产税为每建筑平方米 20 元，支付年管理费为年租金的 4%，年维修费为重置价的 2%，年保险费为建筑物重置价的 0.2%。估算该土地使用权在 2011 年 10 月的市场价值。

估价过程：

本案例用于出租，有收益，适用于收益还原法估价。

(1) 计算年总收益

土地及地上建筑物出租的实际收益为每月 10000 元，市场同类建筑租金为每月 30 元/平方米，为客观起见，采用市场租金估算建筑物收益，即按照每月每平方米 30 元计算，则：

$$土地及建筑物年总收益=月租金\times年度月份\times建筑面积\times有效出租率$$

$$=30\times12\times500\times0.8$$

$$=144\,000(元)$$

(2) 计算出租总费用

年总费用包括以下几项：

$$年税金=税金标准\times建筑面积$$

$$=20\times500$$

$$=10\,000(元)$$

$$年管理费=年总收益\times管理费比率$$

$$=144\,000\times4\%$$

$$=5760(元)$$

$$年维修费=建筑面积\times重置价\times维修费比率$$

$$=500\times1600\times2\%$$

$$=16\,000(元)$$

$$年保险费=建筑面积\times重置价\times保险费比率$$

$$=500\times1600\times0.2\%$$

$$=1600(元)$$

年折旧费：本案例中实际土地使用权出让年限小于房屋耐用年限，根据《城市房地产管理法》和国务院 55 号令，土地使用期满而使用者未申请续期的，土地使用权由国家无偿收回。假定该土地不续期，则按照地上没有建筑物残值处理，因此，房屋年折旧费为：

$$年折旧费 = \frac{房屋重置价}{房屋可使用年限}$$

$$= 1600 \times 500 \div 49$$

$$= 16\ 327(元)$$

$$出租总费用 = 年税金 + 年管理费 + 年维修费 + 年保险费 + 年折旧费$$

$$= 10\ 000 + 5760 + 16\ 000 + 1600 + 16\ 327$$

$$= 49\ 687(元)$$

(3) 计算房屋出租年纯收益

$$房屋现值 = 房屋重置价 - 年折旧费 \times 已使用年限$$

$$= 1600 \times 500 - 16\ 327 \times 4$$

$$= 734\ 692(元)$$

$$房屋年纯收益 = 房屋现值 \times 房屋还原率$$

$$= 734\ 692 \times 6\%$$

$$= 44\ 082(元)$$

(4) 计算土地年纯收益

$$土地年纯收益 = 土地及建筑物年总收益 - 出租总费用 - 房屋年纯收益$$

$$= 144\ 000 - 49\ 687 - 44\ 082$$

$$= 50\ 231(元)$$

(5) 计算土地使用权价格

该土地于 2011 年 10 月的土地使用权剩余年期为 45 年，土地还原率为 5%。

$$土地使用权价格 = \frac{a}{r}\left[1 - \frac{1}{(1+r)^n}\right]$$

$$= \frac{50231}{5\%} \times \left[1 - \frac{1}{(1+5\%)^{45}}\right]$$

$$= 892\ 809(元)$$

## 5.2.3　依据房地收益求取建筑物价格

【例 5-3】　某宗地通过有偿使用方式取得土地使用权出让年期 40 年，土地总面积为 10 000 平方米，该宗地上建有一座酒店，在 2010 年 7 月尚可有效使用 40 年，容积率为 3，通过当地市场调查，用比较法评估的宗地在 2010 年 7 月 40 年期土地使用权价格为每平方米 1500 元(容积率为 1 时)，根据当地市场情况，容积率每增加 1，地价增长 60%，该酒店每月的客观净收益为 25 万元，已知土地还原率 $r_1 = 7\%$，建筑物还原率 $r_2 = 9\%$，评估该房屋(酒店)的价格。

估价基准日：2010 年 7 月。

估价过程：

本案例有收益，适宜用收益还原法评估房屋价格。

(1) 计算房地产年总纯收益

$$房地年纯收益 = 房地每月客观净收益 \times 年度月份$$

$$=25 \times 12$$
$$=300(万元)$$

(2) 计算土地价格

土地总价格=土地使用权单价×土地总面积×地价增长比率(容积率修正)
$$=1500 \times 10000 \times (1+2 \times 60\%)$$
$$=3300(万元)$$

(3) 计算土地年纯收益

$$土地年纯收益=\frac{pr}{1-\dfrac{1}{(1+r)^n}}$$

$$=\frac{3300 \times 7\%}{1-\dfrac{1}{(1+7\%)^{40}}}$$

$$=247.53(万元)$$

(4) 计算房屋年纯收益

房屋年纯收益=房地产年总收益−土地年纯收益
$$=300-247.53$$
$$=52.47(万元)$$

(5) 计算房屋价格

$$房屋价格=\frac{房屋年纯收益}{r_2} \times \left[1-\frac{1}{(1+r_2)^{40}}\right]$$

$$=\frac{52.47}{9\%} \times \left[1-\frac{1}{(1+9\%)^{40}}\right]$$

$$=564.44(万元)$$

# 本 章 小 结

本章首先介绍了收益还原法的基本含义、相关概念、特点及适用范围以及计算公式，其次介绍了收益还原法的计算步骤，最后对收益还原法的应用进行了举例，使读者对收益还原法的基本理论与方法有了较清晰的认识和了解。

# 复习思考题

1. 什么是收益还原法？
2. 收益还原法有哪些特点？
3. 收益还原法适用于哪些具体情况？
4. 什么是还原率？

5. 还原率可以分为哪几类？

6. 怎样确定还原率？

7. 简述收益还原法的原理。

8. 怎样运用收益还原法求取房地价格和建筑物价格？

# 第6章 成本法

【学习目标】

- 掌握成本法的基本公式。
- 懂得成本法中的基本步骤。
- 了解重建成本和重置成本，理解它们在评估中的作用。
- 了解折旧的含义以及折旧的计算方法。
- 学会成本法评估不同类型不动产的方法。

**本章导读**

本章首先从成本法的概念进行介绍，对成本的构成、成本法的理论依据、特点和应用条件进行了解释；其次，介绍了成本法中的重置成本和重建成本以及成本的构成；再次还介绍了折旧的含义、类型及折旧的计算方法；最后列出了成本法的基本公式，并举例解释了成本法的应用过程。

**案例导入**

某市因建设城市广场，需要对广场规划范围内的区医院、市少儿出版社两家单位进行拆迁，两家单位的土地为划拨土地。政府在拆迁前委托金立不动产评估公司对相关的不动产进行了评估工作，其评估的结果合理、科学，评估结果接受程度高，为下一步的拆迁工作奠定了基础，顺利地完成了相关区域的拆迁工作，保证了项目的及时完工。

**问题导入**

案例中要评估的不动产具有哪些特点？适合采用哪种方法来进行评估？评估过程中需要完成哪些资料的收集？通过哪些步骤获得被评估不动产的价格？通过本章的学习，读者能了解对于缺少市场交易样本的不动产应如何进行评估，掌握成本法估价的方法。

# 6.1 成本法概述

成本法的基础是替代原则，是用被评估资产的理想市场替代物的土地和建筑的总成本进行估算的一种方法，是不动产评估过程中常用的估价方法之一。

## 6.1.1 成本法的定义和目的

### 1. 成本法的定义

成本法，以形成或者获得现有不动产所耗费的各项费用之和为主要依据，加上一定的利润和应缴纳的税费，然后扣除由于年限、条件和其他降低市场吸引力的因素所带来的折旧，从而确定评估对象不动产价值的一种评估方法。

成本法的实质是通过对估价对象不动产的各组成部分的市场价格的估算，最终确定估价对象整体的市场价格。所以采用成本法评估出来的不动产价格又称作积算价格。

用于评估中成本估算值是通用经济成本，应该能够反映出：

(1) 目前的成本。成本应该是估价时点的成本，而不是历史成本或者账面成本。

(2) 典型成本。是一个建筑的典型成本，是完成该建筑的通用成本(社会平均成本)，而不是实际的建设成本。

(3) 消费成本。成本包括向消费者所收取的全部费用，因此成本不只是开发商或建筑商的成本，而是标的物能直接使用的所有费用。

### 2．成本法的理论基础

成本法的理论依据是生产费用价值论，即商品的价格是由生产其所必要的费用而决定的。具体又可以分为从卖方的角度看和从买方的角度看。

从卖方的角度看，房地产价格是基于其过去的"生产费用"，重在过去的投入，是卖方愿意接受的最低价格，其价格不能低于他为开发建设该房地产已花费的代价，如果低于该代价，他就要亏本。

从买方的角度看，房地产价格是基于其社会上的"生产费用"，类似于"替代原理"，是买方愿意支付的最高价格，其价格不能高于其预计重新开发建设该房地产的必要支出，如果高于该支出，就不如自己开发建设(或者委托别人开发建设)。

由上可见，一个是不低于开发建设已花费的代价，一个是不高于预计重新开发建设的必要支出，买卖双方可以接受的共同点是正常的开发建设代价(包含开发建设的必要支出和应得利润)。因此，估价师便可以根据重新开发建设估价对象的必要支出和应得利润来求取估价对象的价值。

成本法虽然在本质上和理论依据上与市场法不同，但也有相似之处。在成本法中，折旧可视为一种房地产状况调整。因此，成本法和市场法的本质区别不是看是否有减去折旧，而是看重新构建价格或可比实例价格的来源方式。

### 3．成本法的目的

在评价过程中，评估师选择成本法主要是为了完成三种不动产项目的评估工作。通过成本法，评估师能够获得正确、合理的评估价格或者检验其他评估方法的正确性。

(1) 对经济上可行的新的或近期新开发项目的价值进行估算。在这种情况下，可能出现的折旧误差为最小。

(2) 对于在市场上完全没有或者很少有交易样本的不动产，如政府大楼、寺庙、学校、军队营房、公园和图书馆等公共机构或者特殊用途的财产进行评估。在这种情况下，成本法是唯一能够使用的方法。

(3) 对其他的估价方法进行验证。选择这种方法对已经开发的财产进行评估能够减少或发现其他方法不能发现的过失错误。

## 6.1.2　成本法的应用范围

### 1．成本法的特点

(1) 是一种公认的评估方法。成本法适用于无市场依据或市场依据不充分，而不宜采用市场比较法、收益法、假设开发法进行估价的情况。

(2) 对市场需求反应不明显。采用成本法评估的价格只是一种"积算价格"，对不动产的效用、价值及市场需求等情况考虑较少，这是成本法的缺陷。

(3) 评价结果可以作为投资决策的依据。成本法不仅是一种估价方法，而且还可以作为投资者衡量投资效益、进行可靠性研究的依据。

**2．成本法的应用条件**

不动产的价格一般取决于其实际效用，也就是消费者为得到不动产的使用价值所愿意付出的价格，而一般不取决于开发建造的成本，成本的增加或者减少必须对其实际效用产生增减才能影响价格。同时不动产价格和不动产市场也有着一定的联系，当市场上的具有相同功能的不动产产品供不应求时，其价格可能会高于开发成本；当有效供给不足时，不动产价格可能会低于其开发建设成本。因此在实际估价中，基于成本法的"价格=成本+利润"核心思想，在进行不动产估价时，要使评估的结果尽量地考虑到市场和最有效使用等方面的影响，使估价结果尽可能地逼近市场中的同类不动产的真实价格。

(1) 使用通用成本进行估价。在评估过程中要使用市场上的通用成本(社会平均成本)，而不是建设不动产的个别成本。个别成本是某不动产开发商开发建设该不动产所用到的实际成本，也称个别成本；通用成本也称社会平均成本，是一个不动产行业内，对生产同种产品的所有不动产企业按照加权平均数方法所计算的平均成本。

(2) 要结合供求分析进行价格调整。当市场中供大于求时，应在客观成本的基础上适当降低评估价格；如果供不应求时，应在客观成本的基础上适当提高评估价格。因此，在应用成本法时，要做到客观成本加平均利润再加当时的市场效应。

(3) 要进行最有效使用分析。采用成本法进行房地产估价，常常将土地和建筑物分别评估后相加。如果房地产的使用符合最有效使用原则，则发生的成本基本上能客观反映价格；若不满足最有效使用原则，则所发生的成本就不能客观反映其价格水平。

用成本法估价房地产的价格比较费时费力，测算重新构建价格和折旧也有一定的难度，必须要对建筑物进行实地勘察。同时要求估价人员具有丰富的估价经验，并具有良好的建筑工程、建筑材料、建筑设备、装饰装修、技术经济和工程造价等方面的专业知识。

**3．成本法的局限性**

不动产在使用成本法评估过程中，由于要计算累计折旧金额，因此有一些需要注意的局限性。

有些成本因素难以确定或者估算，如建筑物的间接成本可能因为工作的不同产生较大的差异。

对累计折旧的计算后者衡量可能会比较困难或者主观。因而在对比较古老或者具有特殊意义的建筑进行评估时，用其他的方法不能评估出建筑物的价值时才会选择采用成本法。

## 6.1.3　成本法的基本步骤

应用成本法估价一般通过 4 步来完成：

(1) 首先评估土地的价值。在假设土地为空闲并可提供使用的情况下对土地价值进行估算。市场比较法是评估土地的最直接的方法，只要存在可比的土地交易案例，通过市场比较法能可靠地获得土地的价值。对缺少交易案例的土地也可以用假设开发法进行价值评估。

(2) 通过收集的资料估算评估建筑的当前的重建成本或者重置成本。

(3) 确定合理的累计折旧金额，并将折旧从建筑的重建成本或重置成本中扣除。

(4) 用估算的土地价值加上建筑的折旧成本得出不动产的价值。

# 6.2 成本法的成本类型

## 6.2.1 重建成本和重置成本

不动产的评估基本上是一个比较的过程，重建成本和重置成本在非正式的应用中是可以互换使用的，但是二者之间也存在差异。

### 1．重建成本

重建成本是建设一个完全相同或者类似的建筑所花的成本。它包括所有的建筑物的构成要素，如一个建筑物的某项设计现在已经过时，在评估时点上并不具有需求时仍然需要对这些设计的成本进行估算并计入重建成本。因此重建成本的估算是计算一个应该按照原样复制每一个特性和特征完全相同的建筑所花的成本。降低建筑效用的特征或无效用的特征应该体现在折旧过程中，而不是体现在重建成本的估算上。

### 2．重置成本

重置成本是建设一个具有类似效用的建筑所花的成本。重置成本中，建筑重新建造的成本估算中并不包括每一个建筑的特征，需要更加关注的是评估建筑在评估时点所具有的效用或者有用性，并估算建设具有相同类似效用的建筑所花的成本。如，评估对象为住宅的房屋层高为 3.5m，而市场上住宅的房屋层高普遍为 3m 并且能够提供相同的效用，那么重置成本在计算过程中可以根据房屋层高 3m 的情况进行估算。也就是说重置成本主要是从建筑的效用出发，成本估算中不包括任何不能增加吸引力或者效用的建筑特征。

无效用的建筑特征主要包括两个方面：

(1) 由于建筑和技术的变化，某些材料或设备不再被新建筑所使用，如实心黏土砖、砂膜铸造铸铁排水管、模制塑料吊顶等。

(2) 由于某些设计目前没有需求而不能为财产增值的部分，一般表现为不符合最有效或最佳用途的设计特征，例如在住宅层高为 3m 的市场上建造层高为 3.4m 的住宅，或者在别墅区建造容积率比较大的高层公寓等。

### 3．重建成本和重置成本的选择

采用重置成本或重建成本对不动产进行估价，很大程度上取决于评估标的物的特征。在评估过程中，使用重置成本可以避免在对建筑中的陈旧过时的建筑材料的成本进行估算，并且使用重置成本可以根据市场需求对建筑物的质量和设计直接进行估算，使成本法更容易实现。如果采用重建成本，估价师必须对建筑物中降低建筑物效用或无效用的特征予以明确并估算其对不动产价值的影响，需要在估价结果中体现出这种估算的过程，因此在具有特定的建筑特征的不动产估价中，重建成本更能明确反映出估价的过程。

## 6.2.2 直接成本和间接成本

在评估中，成本应该包括所有用于房屋建设、房屋装修，以及房屋销售等方面的费用。

这些费用不仅包括建筑商用于支付劳力和材料的直接成本还包括很多间接成本。如间接成本包括建设期间的利息和财产税以及建筑商的利润。如果不考虑兴建楼房的所有直接成本和间接成本，那么成本估算法的价值将偏低。

### 1. 直接成本

所有与建筑的实际建设直接相关的项目都被列为直接成本，其中包括以下内容：

(1) 劳力成本

劳力成本包括为建筑项目的直接工作所支付的全部工资。这种费用可以由有关项目的建筑商或数个分包商中的任何一个支付，应该包括所有的劳力(熟练的或非熟练)成本。

(2) 材料和设备

材料和设备成本包括所有最终成为建筑不可分割部分的项目，不管是直接购买还是包括在分包合同中的：用于地基和框架中的混凝土、钢筋和木材，以及附属完工项目中的设施、装修硬件和油漆等。

(3) 设计和工程

建设成本的估算包括工程与建设成本。土壤的平整、夯实、特殊土壤工程和挡土墙则包括在场地价值中。

有些住宅建筑要求的工程很少或没有，有些建筑是根据标准化的平面图和规格兴建的。设计和工程可能涉及相当多的费用，常规或不寻常的建筑尤其如此，它们常常需要设计专家对建筑工程进行监督。

(4) 分包商费用

很多建筑工作都不是由承包商提供的，而是由分包商提供的。比如管道、供热和电工常常由分包商负责。尽管付给分包商的款项没有按劳力、材料和其他部分进行细分，但在这方面所付出的任何款项都被纳入四种直接建设成本中的一种。

### 2. 间接成本

间接成本包括与项目相关的所有有关时间和金钱方面的隐性成本。常常将它们分摊到劳力和材料方面的直接成本上。间接成本可以因工作的不同而有较大的差异。以下是应包括在成本估算中的间接成本。

(1) 前期工程费

前期工程费主要指房屋开发的前期规划，设计费，可行性研究费，地质勘查费以及"三通一平"等土地开发费用。

(2) 利息和建设融资费用

房地产因开发周期长，需要投资数额大，因此必须借助银行的信贷资金，在开发经营过程中通过借贷筹集资金而应支付给金融机构的利息也成为开发成本一个重要组成部分。但它的大小与所开发项目的大小，融资额度的多少有密切关系，所以占成本构成比例相对不稳定。通常根据建设期间每个月进行的工作，按施工进度将建设贷款付给借款人。因此，付出的本金金额按每个月增长，每个月付出的利息也随之增长。

(3) 税费

税费包含两部分：一部分是税收，与房地产开发建设有关的税收包括房产税，城镇土地使用税，耕地占用税，土地增值税，"两税一费"(营业税，城市维护建设税和教育费附加)，契税，企业所得税，印花税等；另一部分是行政性费用，主要由地方政府和各级行政主管部门向房地产开发企业收取的费用，项目繁多且不规范。包括诸如征地管理费、商品房交易管理费、大市政配套费、人防费、煤气水电增容费、开发管理费等。

(4) 建设管理费

管理费用主要是房地产开发企业为组织和管理房地产开发经营活动所发生的各种费用，它包括管理人员工资、差旅费、办公费、保险费、职工教育费、养老保险费等。

(5) 投资利息和租金损失

业主对土地和建筑的投资在建筑的销售期间也应该获得合理的回报。如果除了建设贷款外，业主还进行了大量投资，就应该考虑该投资的某些回报。

(6) 开发利润

在所有成本中，它们最难估算，因为它们的变化最大。建筑商正常的利润代表了向某些项建筑任务的总承包商支付的专业服务费。这种服务的典型收费取决于竞争、预期的建设进度和建筑商不能直接控制的其他条件。各种费用因项目的不同而不同，但很多费用取决于工作的独特性。有关现行承包商利润的有些信息可以从地方建筑商那里获得。

直接成本和间接成本受位置的影响。与生活费用因地方不同而不同一样，劳力、材料和服务成本也从国家的东部地区到西部地区，从南部到北部不断发生变化。另外，由于建筑规范对新建筑的结构、机械、电气和其他部分的要求各不相同，建筑成本也随之不同。

# 6.3 成本法的折旧

成本法估价过程中估算不动产项目在评估时点的价值与其重建或重置成本之间的相对损失，实质上这种损失是由不同原因引起不动产项目在实际效用的降低所反映在经济上的折旧，因此，折旧估算值在估价的销售比较法和收益法中很重要。

## 6.3.1 折旧的定义

"折旧"一词有两种明显不同的含义并都为不动产行业的人们所使用。一种是从会计角度做出的定义，用于所得税的计算；另一种是从评估的角度做出的定义，用于成本法中或评估过程的其他方面。

### 1. 用于会计中的折旧

折旧是指资产价值的下降，指在固定资产使用寿命内，按照确定的方法对折旧额进行系统分摊。折旧的重要特征是：它是由财产的成本基础以及允许的折旧期决定的，不考虑建筑的价值发生了什么实际变化。

在会计工作中，除土地以外的所有资产都将随时间的推移而发生价值损失，因而被看作递耗资产。这些资产包括机器、车辆和其他类型的设备以及建筑等。会计师在计算允许扣减的折旧金额时，从资产的成本基础成本着手。成本基础是指资产的原始成本加上任何资本或建设项目的追加成本，然后减去每年的折旧额。

当扣减折扣时，建筑成本基础随之减少。这种递减成本基础常用于(资产负债表上)申报企业资产。当不动产价值增加时，拥有大量不动产资产的公司拥有的资产价值实际可能比报告给股东的资产价值高得多。

**2. 评估中的折旧**

评估中的折旧计算所遵循的方法和原则和会计中所使用的规则有所不同，主要表现在：

(1) 评估中的不动产的成本基础是在评估时点上估算出的通用成本。成本的估算和评估时点的社会平均成本及建筑的特征、功能等因素有关系，而不是采用会计中的资产成本、使用年限、残值等概念获得的账面成本。

(2) 折旧金额是在评估时点不动产项目因自身或外界的原因导致的功能效用和市场吸引力的降低在经济上的反映。折旧的计算考虑的是评估对象的组成材料的使用年限、设计的缺陷和外界环境变化等因素造成的市场价值的损失。会计中的折旧是一种理论损失，不考虑资产在功能上、经济方面和物质方面的情况引起的实际价值的变化。

评估师对折旧的估算绝不是取决于财产的历史成本基础，而是取决于那些由物质性的、功能性的或经济方面的情况引起不动产项目的实际功能效用的降低。使用在评估中的折旧是开发项目当前重新建造成本与估计时点开发项目当前市场价值损失。

**3. 评估中使用折旧估算值的目的**

(1) 折旧估算是成本法中最关键的步骤

成本法首先估算开发项目当前重新建造时的重建成本和重置成本；其次从该成本中减去总折旧金额；最后，将开发项目折旧后的价值加入土地的价值，得出的结果就是估算的财产总价值。

在使用重置成本估算值而不是重建成本估算值时，应注意折旧扣减的金额不应该包括由陈旧材料、不理想设计特征和类似情况所引起的效用损失。估算重置成本时已对这些因素做了调整，而估算重建成本时却没有对此进行调整。

(2) 折旧在市场比较法和收益法中也需要计算

折旧估算不仅在估价的成本法中是最重要的，在市场比较法和收益还原法中也起着重要的作用。比如，销售比较法要求对财产进行比较，这种比较可能涉及对由于年限或折旧而引起的相对财产价值损失进行分析。

## 6.3.2 折旧的类型和原因

两个设计相同、大小和质量相同的建筑的价值因位置和场地不同或年限、条件及效用的差异会使其价值存在较大的差异。确定这些影响因素所带来的差异，就可以根据这些差异就其引起的相对价值损失进行估算。

评估师的基本任务就是确定引起价值损失的具体条件和财产特征，然后就这些条件对价值的影响进行估计。这包括两步。首先，价值损失是根据损失类型和大概的原因进行分类的；其次，每个类别中的折旧可分为可恢复折旧和不可恢复折旧。

折旧可分为物质折旧、功能折旧和经济折旧三种。

### 1. 物质折旧

不管建筑物的质量或设计如何，所有建筑的物质特性都会随着时间的推移而逐渐老化。建筑的物质折旧是指建筑由于使用、年限、天气、无人照管、失修、甚至故意破坏等原因而引起的损耗，具体包括下列 4 个方面：自然老化；正常使用所造成的磨损；意外的破坏损毁；延迟维修所造成的损坏。

(1) 可恢复物质折旧

可恢复物质折旧是指在经济上可以恢复的折旧。这就是说对建筑缺陷进行补救而使其市场价值的增加应至少相当于修补的成本。比如，如果对某邻区某所房屋的外墙进行重新上漆时所花的成本为 10 000 元,而买方对新漆房屋似乎愿意支付至少 10 000 元以上的价格，那么可以说这种修补或翻新在经济上是可行的。对于一个在其他方面都不错的楼房、涂层、更换破旧屋顶或供暖系统，或只是通过清洁而使建筑看起来更美观等常常可以获得相当于工作成本的市场价值。这样，可以合理地将此失修或修补的例子归入可恢复的物质折旧。

(2) 不可恢复物质折旧

不可恢复物质折旧是指对修复建筑所花的成本很可能大于修补后建筑所增加的价值。这种修补从经济上是不可行的。比如，对建筑地基或建筑框架的轻微破坏常常被认为属于不可恢复的折旧。这是因为修补成本非常大，而由此增加的市场价值却相对较小。

还有其他类型的损坏被认为是不可恢复的折旧，其中包括那些在若干年后需要更新但目前还很"不错"无须更新的某个特别的建筑部分，如一个在五六年内需要更新但还有很多使用寿命而无须更换的半旧空调系统。在这种情况下的价值损失属于短期不可恢复折旧(有时又称为延迟可恢复折旧)。在 5 年后，当空调剩余的经济寿命已经结束时，就可以认为价值损失是可恢复的。因为作为建筑组成部分的空调，在这个时候更换在经济上是可行的。

(3) 长期不可恢复物质折旧

当引起建筑主要部分的价值损失主要是由于年限的缘故，这时的损失就称之为长期不可恢复物质折旧。这种情况下修补或更新的费用几乎总是大于由于修补而带来的价值增加。由于年限而逐渐减少价值的地基、框架管道、设施或电线就是长期不可恢复物质折旧的例子。

### 2. 功能折旧

功能折旧是一种由于建筑效用相对损失而引起的折旧。效用损失是指有些建筑特征不如其成本所显示的那么有用。效用损失可能是由于建筑设计不完善、设备过时或建筑内其他方面的设计瑕疵所引起的。

(1) 功能缺乏

功能缺乏是指建筑物没有其应有的某些部件、设备、设施或系统等。例如，住宅没有卫生间、暖气(北方地区)、燃气、电话线路、有线电视等；办公楼没有电梯、集中空调、宽带等。

(2) 功能落后

功能落后是指建筑物已有的部件、设备、设施或系统等的标准低于正常标准或有缺陷而阻碍其他部件、设备、设施或系统等的正常运营。例如，设备、设施陈旧落后或容量不够，建筑式样过时，空间布局欠佳等。以住宅为例，现在时兴"三大、一小、一多"式住宅，即客厅、厨房、卫生间大，卧室小，壁橱多的住宅，过去建造的卧室大、客厅小、厨房小、卫生间小的住宅，相对而言就过时了。再如高档办公楼，现在要求有较好的智能化系统，如果某个所谓高档办公楼的智能化程度不够，相对而言其功能就落后了。

(3) 功能过剩

功能过剩是指建筑物已有的部件、设备、设施或系统等的标准超过市场要求的标准而对房地产价值的贡献小于其成本。例如，某幢厂房的层高为 6m，但如果当地该类厂房的标准层高为 5m，则该厂房超高的 1m 因不能被市场接受而使其所多花的成本成为无效成本。

功能折旧常常是由于原建筑设计特征与位置不符引起的。建筑不合适——建筑的类型或用途与位置不符——属于(某种程度)功能损失，被称为建筑错位。如果建筑对于邻区来说过大或过于豪华，那么就会有功能损失而被称为建筑过度。如果建筑对于邻区来说过小或质量太差，那么由此取决于修复成本是小于还是大于在价值方面所得到的好处。在有些情况下，可以较少的成本改建厨房、增建房间或拆掉一堵墙从而使建筑达到现有的市场标准。但建筑错位或建筑过度所引起的价值损失，常常被认为是不可恢复的功能损失。

3. 经济(或外部)折旧

外部折旧也称为经济折旧，是指建筑物以外的各种不利因素造成的建筑物价值减损。不利因素可能是区位因素(如周围环境和景观改变，包括景观被破坏、自然环境恶化、环境污染、交通拥挤、城市规划改变等)、经济因素(如市场供给过量或需求不足)，也可能是其他因素(如政府政策变化、采取宏观调控措施等)。进一步可把外部折旧区分为永久性的和暂时性的。例如，一个高级居住区附近兴建了一座工厂，使得该居住区的房地产价值下降，这就是一种外部折旧。在这种情况下，外部折旧一般是永久性的。再如，在经济不景气时期房地产价值下降，这也是一种外部折旧。但这种现象不会永久下去，当经济复苏之后，这种外部折旧也就消失了。

经济折旧与物质折旧和功能折旧一样都可以是可恢复的或不可恢复的。但问题的原因常常是财产业主所不能控制的，补救的成本也非常大。如为减少高速公路噪声给财产价值带来的影响，就需要兴建非常昂贵的隔音墙。因此，经济折旧几乎总是不可恢复的。

有时很难确定建筑价值的某种特定损失是功能折旧还是经济折旧。随着市场需求、愿望和需要的变化，一度被认为适合市场需求的建筑可能不再能够符合当前的市场品位。如在某些地区，那些卫生间少于两个的房屋或者共管楼宇如今被认为是过时的。由于这种折旧与外部因素(市场需求变化)明显相关，人们可能会认为价值损失应该属于经济折旧。但通常做法是将其归为功能折旧，就好像建筑的缺陷在兴建时就已经存在。为解决公众一般需求而发生的公共管制措施(如提高区划的密度)的变化则会引起经济折旧，而同一人口群的特别愿望变化(如上述的一个卫生间或两个卫生间)则通常会引起功能折旧。这两者之间并没有明确的界限，评估师应该注意，不要将同一价值损失既当作功能折旧，又当作经济折旧，以避免重复计算价值损失。

【例6-1】　折旧计算

某套旧住宅,测算其重置价格为 40 万元,地面、门窗等破旧引起的物质折旧为 1 万元,因户型设计不好、没有独用厕所和共用电视天线等导致的功能折旧为 6 万元,由于位于城市衰落地区引起的外部折旧为 3 万元。请求取该旧住宅的折旧总额和现值。

**解：** 该旧住宅的折旧总额＝物质折旧＋功能折旧＋外部折旧

$$=1+6+3$$
$$=10(万元)$$

该旧住宅的现值＝重置价格－折旧

$$=40-10$$
$$=30(万元)$$

## 6.3.3　计算折旧的方法

计算折旧的方法有四种。不同的计算折旧的方法会导致折旧的费用存在很大的差别,在折旧估算过程中要尝试着估算与新建筑比较的情况下不动产的场价值的实际损失。在实际中,常常组合使用这些方法。

### 1. 直线法或使用年限法

(1) 经济年限和有效年限

年限法是根据建筑物的有效年龄、经济寿命或剩余经济寿命来求取建筑物折旧的方法。年限法把建筑物的折旧建立在建筑物的寿命、经过年数或剩余寿命之间关系的基础上。

建筑物的年限有自然年限和经济年限之分。自然年限是指建筑物从建成之日起到不堪使用时的年数,经济年限是指建筑物从建成之日起到预期产生的收入大于运营费用的持续期。建筑物的经济年限短于其自然年限。具体来说,建筑物的经济年限是根据建筑物的结构、用途和维护保养情况,结合市场状况、周围环境、经营收益状况等综合判断。建筑物在其年限期间如果经过了翻修、改造等,自然年限和经济年限都有可能得到延长。

在直线折旧中,假设由于年限而引起的价值损失是直接按比例分摊于建筑的使用年限中的。根据直线折旧法,如果认为一个住宅的经济年限为100 年,而目前为25 年,那么应按 25% 予以折旧。

【例6-2】　直线折旧

| 年限： | 25 年 |
| --- | --- |
| 除以： 经济寿命 | 100 年 |
| 等于： 折旧 | 25% |

由于维修、现代化等方面的差异,同样年限的建筑其情况和理想程度有很大的差异。由于这个缘故,很多评估师对折旧进行估算时是以建筑的"有效年限"而不是实际年限为基础的。一个建筑的有效年限是另一个具备相同条件、相同效果和适销性的建筑所拥有的实际年限。如一个已存在 40 年的建筑如果经过现代化改造和很好的维修后可以直接和一个

只有 20 年的建筑相竞争。在这里已存在 40 年的建筑其有效年限为 20 年。在使用有效年限估算折旧的情况下，调整有效年限时可能已考虑了正常的功能和经济方面的价值损失以及某些物质折旧。

在使用有效年限而不是实际年限对价值损失进行估算时，你只需要将建筑物的有效年限除以估算的建筑总经济年限；然后，将这个数字转换为一定百分比的折旧。如，假设一个 45 年的建筑其有效年限为 20 年，总经济(使用)年限为 100 年，那么使用直线折旧法得出折旧为 20%(20÷100=20%)。

**【例 6-3】 有效年限折旧计算**

竣工年数：45 年

有效年限：20 年

除以　　　　　　　　经济寿命：100 年

等于　　　　　　　　折旧：　　20%

在成本法求取折旧中，建筑物的年限应为经济年限，经过年数应为有效经过年数，剩余年限应为剩余经济年限。在估价上一般不采用实际经过年数而采用有效经过年数或预计的剩余经济年限，是因为采用有效经过年数或剩余经济年限求出的折旧更符合实际情况。例如，有两座实际经过年数相同的同类建筑物，如果维护保养不同，其市场价值也会不同；但如果采用实际经过年数计算折旧，则它们的价值会相同。实际经过年数的作用是可以作为求取有效经过年数的参考，即有效经过年数可以在实际经过年数的基础上做适当的调整后得到。

(2) 直线法的使用

年限法中最主要的是直线法。直线法是最简单和迄今为止应用得最普遍的一种折旧求取方法，它假设在建筑物的经济年限期间每年的折旧额相等。其年折旧额的计算公式为：

$$D_i=D=(C-S)/N=C(1-R)/N$$

式中：$D_i$ 为第 $i$ 年的折旧额，或称作第 $i$ 年的折旧，在直线法中 $D_i$ 是一个常数 $D$；$C$ 为建筑物的重新购建价格；$S$ 为建筑物的净残值(简称残值)，是指建筑物达到经济年限时，不宜继续使用，经拆除后可以收回的残余价值减去拆除清理费用后的数额；$N$ 为建筑物的经济年限；$R$ 为建筑物的残值率，是净残值与重新购建价格的比较，即：$R=S/C\times100\%$；$C-S$ 为折旧基数。

年折旧额与重新购建价格的比率称为年折旧率，如果用 $d$ 来表示，即：

$$d=D/C\times100\%=(C-S)/C\times N\times100\%=(1-R)/N\times100\%$$

有效经过年数为 $t$ 年的建筑物折旧总额的计算公式为：

$$E_t=D\times t=(C-S)\times t/N=C(1-R)\times t/N=C\times D\times t$$

式中，$E_t$ 为有效经过年数为 $t$ 年的建筑物的折旧总额，其他字母含义同前。

采用直线法计算建筑物现值($V$)的公式为：

$$V=C-E_t=C-(C-S)\times t/N=C[1-(1-R)\times t/N]=C(1-d\times t)$$

**【例 6-4】 直线法对折旧进行估算**

某幢平房的建筑面积 100m$^2$，单位建筑面积的重置价格为 500 元/ m$^2$，判定其有效年限为 10 年，经济年限为 30 年，残值率为 5%。请用直线法计算该房屋的年折旧额、折旧总额，并计算其现值。

**解**：已知：$C=500×100=50\,000$(元)；$R=5\%$；$N=30$ 年；$t=10$ 年。则该房屋的年折旧额 $D$、折旧总额 $E_t$ 和现值 $V$ 计算如下：

$$D=C(1-R)/N=50\,000×(1-5\%)/30=1583(元)$$
$$E_t=D×t=1583×10=15\,830(元)$$
$$V=C-E_t=50\,000-15\,830=34\,170(元)$$

#### 2. 更新成本法或情况观察法

这种方法通过估算更新或修理任何观察到的建筑缺陷所花的成本来计算折旧。在对房产进行勘查后，评估师努力找出建筑的每个缺陷、特征或减少价值的情况；然后按物质性的、功能性的或经济性的对它们进行分类。另外，还应对每个缺陷进行研究以确定其是经济上可以恢复的损失还是经济上不可恢复的损失。

首先，对可恢复的物质折旧进行估算。这就是说将那些为使建筑恢复到正常情况而需要对失修建筑进行维修和修补的成本加总起来。典型的项目包括对涂层脱落的外墙重新上漆、修理破损的玻璃以及不能运行的建筑设备等。大幅度的修理可以包括更换地面或屋顶铺面。修理所需的金额估算值可以根据评估师能够找到的承包商的估算值或成本估算服务资料取得。涂层、修补和修理成本的估算总值就是由于可恢复物质损耗而引起的价值损失。

其次，对不可恢复的物质折旧进行计算。将短期和长期建筑各部分的情况与新建筑的同样部分进行比较，就可以估算每个部分的相对损失。以下为操作的步骤：

(1) 估算建筑每个有关部分在估价时日的重新建造成本。

(2) 用建筑各部分的实际年限除以估算的总年限计算已使用年限的百分比。

(3) 用估算的成本乘以已使用年限的百分比。

由此得出由于不可恢复物质折旧而引起的价值损失估算值。可以看出，该结果的可靠性与每个建筑部分的总年限估算值和重置成本的估算值差不多。

最后，对可恢复的功能折旧进行估算。通常情况下，这种价值损失是由于过时的设备引起，比如折旧的管道、供暖和照明设施。在这里，可以根据拆除并以现代化设备更换折旧设备的成本来估算价值的损失。

在实际运用中，更新成本法存在一些明显的局限性。首先，用于估算不可恢复物质折旧的个别建筑部分的年限在很大程度上都是理论上的。其次，除非已使用估算总成本的分部分项法、工料估算法对建筑各部分的成本进行了估算，否则因其过于消耗时间而不为人们使用。另外，更新成本法不能计算源于不可恢复功能折旧和经济折旧的价值损失。

#### 3. 折旧方法的综合运用

估价人员有时可以同时采用上述几种折旧方法求取建筑物的折旧，但不同折旧方法求得的结果不尽相同。为此，可以采用简单算术平均或加权算术平均等方法求得最终的结果，这是一种综合运用。在估价实务中，通常先以年限法为基础计算折旧，然后根据实际观察法进行修正，这也是一种综合运用。

求取建筑物折旧的方法，还可以分为综合折旧法、分类折旧加总法和个别折旧加总法。这三种方法是从粗到细。在估价实务上，宜先将建筑物区分为可修复项目和不可修复项目。对于可修复项目，估计其中的修复费用作为折旧额；对于不可修复项目，再将其分为短寿命项目和长寿命项目(如将建筑物分为结构、设备和装修，因为它们的寿命不同；再如根据寿命的不同，将建筑物分为基础、屋顶、地板、空调、电梯等 )，然后采用年限法或成新折旧法分别计算其折旧额。最后将修复费用、短寿命项目的折旧额、长寿命项目的折旧额相加，便得到建筑物的折旧总额。

**【例 6-5】 综合法折旧估算**

某建筑物的建筑面积为 500m²，重置价格为 3600 元/ m²，经济寿命为 50 年，有效年龄为 10 年。其中，门窗等损坏的修复费用为 2 万元；装饰装修的重置价格为 600 元/m²，平均寿命为 5 年，年龄为 3 年；设备的重置价格为 60 万元，平均寿命为 15 年，年龄为 10 年。残值率假设均为零。请计算该建筑物的物质折旧额。

该建筑物的物质折旧额计算如下：

门窗等损坏的修复费用=2(万元)

装饰装修的折旧额=600×500×1/5×3=18(万元)

设备的折旧额=60×1/15×10 =40(万元)

长寿命项目的折旧额=(3600×500−20000−600×500−600 000)×1/50×10

$\qquad$ =17.6(万元)

该建筑物的物质折旧额=2+18+40+17.6=77.6(万元)

需要说明的是，无论采用上述折旧方法中的哪一种求取建筑物现值，估价人员都应亲临估价对象现场，观察、鉴定建筑物的实际新旧程度，根据建筑物的建成时间、维护、保养和使用情况，以及地基的稳定性等，最好确定应扣除的折旧额与成新率。

# 6.4 成本法的应用

## 6.4.1 成本法的基本方法

评估师选择成本法对不动产进行估价时，通过选择合适的方法就可以得到合理的评价结果。一般常用的评价方法有单位比较法、分部分项法、指数法、工料估算法四种。

### 1．单位比较法

单位比较法是估算建筑成本使用最广泛，也是最切合实际的方法。评估师可以通过公开发布的成本价格或调查其在该领域发现的典型实例成本资料来应用这种方法。由于公开发布的成本代表着在该时点的平均成本水平，因此在任何一个具体评估项目中它们都比实际成本常用。某一特定建筑的成本是根据类似建筑每平方米或每立方米的平均(或典型)成本来估算的。如果所使用的成本没有考虑它们在建筑规格和组成等方面的差异，那可以通过合理的乘数或调整值进行调整。

**【例 6-6】 单位比较法对建筑物进行估算**

某市某建筑物的建筑面积为 500m²，在 2008 年该市公布的该类建筑结构、建筑风格和用途的建筑物的单位造价为 1250 元/ $m^2$，则评估该建筑物在 2008 年的重建价格为：

$$1250×500=62.5(万元)$$

### 2. 分部分项法

分部分项法分别计算建筑每个部分的成本。典型的建筑部分包括地基、墙壁、地面、屋顶、附属设施等。对每个建筑部分的成本估算包括将各部分定着于建筑上或安装在建筑上的成本。各部分的成本加总后得出总估算成本。

分部分项是评估师对前述单位比较法的评估结果进行修正或调整所常用的方法。

作为计算成本的基本方法，分部分项法尤其适合对工业建筑的成本进行估算。因为这些建筑的大小、形状和高度常常差异非常大，使用单位比较法很难对它们的成本做出准备估算。

评估师查阅各种成本估算指南并对委估建筑的组成部分：墙壁、地面、屋顶、机械装置等进行定价。每个部分的数据包括该特定建筑部分的建设或安装所需要的全面成本。这就是说所有关于劳力、材料、设计、工程和建筑商利润的直接成本和间接成本都应包括在相关建筑部分的成本中。

在使用分部分项法时，应首先计算重要的建筑部分。楼房地面、墙壁和屋顶结构等常常根据平方英尺表面积进行测量和定价。但墙壁可以通过线性英尺定价。其后加上内部和外部的额外项目以及屋顶铺面的成本，同时加上管道、电气、供暖、供冷和其他机械装置的成本。

**【例 6-7】　分部分项法对建筑物进行估算**

| 基础工程 | 体积为 300 元/$m^3$，共 200 $m^3$ | 60 000 元 |
| 墙体工程 | 面积为 220$m^2$, 450 元/$m^2$ | 99 000 元 |
| 楼地面工程 | 面积为 200$m^2$, 260 元/$m^2$ | 52 000 元 |
| 屋顶工程 | 面积为 200$m^2$, 340 元/$m^2$ | 68 000 元 |
| 给排水工程 | | 27 000 元 |
| 供暖工程 | | 18 000 元 |
| 电气工程 | | 24 000 元 |
| 直接费合计 | | 348 000 元 |
| 承包商间接费、利润和税金 | | 27 840 元 |
| 工程承发包价格 | | 375 840 元 |
| 开发商管理费、利税 | | 75 168 元 |
| 建筑物重新构建价 | | 451 008 元 |

注：承包商间接费、利润和税金=直接费合计×0.08

开发商管理费、利税=工程承发包价格×0.2

### 3. 指数法

在知道建筑的原始成本或历史成本的情况下，指数法(或成本指数法)有时被用于对独特或不寻常建筑的成本进行估计。该方法首先根据公布的成本指数推出建筑乘数，然后根据建筑乘数将原始成本调整为目前成本水平。成本记录资料是根据建筑的设计和类型分类的，成本指数可以据此以某一年为基准年来计算。为考虑因地区而产生的建筑差异，还应作地区或面积方面的修正。

有些出版的成本资料可以提供实现计算好的成本乘数表。在这种情况下，当年成本更新系数可以直接来自这种乘数表。

尽管人们认为指数法不如估计成本的其他方法准确，但指数法却常常被作为估价的辅助工具。当重置成本估算值只用于说明一个建筑价值的上限时，成本指数可以减少费时的详细成本分析过程。成本指数也适用于有计算机辅助的统计评估程序，在这种情况下建设项目的重新建造成本是市场销售分析中的一个重要变量。这种程序在行程式评估(比如课税评估)中很常见。

**【例 6-8】** **指数法对建筑物进行估算**

某建筑物于 2005 年 7 月底建成，当时建造该类建筑物一般成本为 880 元/m$^2$，此后的建筑物建造成本的变动状况为：2005 年内平均每月比上月递增 1%；2006 年与 2007 年基本保持不变；2008 年与 2009 年内平均每月比上月递增 0.5%；2010 年内平均每月比上月递增 2%。试利用上述资料求取 2010 年 8 月初的该类建筑物的重新建造成本。

$$880×(1-1\%)^5×(1+0.5\%)^{24}×(1+2\%)^7=1083.54(元/m^2)$$

### 4．工料估算法

工料估算法是建筑成本算法中最详细和最精确的方法。根据该方法，要列出一个项目的所有材料和劳力部分，以及诸如勘查、许可、一般管理费和承包商的利润等建筑方面的全部间接成本，并对它们进行定价，使用这种方法需要有书面说明和图纸。

尽管工料估算法是估算建筑成本的最精确方法，但却很少被评估师采用。相反，它却被建筑承包商用于对独特项目的投标。一方面，这是一个非常专业的方法，要求具备的建筑技术知识比很多评估师所具备的要多。另一方面，该方法所要求的时间和细节却很少能有保证。

**【例 6-9】** **工料估算法对建筑物进行估算**

2007 年 9 月对某一建筑进行评估，完成这栋建筑需要的所有材料和劳动力如下：

| 项目 | 成本(元) |
| --- | --- |
| 现场准备 | 3000 |
| 水泥 | 6500 |
| 沙石 | 5000 |
| 砖块 | 12 000 |
| 木材 | 7000 |
| 瓦面 | 3000 |
| 铁钉 | 200 |
| 人工 | 15 000 |
| 税费 | 1000 |
| 其他 | 5000 |
| 重新购建价格 | 57 700 |

## 6.4.2　成本法在不同类型不动产项目评估中的使用

### 1. 成本法的基本公式

成本法最基本的公式为：

$$不动产价值=重新购建价格-折旧$$

式中可根据以下两类估价对象而具体化：新开发的不动产；旧的不动产。

### 2. 适用于新开发的土地的基本公式

新开发的土地包括征收集体土地并进行"三通一平"等基础设施建设和场地平整后的土地，城市房屋拆迁并进行基础设施改造和场地平整后的土地，填海造地、开山造地等。这些情况下，成本法的基本公式为：

$$新开发的土地价值=待开发土地取得成本+土地开发成本+管理费用+销售费用+$$
$$投资利息+销售税费+开发利润$$

式中的管理费用、销售费用、投资利息、销售税费和开发利润是与待开发土地取得成本、土地开发成本相应的部分。

【例 6-10】　新开发土地的估算

某土地征地、安置、拆迁及青苗补偿等费用为每亩 10 万元，土地开发成本为每平方千米 2.5 亿元。土地开发周期为 2 年，土地征用等费用 10 万元/亩，在开发期初投入；土地开发费用第 1 年均匀投入 30%，其余在第 2 年内均匀投入。年贷款利率为 6%，按半年计息。当地土地开发投资的回报率一般为征地等费用及开发成本之和的 10%，转让税费约为土地转让价的 6.5%。试评估该土地的单价。

土地价格 $V$＝土地征用等费用 $A$＋土地开发成本 $B$＋利息 $C$＋利润 $D$＋税费 $E$

$A$＝10000 元/666.7＝150.0(元/m$^2$)

$B$＝250 000 000/1 000 000＝250.0(元/m$^2$)

$C$＝$A\times[(1+3\%)^4-1]+B\times30\%\times[(1+3\%)^3-1]+B\times70\%\times[(1+3\%)-1]$＝31.0(元/m$^2$)

$D$＝$(A+B)\times10\%$＝40.0(元/m$^2$)

$E$＝6.5%$\times V$

$V$＝150.0+250.0+31.0+40.0+0.065V

$V$＝503.74(元/m$^2$)

新开发的不动产采用成本法估价虽然一般不存在物质折旧，但应考虑其选址是否适当、规划设计是否合理、工程质量优劣、周围环境和景观的好坏以及该类不动产的供求状况等，全面衡量其功能折旧、外部折旧以及可能的增值因素，予以适当的减价或增价调整。例如，运用成本法评估某个在建工程的市场价值，虽然该在建工程实实在在地投入了较多费用，或者无论谁来开发建设都需要这么多支出，但在房地产市场不景气时应当予以减价调整。

### 3. 适用于新开发的不动产的基本公式

新开发的不动产可分为新建成的建筑物、新开发的房地和新开发的土地三种情况。

(1) 适用于新建成的建筑物的基本公式

新建成的建筑物价值为建筑物建设成本及与该建设成本相应的管理费用、销售费用、投资利息、销售税费和开发利润，不包含土地取得成本、土地开发成本以及与土地取得成本、土地开发成本相应的管理费用、销售费用、投资利息、销售税费和开发利润。因此，测算新建成的建筑物价值的基本公式为：

$$新建成的建筑物价值=建筑物建设成本+管理费用+销售费用+投资利息+$$
$$销售税费+开发利润$$

(2) 适用于新开发的房地的基本公式

在新开发的房地(如新建商品房)的情况下，成本法的基本公式为：

$$新开发的房地价值=土地取得成本+开发成本+管理费用+销售费用+$$
$$投资利息+销售税费+开发利润$$

具体是根据房地产价格构成，先分别求取各个组成部分，然后将它们相加。其中，土地是从生地开始还是从毛地、熟地开始，要根据估价时点时类似不动产开发取得土地的情况来考虑。

### 【例6-11】　新开发房地产的估算

某新建房地产，土地面积 20000 平方米，建筑面积 50 000 平方米。现时土地重新取得价格为 3000 元/m$^2$。建筑物建造的建安成本为 1800 元/m$^2$，管理费用为建安成本的 3%。该房地产开发周期为 2.5 年，其中半年准备期，2 年建设期，土地费用在准备期内均匀投入；建安成本及管理费用在建设期内第 1 年均匀投入 40%，第 2 年均匀投入 60%，年利率为 6%，按年计。销售税费为房地产价格的 7%，开发利润为房地产价值的 20%。试评估该房地产的总价与单价。

房地价格 $V_总$=土地取得成本 $A$+建设成本 $B$+管理费用 $C$+投资利息 $D$+
　　　　　　销售税费 $E$+开发利润 $F$

$C$=1800 × 50 000 × 3%=270(万元)

$D$=3000 × 20 000 × [(1+6%)$^{2.25}$−1]+1800 × 50 000 × (1+3%)40%[(1+6%)$^{1.5}$−1]+
　　1800 × 20 000 × 60%[(1+6%)$^{0.5}$−1]= 840.53+338.67+164.43=16 613.63(万元)

$E+F$=(7%+20%) × $V_总$=0.27$V_总$

$V_总$=6000+9000+270+16613.63+0.27$V_总$

$V_总$=22 758.40

$V_单$= $V_总$/50 000=4552(元/ m$^2$)

具体是根据房地产价格构成，先分别求取各个组成部分，然后将它们相加。其中，土地是从生地开始还是从毛地、熟地开始，要根据估价时点时类似不动产开发取得土地的情况来考虑。

### 4．适用于旧的不动产的基本公式

适用于旧的不动产的基本公式

成本法的典型估价对象是旧的不动产。旧的不动产可分为旧的建筑物和旧的房地两种情况。

(1) 适用于旧的建筑物的基本公式

在旧的建筑物的情况下，成本法的基本公式为：

$$旧的建筑物价值=建筑物重新购建价格−建筑物折旧$$

(2) 适用于旧的房地的基本公式

在旧的房地的情况下，成本法的基本公式为：

旧的房地价值=土地重新购建价格+建筑物重新购建价格-建筑物折旧

**【例 6-12】 成新折旧法计算旧的房地产**

某宗不动产的土地面积为 1000m²，建筑面积为 2000 m²。土地是 10 年前通过征收集体土地取得的，当时取得的费用为 18 万元/亩，现时该类土地的重新购置价格为 620 元/m²；建筑物是 8 年前建成交付使用的，当时的建筑造价为每平方米建筑面积 700 元，现时该类建筑物的重新购建价格为每平方米建筑面积 1200 元，估计该建筑物有八成新。请选用所给资料测算该宗不动产的现时总价和单价。

**解**：该题主要是注意重新购建价格应是估价时点的价格。在弄清了此问题的基础上，该宗不动产的价值测算如下：

该宗不动产的现时总价=土地重新购建价格+建筑物重新购建价格×成新率

=620×1000+1200×2000×80%

=2 540 000(元)

该宗房地产的现时单价=该宗房地产的现时总价/建筑面积

=2540 000/2000

=1270(元/m²)

或者

旧的房地价值=房地重新购建价格-建筑物折旧

**【例 6-13】 综合折旧费计算旧的房地产**

某建筑物为钢筋混凝土结构，经济寿命为 50 年，有效经过年数为 8 年。经调查测算，现在重新建造全新状态的该建筑物的建造成本为 800 万元(建设期为 2 年，假定第 1 年投入建造成本的 60%，第 2 年投入 40%，均为均匀投入)，管理费用为建造成本的 3%，年利息率为 6%，销售税费为 50 万元，开发利润为 120 万元。又知其中该建筑物的墙、地面等损坏的修复费用为 18 万元；装修的重置价格为 200 万元，平均寿命为 5 年，已使用 2 年；设备的重量价格为 110 万元，平均寿命为 10 年，已使用 8 年。假设残值率均为零，试计算该建筑物的折旧总额。

**解**：建筑物的重置价格：

建造成本=800(万元)

管理费用=800×3%=24(万元)

投资利息=(800+24)×60%×[(1+6%)$^{1.5}$-1]+(800+24)×40%×[(1+6%)$^{0.5}$-1]=54.90(万元)

建筑物的重置价格= (800+24+54.90+50+120=1048.90(万元)

计算建筑物的折旧额：

墙、地面等损坏的修复费用= 18(万元)

装修的折旧费= 200/5×2=80(万元)

设备的折旧费= 110/10×8=88(万元)

长寿命项目的折旧费= (1048.90-18-200-110)×8/50=115.34(万元)

该建筑物的折旧总额= 18+80+88+115.34=301.34(万元)

# 本 章 小 结

在估价方法中，成本估算起着很重要的作用。在评估中，成本的概念是与其经济影响相关的，这就是说成本是按当前价格水平估算的，它反映了通常转嫁给消费者的成本总金额。成本法主要用于估算新财产或特殊用途资产的价值。它也是检查其他估价方法的一个重要手段。

估算成本的方法通常有四种。单位比较法是最有用的方法，因为它是最容易使用的方法。在对单位比较法估算的成本进行修正时，分部分项法用得最多。在评估计算独特建筑成本或建筑更新以前成本估算值时指数法最有用。工料估算法是最精确的方法，但也是最详细和技术性最强的方法，因而在评估中并不太实用。

在估算建筑成本时，有必要考虑建设的直接成本和间接成本。建筑成本中并不只是有关劳力和材料的成本，诸如建筑许可、贷款利息和投资利息、保险、财产税、一般管理费和利润等直接成本也应该包括进去。

在与建设项目重新建造的当前成本进行比较的情况下，对开发项目价值损失所估算的值。这种价值损失可以是源于物质折旧、功能折旧或经济折旧。物质折旧是磨损、年限和自然环境引起的。当财产的设计瑕疵或功能缺陷使其失去市场吸引力时就会发生功能折旧。经济折旧是由于财产以外的因素引起的。如由于土地使用需求更旺而进行重新区划时是现有建设项目价值损失，这种价值损失就属于经济折旧。

折旧可以是可恢复的也可以是不可恢复的，这主要取决于修复所带来的价值增加是否大于所涉及的成本。很多类型的物质折旧都可以通过重新涂层、修补或修理工作予以补救，但某些功能性的以及大多数经济性的价值损失是不可恢复的。

成本法首先估算开发项目当前重新建造时的重建成本和重置成本；然后从该成本中减去总折旧金额；最后，将开发项目折旧后的价值加入土地的价值，得出的结果就是估算的财产总价值。

# 复习思考题

1. 成本法的概念是什么？
2. 成本法的理论基础是什么？
3. 成本法有哪些特点及适用于哪些不动产项目的评估？
4. 重置成本和重建成本怎么选择？
5. 折旧包含哪些类型，折旧怎么进行估算？
6. 简述用成本法估价的最基本的步骤。
7. 成本法的最基本的公式是什么？

# 第7章 剩余法

【学习目标】

- 掌握剩余法的含义、相关概念、基本原理。
- 熟悉剩余法的估价步骤。
- 了解剩余法的特点及适用范围。
- 会运用剩余法进行估价。

**本章导读**

本章主要学习剩余法的基本概念、原理、特点及适用范围、计算公式、估价步骤和方法。

**案例导入**

某宗土地以挂牌出让方式取得土地使用年期50年，取得时间为2007年11月30日。该宗土地面积为10000平方米，综合用途，批准的规划容积率为3，由于市政建设条件等原因，未能及时开工，后经有关部门批准，于2009年5月开始动工，预计2012年5月竣工。建成后的不动产为商场、写字楼综合用途，总建筑面积为30 000平方米。其中，1～3层为商场，建筑面积为10 000平方米；8层为设备层，建筑面积为1500平方米；其余层为写字楼，建筑面积为15 500平方米。写字楼中两层自用，建筑面积为3000平方米。该不动产预算投资3000元/平方米，开发建设周期预计3年，第1年投入40%，第2年投入30%，第3年投入30%，该不动产建成后即以出租方式经营。

经过市场调查，取得以下数据：

同类建筑物耐用年限为50年，估价期间，市场建安综合造价为2800元/平方米，同一区域内类似物业的租金水平比较稳定，经测算，本物业建成后的年总纯收益为3000万元。当地综合还原率为9%(已考虑建筑物每年的折旧损失因素)；同类不动产销售税费相当于售价的10%，投资利润相当于土地取得费用和建造成本之和的25%。有关的银行存款年利率为2.75%，贷款年利率为5.81%。测算该宗土地在2011年5月31日的市场价值。

**问题导入**

案例中，房地产总价怎样计算？总建筑成本、房地产开发利息和利润分别是多少？相应的土地价格怎样估算？通过本章的学习，读者将能解答这些问题，具备运用剩余法的相关基本知识解决实际问题的能力。

# 7.1 剩余法的概念、理论与方法

## 7.1.1 剩余法的含义和相关概念

### 1. 含义

剩余法又称残余法、倒算法或余值法等，对于待开发土地也称为假设开发法，是土地估价最基本方法之一。通常，对剩余法可以这样理解：从发展的观点来看，土地之所以有价，完全在于其可以开发、利用、建房，并可从中获取收益。为了获得土地而支付的地价，显然是在预计的不动产总价中扣除成本费用和社会平均预期收益后的"剩余价格"，即地价等于土地与建筑物出售价格减去建筑物本身的价格。因此，剩余法是通过估算开发完成后不动产的正常交易价格，扣除正常开发的建筑物建造费用和与建筑物建造、买卖有关的专业费、利息、利润、税收等费用后，以价格余额来确定估价对象价格的一种方法。

#### 2. 相关概念

土地最佳利用方式：指在规划、政策限制最小，市场处于最佳竞争以及现有条件下，土地被充分利用的状态和方式。剩余法中，在作假设性开发模拟时，必须根据最佳利用条件确定建筑物的一些基本的参数和指标，以便确定不动产总价值。

不动产价值：指土地和建筑物一体的价值，是两者共同发挥作用带来收益所产生的价值，不能简单理解为土地价值与地上建筑物价值之和。这是剩余法计算土地价值的基础。

建筑物现值：指在估价时点建筑物所具有的市场价值。剩余法中，一个刚开发完成的全新建筑物，其现值为截至同一时点该建筑物的开发成本、利息、利润及相关费用之和。

建筑物开发成本：指用于完成建筑物所支出的直接费用，包括购买建材的费用、人工费用、设备使用费、专业设计与勘测费用、管理费用等。

建筑物开发利润：指建筑物开发过程中所投入的资金产生的利润，应该注意，不能将土地开发过程中成本产生的利润计入建筑物开发利润之中。

建筑周期：指正常条件下完成建筑物开发全过程所花费的时间。在剩余法中，这一时间指的是一个应该的、标准的时间，并不是某个建筑物开发的实际耗费时间。一般以年为单位量度。

## 7.1.2　剩余法的基本原理

剩余法是一种科学实用的估价方法，它的基本原理可以通过下面这个例子来说明。

假如一个房地产开发商面对一块可供其开发利用的地块，那么他愿意花多少钱来购买这块土地呢？显然，他购买这块土地并不是供自己使用，而是通过开发后出售为其赚取利润。他很清楚希望得到这一地块的人不止他一个，别人也都有同样的动机。面对竞争，他不能企望从这一地块开发中得到超乎寻常的利润，但同时他希望从这一土地开发中得到的利润也不能低于别人希望得到的平均利润，否则他宁愿将这笔资金投入到其他方面。即该开发商希望能从这一土地开发中获取社会上房地产开发的一般利润即可。为了获取这一地块，开发商首先要仔细研究待开发地块的内外条件，如坐落位置、面积大小、形状、周围环境、规划限制条件等，以便分析该地块在规划许可范围内最适宜的用途和最大开发程度；然后根据目前的房地产市场状况，预测建筑完成后的价值，以及为完成这一开发所需花费的建筑费、设计费、相关税费、各类预付资本的利息和开发商应得的正常开发利润。有了上述分析和测算，开发商也就知道了他可能为取得这块土地所支付的最高价格是多少。显然，这个最高价格等于开发完成后的不动产价值扣除开发成本和相应利息、利润等之后的余额。值得注意的是，由于不动产的开发周期比较长，对有些项目的估价可能要求考虑各项投入费用的时间价值，以便更准确地揭示土地价格，这时可以借鉴折现现金流量的方法计算。

实际上，剩余法更深的理论依据完全类似于地租原理，只不过地租是每年的租金剩余，剩余法是一次性的价格剩余。这是因为，根据马克思的土地价格理论，"一切地租都是剩余价值，是剩余劳动的产物"。具体来讲，地租由土地产品的价格所决定，是扣除了其他生产费用的余额。从纯理论上讲，地租不仅是扣除成本、利润后的余额，而且还是扣除利息、税收后的余额。用公式表示为：

地租量=市场价格-正常成本-正常利润-正常利息-正常税收

因此，剩余法与地租量的计算原理是一致的，只不过是在剩余法的计算中，以不动产出售价格或楼价以及建筑总成本代替地租计算中的市场价格和正常成本而已。

此外，剩余法还可通过求取残余的纯收益后，再进行资本还原，求得土地或房屋的价格。在台湾往往将其称为残余法或余值法。残余法的基本思想可以表述为：根据收益还原法以外的方法，例如市场比较法或成本估价法，先求得基地或建筑物任何一方的价格，再据此价格求得归属于基地或建筑物的收益，然后从房地总纯收益中，扣除归属于基地(或建筑物)的收益部分，求得属于建筑物(或基地)的纯收益，最后将此残余的纯收益进行资本还原，即可求得建筑物(或基地)的收益价格。因此，残余法往往也会被认为是收益还原法中的一种。残余估价法还可分为土地残余法和建筑物残余法两种。

剩余法除适用于土地估价外，还大量应用于房地产开发项目评价和投资决策，具体可应用于以下三个方面：一是确定投资者获取待开发场地所能支付的最高价格。对于每一个开发项目，投资者必须分析和预测开发完成后的不动产价值、开发成本和他所应获取的正常利润，进而确定他所能承担的场地最高价格，投资者的实际购买价格应低于或等于此价格，以保证其正常收益。二是确定具体开发项目的预期利润。当场地取得后，此时的场地取得费为已知费用，从总的开发价值中扣除场地购置费、开发成本等后的剩余值，即为该开发项目可取得的利润。若该利润高于或等于投资者的期望利润，即该项目可行，否则该项目就应当推迟进行或暂时取消。三是确定开发项目中的最高控制成本费用。当场地购置费和期望利润确定后，即可用剩余法测算出开发过程中各成本费用的最高控制数，以保证开发过程中的各项成本费用得到有效的控制。

综上所述，剩余法的基本原理是土地价值剩余理论，即土地价值由土地产品价格所决定，是扣除其他生产费用的余额。土地经过建筑开发形成不动产及价值，不动产中土地所分摊的价值量为不动产总的价值量扣除建筑开发费用(或建筑物价值)的余额。建筑开发成本通常包括建筑成本、成本利息、开发利润和相关税费等。

## 7.1.3 剩余法的特点及适用范围

### 1. 特点

根据剩余法的原理，剩余法估价是从开发商的角度分析，测算其所能支付的最高场地购置费用。

(1) 预期性

剩余法属于预期性地产估价，需要预测未来各种价格与费用，必须遵循最有效使用原则，确定土地最佳利用方式；同时，了解地产市场行情及供求关系，正确掌握开发完成后的土地连同建筑物的售价，从而确定土地开发费用与利润等。

(2) 时点不同

预期性估价中，未来楼价、建筑物建造费用等各种价格与费用分属于不同的投资时间，估价时应注意资金的时间价值。

由于以上特点，在实际运用剩余法进行估价时，应该注意以下几个假设条件：

(1) 尽管不动产总价或租金的取得以及各项成本的支付都发生在将来，但剩余法估价中所采用的所有不动产总价或租金的取得及各项费用的支出都是根据当前数据水平来测算的，这是因为，作为估价师很难准确预测未来的成本和租金、价格水平的细微变化，同时在开发期间不但租金和售价会上涨(下降)，各类开发成本也会上涨(下降)。因此，剩余法估价隐含着这样一个假设：剩余法估价中涉及的这些关键变量在开发期间不会发生大的变化。

(2) 假设租金和不动产交易价格在开发期间假设也不会下降，不考虑物价上涨的影响。

(3) 假设开发期间各项成本的投入均匀投入或分段均匀投入。

### 2. 适用范围

从剩余法的特点可以看出，剩余法主要适用于下列几种类型的土地估价：

(1) 对具有潜在开发价值的土地的估价。

(2) 对待拆迁改造的再开发房地产的估价，如对原有建筑物拆除后，再在原有土地上建造新项目的估价。

(3) 适用于对待开发土地的最高地价、最大利润、最高开发费用的估算。

(4) 适用于现有新旧房地产中的地价或房价的单独评估，即从房地产价格中扣除建筑物的价格，剩余数即为地价。

需要指出的是，在第(4)种情况下，即在土地或建筑的价格依其他方法不能明确把握时，剩余法是有效的方法。不过，只有建筑物比较新且处于最有效使用状态时，剩余法才是最有效的方法，否则，运用这种方法也不一定能保证求得适当价格。

总之，在剩余法中，由于包含了较多的可变因素，不同的估价人员对于同一宗地的估价结果有时会相差很大，这便体现了经验与资料的重要性。就目前的地产市场来看，当土地具有开发或潜在开发价值时，剩余法不失为一种可靠、实用、重要的估价方法。

## 7.1.4　计算公式

利用剩余法评估土地价格的基本公式为：

$$V = A - (B + C)$$

式中：$V$ 为购置开发场地的价格；$A$ 为总开发价值或开发完成后的不动产资本价值；$B$ 为整个开发项目的开发成本；$C$ 为开发商合理利润。

实际估价中，常用的一个具体计算公式为：

土地价格=房屋预期售价-建筑总成本-利润-税收-利息

在我国香港剩余法的计算公式为：

地价=楼价-建筑费用-专业费用-利息-发展商利润

或：

地价=总开发价值-开发费用(含拆迁费和对现有承担者的补偿、基建费、业务费、财务费、应急费、代理及法律事务费用)-开发者的收益-取得土地所需的费用

在我国台湾剩余法计算公式为：

$$V = P - C - O - R$$

式中：$V$ 为最适的土地价格；$P$ 为销售总价；$C$ 为营建成本；$O$ 为其他成本(代销、管理费用等)；$R$ 为合理利润。

## 7.1.5　估价步骤

利用剩余法评估土地价格时的程序如下：

(1) 调查待估宗地基本情况

调查待估宗地的基本情况是运用任何一种评估方法所必须做到的基本步骤之一，其目的是为合理确定待开发房地产的最佳利用方式、预测未来房地产开发价值与费用等奠定基础。

① 调查土地位置，掌握土地所在城市的性质及其在城市中的具体坐落位置、周围的土地条件和利用现状等，为选择最佳利用方式提供依据。

② 查清土地面积、形状、平整情况、地质状况和基础设施状况等。

③ 调查土地利用要求，了解政府对此宗地的规定用途、容积率、覆盖率、建筑高度限制等，为确定建筑物的规模、造型等服务。

④ 调查地块的权利状况，弄清权利性质、使用年限、能否续期，以及对转让、出租、抵押等的有关规定等，为确定开发完成后的不动产价值、售价及租金水平等服务。

(2) 确定待估宗地的最佳利用方式

最佳利用方式的确定是投资商在竞投过程中的重要环节，也是剩余法能否成功运用的关键。根据调查的土地条件、土地市场条件等，在政府规划及管理等限制所允许的范围内，依据最有效使用原则，确定待估土地的最佳利用方式，包括土地用途、建筑容积率、土地覆盖率、建筑式样、建筑高度、建筑装修档次和外观等，其中，最重要的是选择最佳的土地用途。要考虑到土地位置的可接受性及这种用途的现实社会需要程度及未来的发展趋势，即要认真分析当地市场的接受能力，究竟市场在项目建成这段时间里最需要什么类型的房地产。例如，某一块土地，政府规定的用途为兴建宾馆、公寓或办公楼，但实际估价时应该选择哪种用途？这首先需要调查比较该块土地所在的城市和地区对宾馆、公寓、办公楼的供求关系及其走向。若社会对宾馆、办公楼的需求开始趋于饱和，表现为客房入住率、办公楼出租率呈下降趋势，但希望能租到或买到公寓住房的人数逐渐增加，而近期能提供的公寓数量又较少时，则可以选择建公寓为该地块的最佳用途。

(3) 估计开发建设周期和投资进度安排

开发建设周期是指从取得土地使用权一直到不动产全部销售或出租完毕的这一段时期。为了把握建筑完成时间和推测建筑物完成时的价格、建筑费用的投入、利息的负担和各项收入支出的贴现值，必须估计开发建设周期和投资进度安排，因为建设期的长短直接关系到市场行情的变化，牵涉到房地产转让销售价格的测算和开发建设资金的安排与落实等。

开发建设周期通常可分为三个阶段：规划设计和工程预算期(自取得土地使用权至开工建设)、工程建设期(自取得土地使用权至建设竣工)、空置或租售期(自竣工至销售完毕)。

(4) 估算开发完成后的不动产总价

根据所开发不动产的类型，开发完成后的不动产总价可通过两条途径取得：

一是对习惯出售的不动产，如居住用商品房、工业厂房等，应按当时市场上同类用途、性质和结构的不动产的市场交易价格，采用市场比较法确定开发完成后的不动产总价。

二是对习惯出租的不动产，如写字楼和商业不动产等，其开发完成后的不动产总价的确定，可根据当时市场上同类用途、性质、结构和装修条件不动产的租金水平和出租费用水平，采用市场比较法确定所开发不动产出租的纯收益，再采用收益还原法将出租纯收益转化为不动产总价。具体确定时需要估计以下几个要素：

① 单位建筑面积月租金或年租金；②不动产出租费用水平；③不动产还原利率；④可出租的净面积。

例：根据当前房地产市场的租金水平，与所开发不动产类似的不动产月租金水平为每建筑平方米 500 元，其中维修费、管理费等出租费用为 30%，该类不动产的还原率为 9%，总建筑面积 50 000m²，可出租率为 85%，则所开发不动产的总价可确定为：

$$500×(1-30\%)×12×50\ 000×85\%×1/9\%=198\ 300(万元)$$

(5) 确定开发成本和开发商合理利润

① 确定开发成本

开发成本是项目开发建设期间所发生的一切费用的总和。

在土地开发项目中，毛地价由土地使用权出让金和基础设施配套建设费组成，熟地价由毛地价和土地开发成本(通上水、通下水、通电、通气、通热、通信、通路和场地平整)组成。

在房地产开发项目中，整个项目的开发成本包括购地税费、开发建筑成本费用、专业费和不可预见费用等。

开发建筑成本费用包括直接工程费、间接工程费、建筑承包商利润及由发包商负担的建筑附带费用等，可采用比较法来推算，即通过当地同类建筑当前的平均或一般建筑费用来推算，也可采用建筑工程概预算的方法来估算。建筑成本费用往往通过总建筑面积和单位建筑面积成本计算出来。

专业费用包括建筑师的建筑设计费、预算师的工程概预算费用等，一般采用建筑费用的一定比率估算。

不可预见费是剩余法估价中为保证估价结果的安全性而预备的费用，一般为总建筑费和专业费之和的 2%～5%。

② 计算利息

利息即开发全部预付资本的融资成本。不动产开发的地价款、开发建筑费、专业费(建筑师的建筑设计费、预算师的工程概预算费用等)和不可预见费等全部预付资本都要计算利息。由于这些费用在不动产开发建设过程中投入的时间是不同的，因此利息的计算要充分考虑资本投入的进度安排，按复利计算。例如，地价款是取得土地使用权的代价，在取得土地使用权时即要付出；开发建造费、专业费及不可预见费则是随着工程动工开始投入，并随着工程建设进展逐步投入，工程竣工，停止投入，这部分费用可以理解为在建筑期内均匀投入或在开发期内分段均匀投入。这些预付资本都是在租售完毕才全部收回，因此，这些费用在开发建设过程中所占用的时间长短也各不相同。在确定利息额时，必须根据这些费用的投入额、各自在开发过程中所占用的时间长短和当时的贷款利率高低进行计算。

例如，预付地价款的利息额应以全部预付地价款按整个开发建设周期计算；开发费、专业费在建筑期内的利息以全部开发费、专业费按建筑期的一半计算或以全部开发、专业费的一半按全部建筑期计算(若有分年度投入数据，则可进一步细化，如建筑期两年，第 1 年投入部分计息期为一年半，第 2 年投入部分计息期为半年等)；开发、专业费在建筑竣工

后的空置及销售期内应按全额全期计息。

在实际评估工作中，也可把土地或房地产的未来假设开发成本用折现的方法贴现至估价期日，从而在剩余法公式中没有利息项。折现率和利息率的选取应参照同期银行公布的贷款利率。

③ 估算税金

税费主要指建成后不动产的销售的营业税、工商统一税、印花税、契税等，应根据当前政府的税收政策来估算，一般以建成后不动产总价的一定比例计算。

④ 估算开发完成后的不动产租售费用

租售费用主要指用于建成后不动产销售或出租的中介代理费、市场营销广告费用、买卖手续费等，一般以不动产总价或租金的一定比例计算。

⑤ 估算开发商的合理利润

开发项目正常利润一般以土地或房地产总价值或全部预付资本的一定比例计算(按全部预付资本的一定比例计算利润，该比例常称作投资回报率)，比例高低随地区和项目类型不同而有所不同，一般采用同一市场上类似土地或房地产开发项目的平均利润率。

(6) 确定待估宗地的土地价格

计算公式为：

$$地价=不动产总价-建筑开发费-专业费-不可预见费-$$
$$利息-租售费用-税金-开发商合理利润$$

按照上述公式测算出的剩余值是开发商当前取得待开发场地所能支付的最大费用。由于开发商在取得场地使用权时除了支付地价款外，还要支付取得土地使用权的相关法律手续费用、土地估价费用及登记发证费用等，因此，必须从计算出的剩余值中扣除上述费用，才能得到所估土地的地价额。上述扣除费用，一般以未知地价的一定比例计算。例如，根据剩余法计算得到的剩余值为 1000 万元，取得土地使用权的法律、估价及土地使用证书等费用估计为地价款的 2%，则可得出待估地块的地价为：$1000 \div (1+2\%) = 980.4$ 万元。最后再根据测算得到的地价额，结合估价师的经验和其他因素，综合确定估价额。

# 7.2  剩余法的应用

## 7.2.1  剩余法评估土地价格

【例 7-1】  某宗土地以挂牌出让方式取得土地使用年期 50 年，取得时间为 2007 年 11 月 30 日。该宗土地面积为 10000 平方米，综合用途，批准的规划容积率为 3，由于市政建设条件等原因，未能及时开工，后经有关部门批准，于 2009 年 5 月开始动工，预计 2012 年 5 月竣工。建成后的不动产为商场、写字楼综合用途，总建筑面积 30 000 平方米。其中，1~3 层为商场，建筑面积为 10 000 平方米；8 层为设备层，建筑面积为 1500 平方米；其余层为写字楼，建筑面积为 15 500 平方米。写字楼中两层自用，建筑面积为 3000 平方米。该不动产预算投资 3000 元/平方米，开发建设周期预计 3 年，第 1 年投入 40%，第 2 年投入 30%，第 3 年投入 30%，该不动产建成后即以出租方式经营。

经过市场调查，取得以下数据：

同类建筑物耐用年限为 50 年，估价期间，市场建安综合造价为 2800 元/平方米，同一区域内类似物业的租金水平比较稳定，经测算，本物业建成后的年总纯收益为 3000 万元。当地综合还原率为 9%(已考虑建筑物每年的折旧损失因素)；同类不动产销售税费相当于售价的 10%，投资利润相当于土地取得费用和建造成本之和的 25%。有关的银行存款年利率为 2.75%，贷款年利率为 5.81%。测算该宗土地在 2011 年 5 月 31 日的市场价值。

估算过程：根据本案例提供资料，首先采用收益还原法评估不动产总价，然后采用剩余法评估该宗土地价格。

(1) 估算房地产总价

该房地产年总纯收益为 3000 万元，综合还原率为 9%，则：

$$房地产总价格 = \frac{a}{r} \times \left[ 1 - \frac{1}{(1+r)^n} \right]$$

$$= \frac{3000}{9\%} \times \left[ 1 - \frac{1}{(1+9\%)^{46.5}} \right]$$

$$= 32\,727.23(万元)$$

(2) 估算总建筑成本

$$总建筑成本 = 建筑总面积 \times 建安造价$$

$$= 30\,000 \times 2800$$

$$= 8400(万元)$$

(3) 估算房地产开发利息

$$利息 = 地价 \times [(1+9\%)^3 - 1] + 40\% \times 8400 \times [(1+9\%)^{2.5} - 1] + 30\% \times 8400 \times$$

$$[(1+9\%)^{1.5} - 1] + 30\% \times 8400 \times [(1+9\%)^{0.5} - 1]$$

$$= 地价 \times 0.295029 + 1266.48816(万元)$$

各年建筑费和专业费用的投入实际上是覆盖全年的，但为贴现计算的方便起见，计息时假设各年建筑费和专业费用的投入集中在各年的年中，因此上述总建筑费计算公式中的贴现年数分别是 2.5、1.5、0.5 的情况。

(4) 估算房地产开发利润

$$投资回报率 = (地价 + 开发成本) \times 25\%$$

$$= (地价 + 8400) \times 25\%$$

$$= 地价 \times 0.25 + 2100(万元)$$

(5) 估算房地产销售税费

$$销售税费 = 售价 \times 10\%$$

$$= 32727.23 \times 10\%$$

$$= 3272.723(万元)$$

(6) 估算估价对象价格

地价 = 房地产总价 - 开发成本 - 利息 - 利润 - 税费

$$= 32\,727.23 - 8400 - (地价 \times 0.295\,029 + 1266.488\,16) - (地价 \times 0.25 + 2100) - 3272.723$$

$$= 17\,688.018\,84 - 0.545\,029 \times 地价$$

地价=11448.34(万元)

单价=11448.34/10000=11448.34(元/平方米)

## 7.2.2 剩余法测算开发商的预期利润

**【例 7-2】** 某开发商已经取得某宗商业用地 40 年期土地使用权,该宗地为五通一平空地,面积 2000 平方米,土地价格为 1500 万元,取得土地使用权过程中所支付的法律、估价及登记费用为地价的 6%,城市规划该地块用途为商业,最大容积率为 6,试估算该开发公司在项目开发建设中的预期利润。

根据开发商的市场调查和项目可行性研究显示,该项目工程在取得土地使用权后即可开工,建筑时间为 3 年,建成后即可全部售出。根据目前的市场行情,商业平均售价预计为 8000 元/平方米,建筑费和专业费预计为 2500 元/平方米,在建筑期间的投入情况为:第一年投入 40%,以后两年每年投入 30%。目前资金贷款年利率为 5.85%,不动产销售的税费为不动产总价的 10%。

评估过程:该宗地为待开发空地,适宜采用剩余法估价。

(1) 不动产总价=8000×2000×6=$9.6×10^7$(元)

(2) 建筑费及专业费=2500×2000×6=$3×10^7$(元)

(3) 地价及法律、估价、登记等费用=$1.5×10^7$×(1+6%)=$1.59×10^7$(元)

(4) 总利息=$1.04×10^7$×[$(1+5.85\%)^3-1$]+ $3×10^7$×40%×[$(1+5.85\%)^{2.5}-1$]+ $3×10^7$×30%×
     [$(1 +5.85\%)^{1.5}-1$]+ $3×10^7$×30%××[$(1+5.85\%)^{0.5}-1$]
     =$0.48×10^7$(元)

(5) 销售税费=$9.6×10^7$×10%=$0.96×10^7$(元)

(6) 开发商利润=(1)−(2)−(3)−(4)−(5)
     =$9.6×10^7$−$3×10^7$−$1.59×10^7$−$0.48×10^7$−$0.96×10^7$
     =$3.57×10^7$(元)

$$利润占不动产的百分比=\frac{3.57×10^7}{9.6×10^7}=37.19\%$$

$$利润占开发总成本的百分比=\frac{3.57×10^7}{3×10^7+1.59×10^7+0.48×10^7+0.96×10^7}=59.90\%$$

由上述测算可知,该项目投资回报率高,利润可观,项目非常可行。

## 7.2.3 剩余法确定建筑费及专业费的最高控制标准

**【例 7-3】** 某宗"七通一平"空地,面积为 $5×10^4$ 平方米,最佳用途为住宅用地,最大容积率为 3,现某房地产开发公司取得该宗地 70 年期土地使用权,地价及相关法律、估价等费用为 $12×10^7$ 元,试确定该房地产公司在该项目中的建筑费及专业费的最高控制标准。

根据调查,该项目在取得土地使用权后即可开工,建筑时间为 3 年,建成后即可全部售出。从当前的市场行情来看,同类住宅商品房售价预计为 7000 元/平方米。开发资金的投入为均匀投入,当地目前贷款年利率为 5.85%,开发商要求的利润为不动产总价的 20%,销售税费为不动产总价的 6%。

估算过程：该宗地为待开发空地，适宜采用剩余法测算。

假设建筑费及专业费的最高控制标准为 $x$ 元。

(1) 不动产总价$=7000 \times 5 \times 10^4 \times 3 = 1.05 \times 10^9$(元)

(2) 地价及法律、估价等费用$=12 \times 10^7$(元)

(3) 总利息$=12 \times 10^7 \times [(1+5.85\%)^3-1] + x \times [(1+5.85\%)^2-1] +$
$\qquad x \times [(1+5.85\%)^1-1]$
$\qquad =2.2316 \times 10^7 + 0.1789x$(元)

(4) 开发商利润$=1.05 \times 10^9 \times 20\% = 2.1 \times 10^8$(元)

(5) 销售税费$=1.05 \times 10^9 \times 6\% = 6.3 \times 10^7$(元)

(6) 将上述数据代入公式，则

建筑费及专业费最高控制标准为：

$x = (1)-(2)-(3)-(4)-(5)$
$\quad = 5.38 \times 10^8$

单位面积建筑费及专业控制标准为：

$$\frac{5.38 \times 10^8}{5 \times 10^4 \times 3} = 3586.7(元/平米)$$

# 本 章 小 结

本章首先介绍了剩余法的基本含义、相关概念、特点及适用范围以及计算公式，其次介绍了剩余法的计算步骤，最后对剩余法的应用举例加以说明，使读者对剩余法的基本理论与方法有较清晰的认识和了解。

# 复习思考题

1. 什么是剩余法？

2. 什么是建筑物现值？

3. 简述剩余法的特点。

4. 剩余法适用于哪些具体情况？

5. 简述剩余法的估价步骤。

6. 简述剩余法的基本原理。

7. 什么是建筑物开发成本？

8. 什么是开发建设周期？

9. 怎样确定待估宗地的最佳利用方式？

10. 开发建设周期通常可以分为哪几个阶段？

# 第8章 路线价法

【学习目标】

● 掌握路线价法的基本含义和基本原理。
● 熟悉路线价法的估价对象和前提条件。
● 掌握路线价法估价的基本公式。
● 了解路线价法估价的具体操作步骤。
● 掌握深度指数的制作原理及计算法则。
● 掌握路线价法的具体应用。

**本章导读**

如果需要同时评估出城市街道两侧大量宗地的价值，需要独特的地价评估方法，路线价法就是一种适宜的估价方法。本章主要学习路线价法的基本含义和基本原理、路线价法的估价对象和前提条件以及路线价法估价的具体操作步骤等内容。

**案例导入**

在城市、县城、建制镇、工矿区范围内，我国对使用土地的单位和个人实行按纳税人实际占用的土地面积和使用的等级幅度税额从量定额征收土地使用税。由于纳税人在一定时期内使用的土地面积不变，因而按其占用土地的等级适用的税额所计算的应纳土地使用税也就相对固定不变。从长期发展趋势看，土地价值是不断上升的，而税收的固定性特征又要求税法一经颁布就不得任意变更。这样，应纳税额就不能随地价的变化而变化，并使税负总体上偏低。而采用路线价估价法可以快速评估出不同等级、不同地段的土地价格，只要再设置相应的税率就可以执行按土地价格从价定率，征收土地使用税，从而使税收的计征反映土地的价值。随着地价的上升，税收自动随之增加，以使国家财政收入得以保障。

**问题导入**

何谓路线价、路线价法？路线价法的理论依据是什么？路线价法的估价对象和前提条件是什么？路线价法估价的具体操作步骤是什么？通过本章的学习，读者将能解答这些问题，具备应用路线价法估价房地产价值的能力。

# 8.1　路线价法概述

城市繁华街道两侧的土地，由于它们的临街深度、宽度、形状、临街状况等不同，其价格也有所不同。临街土地的价格总是比较昂贵，离街道远一些价格下降，根据这一特点可以估算出街道两侧不同进深的土地价格。

## 8.1.1　路线价法的含义

城镇街道两侧的商业用地，如图 8-1(a)、(b)、(c)、(d)所示，即使它们的位置相邻、形状相同、面积相等，但由于临街状况不同，例如长方形土地是长的一边临街还是短的一边临街，梯形土地是宽的一边临街还是窄的一边临街，三角形土地是一边临街还是一顶点临街，以及是一面临街还是前后两面临街、街角地等，价值都会有所不同，而且差异可能很大。人们凭直觉一般就可做出以下判断：在图 8-1(a)中，地块 A 的价值大于地块 B 的价值；在图 8-1(b)中，地块 C 的价值大于地块 D 的价值；在图 8-1(c)中，地块 E 的价值大于地块 F 的价值；在图 8-1(d)中，地块 G 的价值大于地块 H 的价值。如果需要同时、快速地评估出城镇街道两侧所有商业用地的价值，则可以采用路线价法。

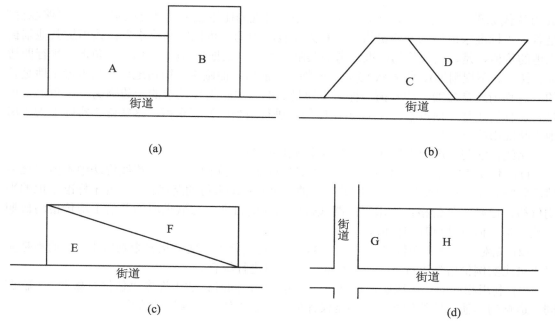

**图 8-1 不同临街状况土地价值高低的比较**

　　路线价法是在特定的街道上设定标准临街深度，从中选取若干标准临街宗地求其平均价格，将此平均价格称为路线价，然后利用临街深度价格修正率或其他价格修正率来测算该街道其他临街土地价值的一种估价方法。

　　路线价法是根据土地价值随街道距离增大递减的原理，在特定街道上设定单价，依此单价配合深度百分率表及其他修正率表，用数学方法来计算临接同一街道的其他宗地地价的一种估价方法。路线价法实质上是一种市场比较法，是市场比价法的派生方法。与市场比较法、收益法等估价方法对个别宗地地价评估相比，这种方法能对大量土地迅速估价，是评估大量土地的一种常用方法。

## 8.1.2 路线价法的基本原理

### 1. 区位理论

　　城市土地的位置决定着其使用效果和经济效益，尤其是商业用地，对位置的敏感性超过其他用途的土地。可及性可视为区位条件的一种表示，因此对于商业用地来说，可及性是决定其价格高低的主要因素。这样就可以根据可及性的大小，将同一街道的临街宗地划分成不同的地价区段：同一地价区段，可及性基本相等，路线价相等；不同地价区段，可及性不同，路线价不同。在同一路线价区段内，虽然可及性基本相等，但由于宗地的深度、宽度、形状、面积、位置等仍有差异，宗地之间利用状况相差很大，导致不同宗地的地价存在差异。因此，必须在路线价的基础上，经过深度、宽度等各种因素修正才能得到各具体宗地的地价。

### 2. 替代原理

　　路线价法实质上是一种市场法，是市场法的派生方法，其理论依据是房地产价格形成的替代原理。在路线价法中,"标准宗地"可视为比较法中的"可比实例";"路线价"是若干"标准宗地"的平均价格,可视为比较法中的"可比实例价格";该街道其他临街土地的价值,是以路线价为标准,考虑其临街深度、土地形状(如矩形、三角形、平行四边形、梯形、不规则形)、临街状况(如一面临街、前后两面临街、街角地以及长方形土地是长的一边临街还是短的一边临街,梯形土地是宽的一边临街还是窄的一边临街,三角形土地是一边临街还是一顶点临街)、临街宽度等,进行适当的修正求得,这些修正实际上为"房地产状况影响修正"。

路线价法与一般的市场法主要有以下 3 点不同:

(1) 不做"交易情况影响修正"和"交易日期影响修正"。在路线价法中不做"交易情况影响修正"和"交易日期影响修正"的原因是:①求得的路线价——若干标准宗地的平均价格,已是正常价格;②求得的路线价所对应的日期,与欲求取的其他土地价格的日期一致,都是估价时点时的价格。

(2) 先对"可比实例价格"进行综合,然后再进行"房地产状况影响修正";而不是先对"可比实例价格"进行有关影响修正,然后再进行综合。

(3) 利用相同的"可比实例价格"——路线价,同时评估出许多"估价对象"——临街同一道路的其他土地的价格;而不是仅评估出一个"估价对象"的价格。

## 8.1.3　路线价法的估价对象和条件

路线价法主要适用于城镇街道两侧商业用地的估价。

一般的房地产估价方法主要适用于单宗土地的估价,而且需要花费较长的时间,路线价法则被认为是一种快速、相对公平,能节省人力、财力,可以同时对大量土地进行估价,特别适宜于土地课税、土地重划、征地拆迁等需要在大范围内对大量土地进行估价的场合。

运用路线价法估价的前提条件是:

第一,有完善的城市规划、较为整齐的道路系统和排列整齐的宗地;

第二,需要较多的交易案例,并且房地产市场比较规范,否则计算结果将会存在较大的误差;

第三,估价结果的精度与路线价及其修正体系密切相关,因此要有一套科学合理的深度修正率表和其他各种修正率表。

# 8.2　路线价法的估价步骤

运用路线价法估价一般分为划分路线价区段、设定标准深度、确定标准宗地、调查评估路线价、制作价格修正率表、计算各宗地价格 6 个步骤。

## 8.2.1　划分路线价区段

采用路线价法估价宗地价格时首先要确定该宗地所在的路线价区段,因此划分路线价区段是路线价法的基础,路线价区段的划分直接关系到路线价法估算土地价格的准确性。

某个路线价区段是指具有同一个路线价的地段。两个路线价区段的分界线原则上是地价有显著差异的地点,通常是从十字路或丁字路中心处划分,两路口之间的地段为一个路线价区段。但较长的繁华街道，有时需要将两路口之间的地段划分为两个以上的路线价区段，分别附设不同的路线价。而某些不很繁华的街道，同一路线价区段可延长至数个路口。另外，在同一条道路上，如果某一侧的繁华程度与对侧有显著差异时，应以道路中心为分界线，将该道路的两侧各视为一个路线价区段，附设两种不同的路线价。路线价区段划分除在室内进行外，还要进行实地外业调查。

路线价区段划分完毕，对每一路线段求该路线段内标准宗地的平均地价，附设于该路线段上。

## 8.2.2　设定标准深度

从理论上讲，标准深度是地价变化的转折点，由此向街道方向地价受街道的影响而有所变化，由此远离街道方向地价不受街道的影响。但实际估价中的标准深度，通常是路线价区段内临街各宗土地深度的众数，如同一路线价区段内大部分临街宗地的深度为 20 米，则该区段内的标准深度设定为 20 米。如果不以临街土地临街深度的众数为标准深度，由此制作的深度价格修正率表，将使以后多数土地价格的计算都要用深度价格修正率进行修正。这不仅会增加计算的工作量，而且会使所求得的路线价失去代表性。

## 8.2.3　确定标准宗地

确定标准深度后，可确定临街的标准宗地，它是确定路线价的前提。标准宗地是路线价区段内具有代表性的宗地。选取标准宗地的具体要求是：①一面临街；②土地形状为矩形；③临街深度为标准深度；④临街宽度为标准宽度(可为同一路线价区段内临街各宗土地的临街宽度的众数)；⑤用途为所在区段具有代表性的用途；⑥容积率为所在区段具有代表性的容积率(可为同一路线价区段内临街各宗土地的容积率的众数)；⑦其他方面，如土地使用权年限、土地生熟程度等也应具有代表性。

路线价是标准宗地的单位价格，路线价的设定必须先确定标准宗地面积。标准宗地的面积大小随各国而异。美国为使城市土地的面积单位计算容易，把位于街区中间宽 1 英尺，深 100 英尺的细长形地块作为标准宗地。日本的标准宗地为宽 3.63 米、深 16.36 米的长方形土地。

## 8.2.4　调查评估路线价

路线价是附设在道路上的若干标准宗地的平均水平价格。路线价的确定，是运用路线价法进行估价的一个关键。通常在同一路线价区段内选择一定数量以上的标准宗地，运用收益法(通常是其中的土地剩余技术)、比较法等，分别求其单位价格或楼面地价。然后求这些标准宗地的单位价格或楼面地价的简单算术平均数或加权算术平均数、中位数、众数，即得该路线价区段的路线价。

路线价通常为土地单价，也可为楼面地价；可用货币表示，也可用相对数表示。如果用点数来表示路线价，最高路线价区段的路线价用 1000 点来表示，其他地段与 1000 点相比较，得到以点数表示的相应数值。采用点数有以下优点：①点数容易换算成金额；②点数不受币值变动的影响；③点数容易直接估算估价前后的价值差；④点数容易求取地价上涨率。而采用货币金额表示则较为直观，易于理解，在交易中便于参考。

### 8.2.5 制作价格修正率表

价格修正率表有临街深度价格修正率表和其他宗地条件修正率表。临街深度价格修正率表通常简称深度价格修正率表，也称深度百分率表、深度指数表，是基于临街深度价格递减率制作出来的。如将临街土地划分为许多与道路平行的细条，由于越接近道路的细条的利用价值越大，越远离道路的细条的利用价值越小，则接近道路的细条的价值高于远离道路的细条的价值，具体制作方法在 8.3 小节详细论述。另外，还需在深度指数修正的基础上，进行宽度、朝向、容积率、临街状况等其他因素的修正。

### 8.2.6 计算各宗地价格

根据前面所得到的路线价、深度指数表和其他因素修正系数表，按照公式即可计算出同一路线价区段内不同宗地的价格。但由于路线价的表示方法不同、各宗地的临街情况和形状等因素的不同，各宗地计算公式也可能有所不同。

## 8.3 制作价格修正率表

同一路线价区段内的各宗土地，路线价虽然相同，但由于宗地的宽度、深度、形状不同，单位面积的价格不同，所以必须在路线价的基础上，对各种影响因素进行适当修正，才能得到各宗地的价格。在影响地价的因素中，深度对地价影响最大，用深度指数表示。随距离街道深度的不同，价格变化的比率称为深度指数；将深度与深度指数的对应关系编制成一张表，则称为深度指数表，也称为深度价格递减率表。另外，还需在深度指数修正的基础上，进行宽度、朝向、容积率、临街状况等其他因素的修正。

### 8.3.1 制作深度指数表

#### 1. 深度指数修正的原理

如图 8-2 所示，假设有一临街宽度 $m$ 米，深度 $n$ 米的长方形宗地，每平方米平均单价为 $A$ 元，则该宗地的总价格为 $mnA$。假设沿平行街道，深度以某值为单位(设为 1 米)，将这块长方形宗地划分为许多细条，并从临街方向起按顺序赋予地价符号 $a_1$、$a_2$、$a_3$、$\cdots$、$a_{n-1}$、$a_n$ 等，则越接近街道的细条利用价值越大，即有 $a_1 > a_2 > a_3 > \cdots > a_{n-1} > a_n$。另外，虽然同为 1 米之差，但从利用价值上看，是 $a_1$ 与 $a_2$ 之差最大，$a_2$ 与 $a_3$ 之差次之，以下逐渐缩小，至 $a_{n-1}$ 与 $a_n$ 之差可视为接近于零。也就是说，当宗地距街道的深度超过标准深度时，宗地之间的单位地价接近于零，即街道对土地利用价值的影响甚小。

由此土地总价值

$$mnA = ma_1 + ma_2 + ma_3 + \cdots + ma_{n-1} + m_a$$

则单位地价为

$$A = \frac{a_1 + a_2 + \cdots + a_{n-1} + a_n}{n}$$

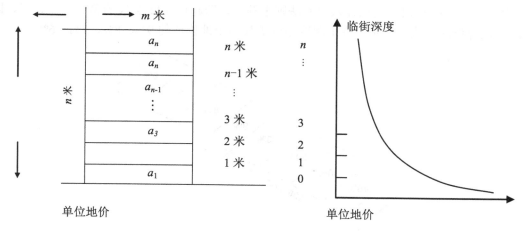

**图 8.2  单位地价与临街深度变化的关系**

即土地单位面积价格等于各地块单位面积价格的面积加权平均值。如将各小地块单位面积价格以百分率表示，则可以得到相应的深度指数。实践中应用的深度指数有三种：单独深度指数、累计深度指数和平均深度指数。

(1) 单独深度指数

单独深度指数是指在不考虑周围地块相互影响的条件下，某地块价格受其深度影响的变化情况，图 8-2 中，$a_1$、$a_2$、$a_3$、$\cdots$、$a_{n-1}$、$a_n$ 就是相应细条地块的单独深度指数。显然有：

$$a_1 > a_2 > a_3 > \cdots > a_{n-1} > a_n$$

(2) 累计深度指数

累计深度指数是指两个以上深度单位的地块，其价格受到两个以上深度影响的变化程度，图 8-2 中，$a_1$，$a_1+a_2$，$a_1+a_2+a_3$，$\cdots$，$a_1+a_2+\cdots+a_n$ 就是相应地块的累计深度指数，并有下列特性：

$$a_1 < a_1+a_2 < a_1+a_2+a_3 < \cdots < a_1+a_2+\cdots+a_n$$

即同一地块的累计深度指数呈递增现象。

(3) 平均深度指数

平均深度指数是指地块地价受到若干深度的平均影响程度，图 8-2 中，$a_1$，$(a_1+a_2)/2$，$(a_1+a_2+a_3)/3\cdots$，$(a_1+a_2+\cdots+a_n)/n$ 就是相应地块的平均深度指数，并有下列特性：

$$a_1 > \frac{a_1 + a_2}{2} > \cdots > \frac{a_1 + a_2 + a_3}{3} > \frac{a_1 + a_2 + ... + a_n}{n}$$

即同一地块的平均深度指数呈递减现象。

**2. 深度指数的制作方法**

(1) 深度指数的制作方法

最简单且最容易理解的深度价格递减率是四三二一法则，如图 8-3 所示。该法则是将临街深度 100 英尺的土地，划分为与道路平行的四等份，则各等份由于离道路的远近不同，价值有所不同。从道路方向算起，第一个 25 英尺等份的价值占整块土地价值的 40%，第二个 25 英尺等份的价值占整块土地价值的 30%，第三个 25 英尺等份的价值占整块土地价值的 20%，第四个 25 英尺等份的价值占整块土地价值的 10%。

如果超过 100 英尺，则以九八七六法则来补充，即超过 100 英尺的第一、二、三、四个 25 英尺等份的价值，分别为临街深度 100 英尺的土地价值的 9%、8%、7%、6%。

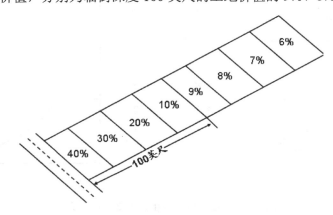

图 8-3 四三二一法则

以四三二一法则为例，单独深度价格修正率为：

$$40\% > 30\% > 20\% > 10\% > 9\% > 8\% > 7\% > 6\%$$

累计深度价格修正率为：

$$40\% < 70\% < 90\% < 100\% < 109\% < 117\% < 124\% < 130\%$$

平均深度价格修正率为：

$$40\% > 35\% > 30\% > 25\% > 21.8\% > 19.5\% > 17.7\% > 16.25\%$$

上述如用表来说明，如表 8-1 所示。表中的平均价格修正率，是将上述临街深度 100 英尺的平均价格修正率 25%乘以 4 转换为 100%，同时为保持与其他数字的关系不变，其他数字也相应乘以 4 所得。平均深度价格修正率与累计深度价格修正率的关系可以用下列公式表示：

平均深度价格修正率=累计深度价格修正率×标准深度/所给深度

表 8-1 临街深度价格修正率表

| 临街深度(英尺) | 25 | 50 | 75 | 100 | 125 | 150 | 175 | 200 |
|---|---|---|---|---|---|---|---|---|
| 四三二一法则(%) | 40 | 30 | 20 | 10 | 9 | 8 | 7 | 6 |
| 单独深度指数(%) | 40 | 30 | 20 | 10 | 9 | 8 | 7 | 6 |
| 累计深度指数(%) | 40 | 70 | 90 | 100 | 109 | 117 | 124 | 130 |
| 平均深度指数(%) | 160 | 140 | 120 | 100 | 87.2 | 78.0 | 70.8 | 65.0 |

(2) 深度价格修正率的要领和步骤

制作临街深度价格修正率表的要领是：①设定标准临街深度；②将标准临街深度分为若干等份；③制定单独深度价格修正率，或将单独深度价格修正率转换为累计深度价格修正率或平均深度价格修正率。

制作深度价格修正率的步骤是：

① 确定标准深度。一般取临街深度的平均进深或临街宗地进深众数。

② 确定级距。深度百分率中的级距确定，应分析比较实例调查中地价变化的规律性，

确定地价级数及级距。

③ 制定单独深度百分率。

④ 采用累计或平均深度百分率计算并编制深度百分率表。

## 8.3.2　其他宗地条件修正系数表的编制

在一个路线价区段内，虽然临接同一街道，但因各宗地的宽度、形状、面积、位置等不同，需要在深度修正的基础上，进行其他因素的修正。

### 1. 宽度修正

对临街土地特别是临街商业用地来说，临街宽度不同，其地价是不相等的。由于临街商店铺面的宽窄不一，商店对顾客的吸引力会有所差异，进而影响到商店营业额，所以在路线价估价中，必须考虑宽度修正。其计算方法是同一路线价区中进深相等的样本，考虑在不同宽度情况下反映在土地价格上的变动情况，最后确定宽度条件下的修正系数。

### 2. 宽深比率修正

在一般情况下，大型的商业建筑物，进深较大，地价会随着地块深度的增加而逐步降低。此外，由于商店大，铺面宽度宽，外观醒目，同样会增加对顾客的吸引。所以对大型商店单独采用铺面宽度和深度修正不太符合实际，而且难以操作，因此，应该采用商店的宽度比深度即宽深比率系数来反映这种地价的修正情况。

### 3. 容积率修正

一般情况下，路线价只是代表一定容积率水平下的地价，随着容积率的增加，地价一般会上升。因此，在同一区段中，抽查不同容积率水平下的平均地价，可以得到容积率修正系数。

### 4. 出让、转让年期修正

土地出让是国家将一定年期内的土地使用权让与土地使用者，土地转让是土地使用者将土地使用权再转移的行为。根据以下地价计算公式可计算出宗地的出让、转让年期修正系数。

$$V = \frac{a}{r}\left[1 - \frac{1}{(1+r)^n}\right]$$

式中：$V$ 为地价；$a$ 为年地租；$r$ 为还原利率；$n$ 为出让、出租或转让、转租年期。

### 5. 朝向修正

对住宅用地而言，由于建筑物的朝向不同，就决定了房屋的位置和朝向，从而又会对房屋的销售价格产生影响。那么从房屋售价中扣除成本后所余的地价，也因房屋朝向不同而有所差异，需进行地块环境条件影响修正。

### 6. 地价分配率修正

地价分配率是将土地单价(或平面地价)调整、分摊到各楼层的比率。一般来看，随着楼

层数的增高，地价分配呈递减趋势，当趋于某一临界值后，地价分配又会呈现增加的势头。为了评估需要，必须制定一个统一的地价分配表，以反映楼面地价依据楼层高低在地块总价格中所占的比例。

# 8.4　路线价法的总结与运用

路线价法可以快捷、方便地评估多宗土地的价格，在美国、日本和我国台湾地区，这种方法得到了广泛应用。在中国内地，目前虽然也有运用路线价法开展临街商业用地价格评估的案例，但从总体来看这种方法应用尚不普遍。因此学习掌握该方法的相关内容，探索在中国内地应用的条件和可行性，就显得尤为重要。

## 8.4.1　路线价法总结

路线价法的主要内容如图 8-4 所示。

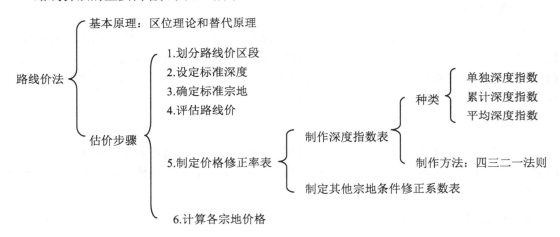

图 8-4　路线价法总结

## 8.4.2　路线价法的计算公式

运用路线价法计算临街土地的价值，需要弄清路线价和临街深度价格修正率的含义、标准临街宗地的条件，并结合临街土地的形状和临街状况等计算临街土地的价值。其中就路线价与临街深度价格修正率两者的对应关系来说，路线价的含义不同，应采用不同的临街深度价格修正率。采用不同类型的临街深度价格修正率，路线价法的计算公式也会有所不同。下面先以一面临街长方形土地的情形来说明这个问题。

(1) 当以标准临街宗地的总价作为路线价时，应采用累计深度价格修正率(即：$\sum$单独深度价格修正率)。其中，如果估价对象土地的临街宽度(以下简称临街宽度)与标准临街宗地的临街宽度(以下简称标准宽度)相同，并将估价对象土地的临街深度简称临街深度，则计算公式为：

$$V(总价) = 标准临街宗地总价 \times \sum 单独深度价格修正率$$

$$V(单价) = \frac{标准临街宗地总价 \times \sum 单独深度价格修正率}{估价对象土地面积}$$

$$= \frac{标准临街宗地总价 \times \sum 单独深度价格修正率}{临街宽度 \times 临街深度}$$

如果临街宽度与标准宽度不相同，则计算公式为：

$$V(总价) = \frac{标准临街宗地总价 \times \sum 单独深度价格修正率}{标准宽度 \times 临街深度} \times 估价对象土地面积$$

$$= 标准临街宗地总价 \times \sum 单独深度价格修正率 \times \frac{临街深度}{标准宽度}$$

$$V(单价) = \frac{V(总价)}{估价对象土地面积}$$

$$= \frac{标准临街宗地总价 \times \sum 单独深度价格修正率}{标准宽度 \times 临街深度}$$

(2) 当以单位宽度的标准临街宗地(如临街宽度 1 英尺、临街深度 100 英尺)的总价作为路线价时，也应采用累计深度价格修正率，计算公式为：

$$V(总价) = 路线价 \times 单独深度价格修正率 \times 临街宽度$$

$$V(单价) = \frac{V(总价)}{估价对象土地面积}$$

$$= \frac{路线价 \times \sum 单独深度价格修正率}{临街深度}$$

(3) 当以标准临街宗地的单价作为路线价时，应采用平均深度价格修正率，计算公式为：

$$V(单价) = 路线价 \times 平均深度价格修正率$$

$$V(总价) = 路线价 \times 平均深度价格修正率 \times 临街宽度 \times 临街深度$$

如果土地的形状和临街状况有特殊者，例如土地形状不是矩形、临街状况不是一面临街而是前后两面临街、街角地等，则在上述公式计算价值的基础上，还要做加价或减价调整。以标准宗地的单价作为路线价的情况为例，形状和临街状况特殊的土地的价值计算公式如下：

$$V(单价) = 路线价 \times 平均深度价格修正率 \times 其他价格修正率$$

$$V(总价) = 路线价 \times 平均深度价格修正率 \times 其他价格修正率 \times 土地面积 \quad 或者$$

$$V(单价) = 路线价 \times 平均深度价格修正率 \pm 单价修正额$$

$$V(总价) = 路线价 \times 平均深度价格修正率 \times 土地面积 \pm 总价修正额$$

## 8.4.3　路线价法的应用

下面以标准宗地的单价作为路线价、采用平均深度价格修正率为例，说明临街土地价值的计算。并且假定临街土地的容积率、使用期限等与路线价的内涵一致。实际估价中，如果估价对象宗地条件与路线价的内涵不一致，还应对路线价进行相应的调整。

### 1. 一面临街矩形土地价格的计算

计算一面临街矩形土地的价格，是先查出其所在区段的路线价，再根据其临街深度查

出相应的深度价格修正率。其中，单价是路线价与临街深度价格修正率之积，总价是再乘以土地面积。计算公式如下：

$$V(总价)=u \times dv \times (f \times d)$$

式中：$V$ 为土地总价；$u$ 为路线价(用土地单价表示)；$dv$ 为临街深度价格修正率(采用平均深度价格修正率)；$f$ 为临街宽度；$d$ 为临街深度。

【例 8-1】 图 8-5 中是一块临街深度 15.24m(即 50 英尺)、临街宽度 20m 的矩形土地，其所在区段的路线价(土地单价)为 2000 元/m²。试根据四三二一法则的深度价格修正率，计算该宗土地的单价和总价。

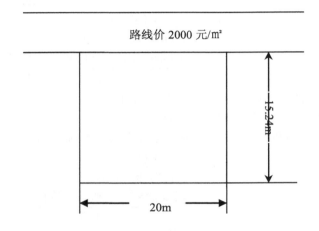
路线价 2000 元/m²

15.24m

20m

**图 8-5 一面临街的矩形土地**

分析过程：

由于路线价是用土地单价表示的，计算时采用四三二一法则的平均深度价格修正率。

该宗土地的单价=路线价×平均深度价格修正率

=2000×140%

=2800(元/m²)

该宗土地的总价=土地单价×土地面积

=2800×20×15.24

=85.34(万元)

## 2. 前后两面临街矩形土地价格的计算

计算前后两面临街矩形土地的价格，通常是采用"重叠价值估价法"，即先确定高价街(也称前街)与低价街(也称后街)的影响范围的分界线，再以此分界线将土地分为前后两部分，然后按各自所临街道的路线价和临街深度计算价格，再将此两部分的价格加总。

计算公式如下：

$$V=u_0 \times d_{v0} \times f \times d_0 + u_1 \times d_{v1} \times f \times (d-d_0)$$

式中：$u_0$ 为前街路线价；$d_{v0}$ 为前街临街深度价格修正率；$f$ 为临街宽度；$d_0$ 为前街影响深度；$u_1$ 为后街路线价；$d_{v1}$ 为后街临街深度价格修正率；$d$ 为总深度。

分界线的求取方法如下：

$$前街影响深度 = \frac{前街路线价}{前街路线价 + 后街路线价} \times 总深度$$

$$后街影响深度 = 全部深度 - 前街影响深度$$

【例 8-2】 图 8-6 中是一块前后两面临街、总深度为 30m 的矩形土地，其前街路线价 (土地单价)为 2000 元/m$^2$，后街路线价(土地单价)为 1000 元/m$^2$。试按重叠价值估价法计算其前街影响深度。

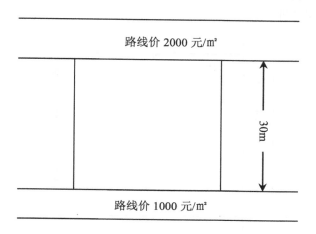

路线价 2000 元/m²

30m

路线价 1000 元/m²

**图 8-6 前后两面临街的矩形土地**

分析过程：

该前后两面临街矩形土地的前街影响深度计算如下：

$$前街影响深度 = \frac{前街路线价}{前街路线价 + 后街路线价} \times 总深度$$

$$= \frac{2000}{(1000 + 2000)} \times 30$$

$$= 20(m)$$

### 3. 矩形街角地的价值计算

街角地是指位于十字路口或丁字路口的土地。国内街角地的价值通常是采用"正旁两街分别轻重估价法"计算，即先求取高价街(也称正街)的价格，再计算低价街(也称旁街)的影响加价，然后加总。具体步骤是：

(1) 根据路线价区分正街和旁街；

(2) 按正街计算土地价值；

(3) 按旁街计算土地价值，并以此为基数计算旁街的影响价；

(4) 两项加总。

计算公式如下：

$$V(单价) = u_0 \times dv_0 + u_1 \times dv_1 \times t$$

$$V(总价) = (u_0 \times dv_0 + u_1 \times dv_1 \times t) \times (f \times d)$$

式中：$u_0$ 为正街路线价；$dv_0$ 为正街临街深度价格修正率；$u_1$ 为旁街路线价；$dv_1$ 为旁街临街

深度价格修正率；$t$ 为旁街影响加价率。

街角地如果有天桥或地下道出入口等影响其利用价值的，应在上述方法计算其价值后再进行适当的减价修正。

【例 8-3】 图 8-7 中是一块矩形街角地，其正街路线价(土地单价)为 2000 元/m²，旁街路线价(土地单价)为 1000 元/m²，临正街深度为 22.86m(即 75 英尺)，临旁街深度为 15.24m(即 50 英尺)。根据表 8.1 中的临街深度价格修正率，另假设旁街影响加价率为 20%，计算该宗土地的单价和总价。

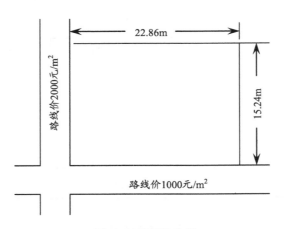

**图 8-7 矩形街角地**

分析过程：

该宗土地的单价和总价分别计算如下：

该宗土地的单价$=u_0×dv_0+u_1×dv_1×t$

$=2000×120\%+1000×140\%×20\%$

$=2680(元/m^2)$

该宗土地的总价$=$土地单价×土地面积

$=2680×15.24×22.86$

$=93.37(万元)$

### 4. 三角形土地的价值计算

计算一边临街直角三角形土地的价格，通常是先将该三角形土地作辅助线，使其成为一面临街的矩形土地，依照一面临街矩形土地单价的计算方法计算，然后乘以三角形土地价格修正率(一边临街直角三角形土地价格占一面临街矩形土地价格的百分率)。如果需要计算总价，则再乘以该三角形土地的面积。计算公式如下：

$$V(单价)=u×dv×h$$
$$V(总价)=u×dv×h×(f×d÷2)$$

式中：$h$ 为三角形土地价格修正率。

其他三角形土地价格的计算，通常是先将该三角形土地作补充线，使其成为一边临街的直角三角形土地，然后依照前述方法计算一边临街直角三角形土地的价格，再相减，即可得到该三角形土地的价格。

【例 8-4】 如图 8-8 所示,有三角形 *ABC* 的一宗土地,如果临街深度 80 英尺的一面临街矩形土地的平均深度价格修正率为 116%,临街深度 80 英尺的三角形土地价格修正率为 63%,试求该宗三角形 *ABC* 土地的价格。

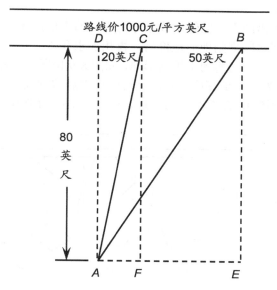

图 8-8 一边临街的三角形土地

分析过程:

在图 8.8 上作辅助线 *AD*,*AE*,*BE* 及 *CF*,则有:

$$三角形 ABD 土地的总价=1000×116\%×63\%×70×80÷2$$
$$=2\,046\,240(元)$$
$$三角形 ACD 土地的总价=1000×116\%×63\%×20×80÷2$$
$$=584\,640(元)$$
$$三角形 ABC 土地的总价=三角形 ABD 土地的总价-三角形 ACD 土地的总价$$
$$=2\,046\,240-584\,640$$
$$=1\,461\,600(元)$$

#### 5. 袋地的估价

袋地是指里地线以内不直接临街的土地。在我国台湾路线价法中,矩形袋地地价的计算类似于普通矩形临街地,可套用公式 $V=u×dv×d×f$,$V$ 为委估宗地地价总额,$u$ 为路线价,$dv$ 为深度百分率,$d$ 为宗地临街深度,$f$ 为宗地临街宽度。只是公式中的 $dv$ 不是普通的深度百分率,而是专门对袋地制定的"袋地深度百分率"。袋地的深度百分率是根据袋地的"起深度"和"迄深度"来确定的。所谓起深度,是指袋地距街道较近的一边与街道之间的距离;所谓迄深度,是指袋地距街道较远一边与街道之间的距离。对于迄深度大于标准深度的袋地,应以里地线为界划分为袋地和里地,分别计算其地价。

#### 6. 不规则形地的估价

计算其他不规则形状土地的价格,通常是先将其划分为矩形、三角形土地,然后分别计算这些矩形、三角形土地的价格，再相加减。所以，一般只要掌握了一面临街矩形土地、前后两面临街矩形土地、街角地及三角形土地这几种基本形状土地的价格计算，其他形状土地的价格计算问题便可迎刃而解。具体处理时，为快速便捷计算待估地块地价，可以分情况分别处理(见图 8-9)。

(1) 如果待估宗地可借助于一些辅助线划分为规则的土地，就将其分割成规则形地，如图 8-9(a)所示，分别求取这些规则地的地价后，再相加求和。

(2) 对于宽度和深度大致均衡的不规则形地，如图 8-9(b)所示，承认其现实的临街宽度，并以其"面积/宽度"作为其临街深度，查深度百分率表后按规则的矩形地来计算。

(3) 对宽度和深度不够均衡的不规则形地，如图 8-9(c)、(d)所示，按其近似的规则形地求其地价。

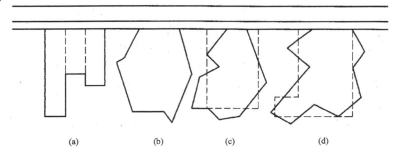

图 8-9  不规则形状土地

# 本 章 小 结

路线价法本质上是市场比较法的派生方法，只是以"路线价"代替"可比实例价格"，所进行的因素修正相当于市场比较法中的"个别因素"修正，无须进行交易情况、交易日期、区域因素修正。路线价法主要适用于评估大量临街宗地的价格，具有省时、省力的特点。本章首先阐述了路线价法的基本含义、基本原理、计算公式、适用范围及应用条件，其次详细介绍了路线价法的估价步骤及深度指数表的编制原理和方法，最后介绍了路线价法在不同形状、不同临街状况的土地估价中的具体应用。

# 复习思考题

## 一、单项选择题

1. 同一路线价区段内各标准宗地的价格(     )。
   A. 不确定          B. 无法比较      C. 不同      D. 相同
2. 深度指数表是指(     )。
   A. 按距离地下深度的变化情况而编制的地价表
   B. 按地价变化而编制的距离变化表
   C. 按距离街道的变化情况编制的地价变化表
   D. 按建筑高度变化情况而编制的地价变化表

3. 标准深度的设定通常是取路线价区段内临街各宗土地深度的(　　)。

　　A. 平均数　　　　　B. 众数　　　　C. 中位数　　D. 加权算术平均值

## 二、简答题

1. 路线价法的基本原理是什么？
2. 路线价法的估价对象及适用条件是什么？
3. 路线价法的操作步骤是什么？
4. 标准宗地应符合哪些条件？
5. 深度百分率有哪几种表现形式？

## 三、计算题

1. 某一临街深度为30.48m(即100英尺)、临街宽度为20m的矩形土地甲的总价为121.92万元。与其相邻的一宗矩形土地乙，临街深度为15.24m(即50英尺)、临街宽度为20m，运用四三二一法则，地块乙的总地价应该为多少？

2. 现有一前后两面临街的矩形宗地，总深度为40m，宽度为50m。前街的路线价为15 000 元/m², 后街的路线价为5000 元/m², 两条街的标准深度均为20m，深度百分率按四三二一法则计算，试用重叠价值估价法估算土地的单价及总价。

# 第 9 章　地价评估及高层建筑地价的分摊

## 【学习目标】

- 了解城市基准地价的内容。
- 了解农用地基准地价的计算。
- 学会基准地价更新的方法。
- 懂得各类宗地价格的评估方法。
- 掌握高层建筑地价的分摊方法。

**本章导读**

地价评估是房地产估价的重要组成部分，本章主要学习具有中国特色的基准地价评估和基准地价修正法；同时针对现代城市多层、高层建筑普遍化及同一幢房屋所有权主体分散化后出现的地价分摊问题、学习高层建筑地价分摊的意义和方法等内容。

**案例导入**

某建筑面积为 10000 平方米的综合楼，集停车场、仓库、商场、餐饮、娱乐、办公、居住多功能于一体，房地总价值为 10000 万元，其中土地总价值为 2000 万元。甲拥有该综合楼中的商场，建筑面积为 4000 平方米，房地价值为 4400 万元，乙拥有该综合楼中建筑面积为 1000 平方米的住宅，房地总价值为 900 万元，甲、乙各占有多少土地份额？各享有多大土地面积？各享有多少地价数额？

现代城市多层、高层建筑普遍化，同一栋房屋所有权主体分散化，就涉及地价分摊问题。高层建筑地价的分摊简单实用、可操作性强的方法主要有：按建筑面积分摊、按房地价格分摊以及按建筑面积和房地价格分摊。

**问题导入**

在土地价格评估中，如何进行基准地价评估？如何进行基准地价更新，如何应用基准地价进行宗地地价评估？在高层建筑地价的分摊中，如何按建筑面积分摊？如何按房地价格分摊？如何按建筑面积和房地价格分摊？通过本章的学习将会逐一解答这些问题。

# 9.1 城镇基准地价

## 9.1.1 城镇基准地价的概念

### 1. 基本概念

城镇基准地价简称基准地价，是指在某个城镇的一定区域范围内，对现状利用条件下不同级别或不同均质地域的土地，按照商业、居住、工业等用途，分别评估确定的某一估价期日上法定最高年限的土地使用权平均价格。也可以将基准地价简要定义为：以某个城镇为对象，在该城镇的一定区域范围内，根据"用途相同、位置相邻、地价相近"的原则划分土地级别或地价区段，然后调查评估出的各个土地级别或地价区段一定使用期限的建设用地使用权在某一时点的平均价格。

基准地价的评估是以城镇整体为单位进行的，是该地区土地等级、特定用途、一定时间内的使用权平均价格，反映了我国城镇土地利用所产生的实际经济效果，标明了土地经济价值运动的基准线。

每个城镇的基准地价都有其特定的内涵，包括对应的各家试点(基准日期)、土地用途、土地使用权性质、土地使用期限、土地条件和容积率等。

**2. 城市基准地价发展阶段**

中国的城镇基准地价评估，有一个发展、完善的过程，可分为下列 3 个阶段：

第一阶段是建立在城镇土地定级基础之上，采用数学模型(设想企业利润的基本影响因素有 3 个：土地级别、资金和劳动力)测算土地级差收益，然后根据地租资本化原理(地价=地租÷利息率)将土地级差收益转化为土地价格。这种基准地价是一种土地级别的基准地价。

第二阶段仍然是建立在城镇土地定级基础之上，但在采用数学模型测算土地级差收益将其转化为土地价格的同时，也利用土地经营收益资料、市场交易资料等，直接运用收益法(如所谓"租金剥离法")、市场法、假设开发法、成本法等估价方法评估出若干宗地的价格，以此为参考，再确定出各土地级别的基准地价。

第三阶段是不经过土地定级而直接评估出基准地价。先是运用路线价法评估商业路线价区段的基准地价，后来发展为对全部土地进行地价区段划分，通过多种途径，如房地买卖，房地租赁，商业柜台出租，房地入股，以地换房，商品房开发，商店、写字楼、酒店、高档公寓经营等，调查评估出各地价区段中若干宗地的价格，再求这些宗地价格的平均数、中位数或众数，以此确定出各地价区段的价格。这种基准地价是一种区段的基准地价。

上述第三阶段的基准地价评估方法更为科学、实用、直观，但第一阶段和第二阶段的基准地价评估方法在当时也有其存在的客观背景：首先，当时各地房地产市场还未发育或刚刚发育，交易实例少，而且分布不均匀，存在着大量交易空白区，如果没有土地级别的控制，就难以测算出交易空白区的基准地价。其次，后来房地产市场虽然有所发育，但还很不健全，市场交易价格畸高畸低，隐价瞒价情况普遍且严重，信息失真，资料残缺不全，从而难以把握合理的地价水平，直接估价难度也很大。最后，当时人们对我国港台地区和国外的房地产估价理论、方法和实际了解不多，大量还是借鉴农地经济评价、地理学和城市规划的有关理论和方法。

## 9.1.2　基准地价评估的技术途径和主要作用

**1. 基准地价评估的技术途径**

基准地价评估的技术途径主要有：

(1) 以土地定级(或按照影响地价的土地条件和因素划分均质地域)为基础，用市场交易价格等资料评估基准地价。

(2) 以土地定级为基础，土地收益为依据，市场交易资料为参考评估基准地价。

**2. 基准地价的主要作用**

基准地价的作用主要有以下几个方面：

(1) 企业投资预算的参考。基准地价客观地反映了土地价值量大小及变动趋势，表明了土地利用的经济效果；

(2) 为国家计征土地使用税、土地增值税等税费提供依据；

(3) 加强国家宏观管理的手段，调整经济活动在空间布局的经济杠杆，是政府制定地价政策、宏观调控土地市场的依据；

(4) 进一步评估标定地价、出让底标等宗地地价的基础，起到估算初始值和修订初始值

的作用。

## 9.1.3　城市基准地价评估的方法和步骤

城镇基准地价评估的方法和步骤一般是：

### 1. 制定基准地价评估作业方案

包括确定基准地价评估的区域范围，确定基准地价评估的技术路线，落实评估人员，准备所需要的资料和设备，落实工作场地，编制工作计划和时间进度等。其中，确定基准地价评估的区域范围有以下几种选择：①城镇行政区；②城镇总体规划确定的规划区；③土地利用总体规划确定的城镇建设用地范围；④建成区；⑤市区。基准地价评估的区域范围大小，主要是根据实际需要和可投入评估的人力、财力、物力等情况来定，一般应为规划区。

### 2. 明确基准地价的内涵、构成、表达方式等

(1) 明确基准地价的内涵，是要确定基准地价对应的下列条件：①估价时点，一般应为年度的1月1日。②土地用途，例如是分为商业、办公、居住、工业等不同的用途，还是采用一个综合用途。一般应分为商业、办公、居住、工业等不同的用途。③土地使用权性质，例如是出让方式取得的国有建设用地使用权，还是划拨方式取得的国有建设用地使用权。④土地使用期限，例如是不同用途的法定最高出让年限还是统一为综合用途的法定最高出让年限50年或者无限年。一般应分别为商业、办公、居住、工业等用途的法定最高出让年限，即商业用途40年、办公用途50年、居住用途70年、工业用途50年。⑤土地条件，即土地的周围基础设施完备程度和场地平整程度，例如是三通一平还是五通一平、七通一平。一般应根据各个土地级别或低价区段内土地条件的平均水平确定。⑥容积率，例如是不同用途对应的平均容积率还是综合平均容积率。一般应根据各个土地级别或地价区段内容积率的平均水平确定。

(2) 明确基准地价的构成，是要确定基准地价包含的内容，例如是否包含土地使用权出让金、征地费用或房屋拆建费用、市政配套费等。可同时给出熟地价、毛地价和出让金。

(3) 明确基准地价的表达方式，是要确定基准地价是采用土地单价形式(如每平方米的土地价格)，还是采用楼面地价的形式，或者是同时采用土地单价和楼面地价形式。

因此，基准地价应该是：①设定土地级别或均质地域的平均土地价格；②设定时间的土地价格；③设定用途的土地价格；④设定权利状态(指完整出让土地使用权)下的土地价格；⑤法定最高出让年期的土地价格；⑥设定容积率(通常为区域平均容积率)下的土地价格；⑦设定开发程度下的土地价格；⑧对商业路线价还应该是一定标准深度上的土地价格。

### 3. 划分土地级别或地价区段

划分土地级别应按照《城镇土地分等定级规程》(GB/T 18507—2001)规定的内容、程序、方法等进行。

划分地价区段，是将"用途相同、地块相连、地价相近"的土地加以圈围而形成的不同的地价区域。一个地价区段可视为一个地价"均质"区域，即该区域内的各宗地的地价

水平相近。地价区段可分为两类，一是路线价区段，二是区片价区段。街道两侧的商业用地，适宜划分为路线价区段；办公、居住、工业用地，适宜划分为区片价区段。划分地价区段的方法通常是就土地的位置、交通、使用现状、城市规划、房地产价格水平及收益情形等做实地调查和观察，将情况相同或相似的相连土地划为同一个地价区段。各地价区段之间的分界线应以道路、沟渠或其他易于辨认的界线为准；但商业路线价区段应以标准深度为分界线。

### 4. 抽样评估若干宗地的价格

这是在划分出的各个土地级别或地价区段内，按照具有代表性、分布均匀等原则，选择若干宗地，然后由估价人员调查搜集这些宗地的相关市场交易资料、经营收益资料或开发费用资料等，运用市场比较法、收益法、成本法、假设开发法等适宜的估价方法评估出这些宗地在合理市场下可能形成的正常市场价值，通常应求出单价或楼面地价，并进行交易日期、土地使用年限、土地条件、容积率等调整，将这些宗地的价格统一到基准地价内涵上来。

### 5. 计算各个土地级别或地价区段的地价

土地级别或地价区段的地价是某个特定的土地级别或地价区段的土地单价或楼面地价，它代表或反映着以该土地级别或地价区段内土地价格的正常水平。土地级别或地价区段的地价计算，是分别以每个土地级别或地价区段为范围，求各该土地级别或地价区段内所抽查评估出的若干宗地单价或楼面地价的平均数、中位数或众数。计算出的土地级别或地价区段的地价，相应有土地级别价、路线价和区片价。

### 6. 综合确定基准地价

在上述各个土地级别或地价区段地价计算的基础上做适当的调整后即是基准地价。在确定基准地价时，应先把握各个土地级别或地价区段之间的好坏层次(通常是从好到差排序)，再把握它们之间的地价高低层次，以避免出现条件较差的土地级别或地价区段的基准地价高于条件较好的土地级别或地价区段的基准地价。某市基准地价如表 9-1 所示。

表 9-1　某市城区基准地价表　　　　　　　　楼面熟地价：元/$m^2$

| 级　别 | 综　合 | 商　业 | 居　住 | 工　业 |
|--------|--------|--------|--------|--------|
| 一级 | 1200 | 1700 | 790 | 220 |
| 二级 | 800 | 1200 | 620 | 160 |
| 三级 | 580 | 700 | 320 | 130 |
| 四级 | 380 | 250 | 180 | 100 |

### 7. 提出基准地价应用的建议和技术

包括该基准地价的作用，将该基准地价调整为各宗地价格的方法和系数，例如具体区位，土地使用年限、容积率、土地形状、临街状况等的修正方法和修正系数。

# 9.2 农用地基准地价

## 9.2.1 农用地地价的概念

农用地是指直接用于农业生产的土地，包括耕地、林地、草地、农田水利用地、养殖水面等。农用地是人类赖以生存和发展的物质基础，提供粮食、蔬菜、木材等实物型产品，以及开敞空间、景观、文化服务等非实物型生态服务，带来巨大的社会福利。农用地价格是指在正常条件下，相对估价期日，依据农用地的自然因素、社会经济因素和特殊因素等，农用地能够实现的价格。

农用地价格包括农用地宗地价格、农用地基准地价、农用地征用价格、农用地征用区片价和社会保障价格等。

农用地宗地价格是指具体某一宗农用地在正常条件下于某一估价期日的评估价格。

农用地基准地价是指县(市)政府根据需要针对农用地不同级别或不同均质地域，按照不同利用类型，分别评估某一估价期日的平均价格。

农用地征用价格是指国家征用集体土地农用地时，按照正常条件确定的征用补偿价格。

农用地征用区片价是指为宏观控制农用地征用价格水平，在县(市)行政区范围内对不同征用区片，按照不同用途，分别评估确定的某一估价期日的农用地价格和社会保障价格平均水平。

社会保障价格是指农民失去土地后，为获得基本生活保障、接受教育、再就业培训等应得到的补偿。

## 9.2.2 农用地基准地价评估的评估对象和技术途径

农用地基准地价评估对象是县(市)行政区内现有农用地和宜农未利用地。

农用地基准地价评估有以下三条技术路线：

(1) 样点地价平均法：在农用地定级基础上，用投入产出样点资料和市场交易样点资料评估并确定基准地价；

(2) 定级指数模型法：在农用地定级基础上，根据定级指数、农用地市场交易资料和投入产出资料，建立地价测算模型，评估并确定基准地价；

(3) 基准地块评估法：通过设置基准地块，并评估基准地块价格，根据基准地块价格评估并确定基准地价。

在农用地基准地价评估中，应根据本地农用地市场状况、基础资料及技术条件，选择其中一条技术路线进行评估。

## 9.2.3 农用地基准地价评估的程序

准备工作包括：收集和准备基准地价评估的基本资料；确定基准地价评估区域范围；确定工作底图；编写农用地基准地价评估任务书；制定基准地价评估所需调查表格。

农用地基准地价的评估方法主要有样点地价平均法和定级指数模型法两种。

## 9.2.4　样点地价平均法

采用样点地价评估基准地价，是在农用土地定级基础上，调查农用地投入产出样点资料和市场交易样点资料，并计算样点地价，以样点地价的平均值评估并确定农用地基准地价。具体评估步骤如下：①资料调查；②按农用地级别确定农用地的土地利用类型；③投入产出资料抽样调查；④利用投入产出资料分析计算土地利用纯收益，并以此计算样点地价；⑤利用市场交易案例资料，计算样点地价；⑥根据所测算的样点地价资料，计算各级别基准地价。

### 1. 资料调查的内容和要求

资料和外业调查的内容包括：

① 农用地定级成果资料：包括土地级别图、土地定级工作报告和技术报告、其他能用于土地估价的定级成果及资料；农用土地承包、转包、出租、拍卖、抵押、联营入股等交易资料，农地征用的补偿标准文件及实际支付标准资料等；

② 社会经济及土地利用资料：包括当地农村经济发展状况资料，农业和社会经济发展统计资料，土地利用总体规划资料，基本农田保护区资料等；

③ 其他资料：如农用地历史地价资料，农业开发和农业生产的政策资料等。

资料和外业调查的基本要求包括：

① 资料调查应以区片为单位进行，按土地级别或行政区域进行归类整理；

② 调查、收集到有关地价样点资料要按实地位置标注到估价工作底图上，并建立样本资料数据库；

③ 农用地承包、转包、出租、拍卖、抵押、联营入股等交易资料和农用地效益资料中的价格指标均以元为单位，面积指标均以平方米为单位，指标数值准确到小数点后一位；

④ 样点调查应符合数理统计要求。

### 2. 确定土地利用类型

根据土地利用现状分区，同时考虑土地利用总体规划的土地利用分区及土地用途管制的土地利用类型要求，确定各级别的主要用地类型。

### 3. 投入产出样点和市场交易资料调查

农用地投入产出样点资料调查采用抽样调查方式。市场交易样点资料调查，在市场资料充足的情况下，采用抽样调查；在市场资料不足的情况下，采用全面调查。

调查样点的基本要求包括：

① 样点单位可以是一定面积的地块，也可以是某一农户种植的相同用地类型的地块，地块面积应适中；

② 样点抽样采用分类抽样调查，即按用地类型分别进行抽样调查；

③ 样点要有代表性，样点分布要均匀，样点数据应调查最近的连续三年的资料；

④ 样点单位总数、调查样点单位总数、各类样点单位数及调查样点单位数，应符合下式的要求：

$$E_{ni} / E_n = E_{Ni} / E_N \qquad (9\text{-}1)$$

式中：$E_{ni}$ 为第 $i$ 类用地抽取的样点单位数；$E_n$ 为各类用地抽取的样点单位总数；$E_{Ni}$ 为第 $i$ 类用地的样点单位数；$E_N$ 为各类用地的样点单位总数。

样点资料的整理时需注意以下问题：

① 样本资料补充完善或剔除：对所有调查的样本资料均应逐表审查，对主要数据不全或不准确的，应进行补充调查，完善内容；将缺少主要项目、填报数据不符合要求和数据明显偏离正常情况而又不容易补充的样本进行剔除；

② 样本资料归类：将初步审查合格的样本资料，分别按土地级别、土地用途、用地效益等进行归类，当样本数量少于规定要求时应进行样本的补充调查。

### 4. 投入产出资料和市场交易资料分析计算

① 投入产出样点资料的分析计算

样点地价的计算方法可以收益还原法的步骤和要求进行计算。

② 市场交易样点资料的分析计算

根据样点类型，采用相应的估价方法计算市场交易样点地价。

### 5. 样点地价的修正及样点地价处理

样点地价的修正主要是把样点地价修正成为基准地价内涵条件下的正常地价，主要包括年期修正、期日修正及其他修正等。样点地价处理是指绘制样点地价图及进行样点数据检验等。

① 样点地价的年期修正

不同年期的样点地价资料应修正到基准地价的有限年期。计算公式为：

$$P_m = P_{ml} / [1 - 1 / (1 + r_d) ml] \qquad (9\text{-}2)$$

式中：$P_m$ 为修正后的土地价格；$ml$ 为样点地价的实际年期；$P_{ml}$ 为样点地价；$r_d$ 为土地还原率。

② 样点地价的期日修正

不同交易时间的样点地价，只有修正到基准地价期日的地价，才能用于基准地价评估。修正过程中应区别不同土地用途，计算地价的变化幅度。在已建立地价指数系统的地区，可利用地价指数进行修正。

计算公式如下：

$$K_{ij} = P_{is} / P_{ij} \qquad (9\text{-}3)$$

式中：$K_{ij}$ 为第 $i$ 类用地第 $j$ 期地价修正到基准地价估价期日的系数；$P_{is}$ 为第 $i$ 类用地基准地价估价期日土地交易平均价(或地价指数)；$P_{ij}$ 为第 $i$ 类用地第 $j$ 期土地交易平均价(或地价指数)。

对不同时期发生的交易地价修正到估价期日的地价计算公式如下：

$$P_{ls} = K_{ij} \times P_{ij} \qquad (9\text{-}4)$$

式中：$P_{ls}$ 为修正为基准地价评估期日的宗地价格；$P_{ij}$ 为第 $j$ 期，第 $i$ 类宗地的实际成交地价；

$K_{ij}$ 为意义同上。

③ 样点地价的其他修正

交易情况修正：把交易情况不正常的样点地价，修正到正常条件下的交易地价。

农用地开发程度修正：在不同农田基本设施配套程度下的样点地价，必须修正到基准地价评估所设定的农田基本设施配套程度下的地价。基准地价评估中的农田基本设施配套程度，可按各级农田基本设施配套现状程度的平均水平设定。

权利修正：是指对承包、转包、出租、拍卖、抵押、联营入股等不同权利状况的修正。

④ 样点数据检验

同一土地级别中，同一交易方式的样点地价要通过样点同一性检验。同一级别中样点数量不能满足总体检验的需要时，需对级别进行差别判断归类，按类进行样点总体同一性检验。

同一级别中，不同交易方式计算的样点地价，也要通过样点总体同一性检验。

用 $t$ 检验法或均值——方差法对样点进行异常值剔除。当检验后的数据不能满足需要时，应增加抽样数据，按以上方式重新进行数据检验。

⑤ 样点地价分布图的绘制

所调查和计算出的样点地价，要在工作底图上绘制样点地价分布图。

按不同用途分布绘制样点资料分布图；

土地级别界线要反映在图上；

直接在图上表示样点地价；样点地价资料多时，采用分级图例表示地价点标准；

样点资料应有编码，编码应反映不同用地类型、样点类型和样点序号等。

⑥ 数据整理

将经过修正及样点数据处理以后的样点，按土地级别、用地类型和交易方式顺序进行整理，并填入相应的表格。

**6. 计算级别基准地价**

① 样点数量的确定。合格样点量应符合数理统计要求。

② 基准地价计算。以级别为单位，按不同用途采用样点地价的简单算术平均值、加权平均值、中位数、众数等作为该级别的基准地价。

## 9.2.5　定级指数模型法

采用定级指数模型评估基准地价，是在农用地定级基础上，根据定级单元定级指数、市场交易地价资料和投入产出资料，建立定级指数与地价关系模型，并利用该模型评估级别基准地价。具体步骤如下。

**1. 资料调查**

**2. 按农用地级别确定农用地的土地利用类型**

**3. 按土地利用类型进行样点地价调查、计算与整理**

### 4. 测算有样点地价定级单元的平均地价

对于有样点地价的定级单元，如果样点单元内样点数量有 3 个以上且样点条件能代表定级单元的一般条件，可采用平均法计算定级单元的平均地价；如果样点数量为 3 个以下，或虽样点数量为 3 个以上，但样点不具有代表性，则采用比较法修正并计算定级单元地价，计算方法按照市场比较法的要求进行。

### 5. 选择确定有样点地价定级单元的指数

根据定级单元的指数图和表格，将有样点地价的定级单元及其指数选择出来，作为建立模型的基本数据。

### 6. 建立定级单元平均地价与定级指数系数模型

用于分析定级指数和定级单元地价之间关系的基本模型见下式：

(1) 线性模型

$$Y = aX+b \tag{9-5}$$

(2) 对数模型

$$Y = a \times ln(X)+b \tag{9-6}$$

(3) 乘幂模型

$$Y = ax^b \tag{9-7}$$

(4) 指数模型

$$Y = ae^{bx} \tag{9-8}$$

(5) 多项式模型

$$Y = aX^2+bX+c \tag{9-9}$$

式中：$Y$ 为评估单元地价；$X$ 为评估单元定级指数；$a$、$b$、$c$ 为为常数；$e$ 为自然对数的底。

模型的确定方法和步骤包括三方面：①绘制评估单元地价与评估单元定级指数的二维散点图来初步确定应该选择线性回归模型还是非线性回归模型；②如果二维散点图能够反映二者的线性关系，则选择线性回归模型。并对模型进行经济、统计和计量检验，按检验结果确定模型；③如果二维散点图样点数据的分布不呈线性时。应引入非线性回归模型。在选择非线性回归模型时，应对各模型的判定系数 $R^2$ 的大小和二维散点图本身进行比较，直至确定最佳模型，直至确定最佳模型。

线性回归模型的检验线性回归模型需对以下结果进行说明：①描述性统计结果，包括变量 $Y$ 与 $X$ 的均值、标准差、样点数；②相关分析结果，包括相关系数 $R$、判定系数 $R^2$、调整判定系数 $\overline{R}^2$、单项显著性检验 $P$ 值、回归系数 95% 的置信区间；③对全部观察单位进行回归诊断的结果；④残差统计结果；⑤残差的直方图，判断标准化残差是否服从正态分布；⑥观察值的累加概率图。

一般从符号和值域两个方面检验。符号检验主要是根据模型中变量设计所要达到的条件进行检验；值域检验是根据现实经济条件加以具体限定。

**7. 计算各级别基准地价**

利用上述建立的定级指数与单元地价关系模型，计算所有定级单元地价，并利用定级单元地价采用简单算术平均值、加权算术平均值、中位数、众数等作为级别基准地价。

## 9.2.6　基准地块评估法

基准地块是在农用地均质地域内设定的，其自然、社会经济等条件在该地域内具有代表性，使用状况相对稳定的地块。

采用基准地块评估基准地价，是指根据农用地土地质量条件划分农用地均质地域，然后在均质地内选定若干地块作为基准地块，依据农用地市场交易资料和投入产出资料评估基准地块价格，再将同均质地域内基准地块的平均地价作为该均质地域的基准地价。具体评估步骤如下：

**1. 调查和收集资料**

资料调查的内容主要包括：

(1) 农用地自然条件资料：包括气候条件、地貌、土壤条件、水文状况、农田基本建设等资料；

(2) 农用地社会经济资料：包括人均耕地、农产品市场供求、土地利用规划、交通条件等资料；

(3) 农用地承包、转包、出租、拍卖、抵押等市场交易资料；

(4) 其他资料：如农用地历史地价资料等。

**2. 划分均质地域**

(1) 确定农用地地价影响因素

根据评估区域的具体条件，确定农用地地价影响因素体系。

(2) 确定影响因素权重

影响因素权重的确定可采用特尔斐法、层次分析法、因素成对比较法等方法。

(3) 划分均质地域单元

均质地域单元的划分应满足两方面的条件：同一单元内用地类型、耕作制度的一致性；同一单元内的土地质量的一致性。

(4) 测算各单元各影响因素分值

各单元各影响因素分值的计算，可采用特尔斐法或因素分值定量测算的方法进行。

① 特尔斐法：选择当地的农业 、土地利用专家及有关专业人士作为专家，设计打分表，由专家进行打分。

② 因素分值定量测算法：按照评分估价法中的因素分值计算方法进行测算。

(5) 各单元影响因素综合分值计算

计算出各单元各影响因素的分值后，计算各单元影响因素综合分值：

$$F_j = \sum_{i=1}^{n} \omega_i \cdot f_{ij} \tag{9-10}$$

式中：$F_j$ 为 $j$ 单元综合分值；$\omega_i$ 为 $i$ 因素权重；$N$ 为因素个数；$f_{ij}$ 为 $j$ 单元 $i$ 因素分值。

(6) 划分基准地价均质地域

按上述得到单元影响因素综合分值后，采用总分数轴确定法、总分频率曲线法等划分均质地域。

**3. 选定基准地块**

在各均质地域内，根据土壤、日照、灌溉、排水、面积、形状及耕作制度等方面条件，选择具有普遍性的一定数量的宗地作为基准地块。具体选择过程中主要考虑下列条件：

(1) 日照的时间、田面的干湿、保水、排水、早地的坡度等自然条件属于一般的；

(2) 耕作距离、距市场的远近、交通条件等属于一般的；

(3) 面积、形状、土壤条件属于一般的；

(4) 在标准耕作制度下，土地利用程度、单产水平等一般的；

(5) 灾害条件属于一般的。

均质地域内每类农用地基准地块数量不应少于 3 块。

**4. 评估基准地块价格**

(1) 利用市场交易资料，按照市场比较法要求评估基准地块价格。具体评估过程按本规程市场比较法的有关规定执行。若基准地块在近三年内发生过市场交易行为，可直接通过对其进行交易方式、交易期日等修正，求取其在正常市场条件下的土地价格；

(2) 利用基准地块本身的投入产出资料，采用收益还原法求取基准地块的价格；

(3) 利用农用地开发资料采用成本逼近法评估基准地块价格；

(4) 基准地块价格评估必须采用两种以上方法进行。

**5. 核定基准地块价格水平**

对各均质地域基准地块价格加以比较检查，并作必要的调整。

**6. 计算均质地域基准地价**

按照调整后均质地域内各基准地块地价，采用简单算术平均法或加权算术平均法求取各均质地域的平均地价，并作为该均质地域基准地价。

## 9.2.7 基准地价的确定

对所采用的技术路线计算出的基准地价结果，与实际情况进行比较、验证后进行适当调整，确定各级别(均质地域)不同类型农用地基准地价。

# 9.3　基准地价更新

地产市场是一个动态市场，土地更是随着社会经济的发展和地产市场的发育不断增值，地价水平会逐步提高。因此，为了使估价成果符合地产市场的客观实际，保持基准地价评估成果的现实性，在地产市场发展变化或影响地价的各种因素发生变化时，必须对地价进行重新评估，及时更新基准地价成果。

## 9.3.1　一般要求

(1) 为了使土地估价成果符合客观实际，保持基准地价成果和宗地地价评估标准的现实性，在土地市场发生变化或影响土地价格的种种因素发生变化后，必须对地价进行重新评估，更新基准地价成果和宗地地价评估标准。

(2) 基准地价更新是在土地定级或划分均质地域的基础上，用土地收益、市场地价或地价指数等来全面或局部调整基准地价的过程。

(3) 成果更新应充分利用原有资料，使新老资料具有连续性。成果更新后，原基准地价成果作为历史资料存档保存。

## 9.3.2　技术途径

基准地价的更新主要有以下几种技术途径：

(1) 以土地定级(或均质地域)为基础，以市场交易地价资料为依据，更新基准地价。

(2) 以土地定级为基础，以土地收益为依据，以市场交易地价资料为参考，更新基准地价。

(3) 以土地定级(或均质地域)为基础，以地价指数为依据，更新基准地价。

在上述三种技术路线中，第一种和第三种适用于房地产市场比较活跃、房地产交易案例比较多的城镇；第二种适用于已完成土地定级，但房地产市场不太活跃、房地产交易案例比较少的城镇。基准地价更新要根据城镇的实际情况选择合适的技术路线。

## 9.3.3　范围和方法运用

根据城镇地价的变化区域和程度，确定需要更新的区域范围。更新区域可以是全面更新，也可以是局部更新。

(1) 用土地收益资料和市场交易资料更新基准地价的具体方法和步骤与其评估基准地价的方法步骤相同。

(2) 用地价指数更新基准地价

用地价指数更新基准地价的基本公式为：

$$P=P_0 \times Q/Q_0 \tag{9-11}$$

式中：$P$ 为该区域(级别)某类用地更新后的基准地价；$P_0$ 为该区域(级别)某类用地更新前的基准地价；$Q$ 为该区域(级别)某类用地基准地价更新期地价指数；$Q_0$——该区域(级别)某类用地基准地价评估期地价指数。

### 9.3.4 更新基准地价修正系数表

更新基准地价修正系数表，要重新审定宗地地价影响因素及各因素影响宗地地价的权重。更新方法与编制基准地价修正系数表相同。

### 9.3.5 对基准地价的再认识

目前我国绝大多数城市的基准地价都是在地产市场不健全、交易案例少的条件下采用定级估价的方法评估而得出的。由于当时的地产市场还很不发达，大多数市场资料都是通过对隐形出租市场的调查获得的，因此，评估结果与地产市场难免存在一定偏差。但是，在当时的条件下这无疑是一种行之有效的方法。基准地价为我国土地出让、税收乃至地产市场的建立提供了基础。同时，由于政府是最大的地产主，基准地价也为建立公平的土地市场、防止腐败起到了积极的作用。

随着地产市场的发展特别是二三级市场飞速发展(包括公房上市)，要求基准地价要有新内涵。也就是说，基准地价不仅为政府服务，也为市场服务，为每一个投资者(包括普通居民)服务。这就要求基准地价应能更及时、准确地反映地产市场的变化。因此，需要我们对基准地价不断进行更新。

目前我国基准地价有两种形式：一种是单一基准地价，即标出基准地价与土地级别、用途的关系；另一种是将基准地价按其构成细分，即，基准地价=出让金+配套费+其他(如拆迁费或征地费)。前者简单明了，有利于规范市场；后者在目前管理体制下更有利于对资金的归口管理，但复杂且不易掌握和理解。

随着我国经济体制改革的深入，地产市场的发展也应实现党中央提出的两个根本性转变，即经济体制向市场型转变，经济增长方式向集约型转变。要合理、高效地利用土地，就必须建立一个完善的地产市场，而地价则是地产市场的核心。因此，建立一个公正、合理、科学、透明的基准地价体系是地产市场发展的前提。

如何才能建立一个公正、合理、科学、透明的基准地价体系呢？首先，基准地价的内涵要统一。基准地价即某一区域或某级不同用途(包括使用强度)的土地，在同一开发程度上的平均价格。所谓同一开发强度即"几通几平"，不同城市具有不同的开发程度，有"三通一平"、"五通一平"的，也有"七通一平"的，但同一城市的同一区域其内容应该是一样的。这也就是通常所说的"熟地"，也就是开发商或用户可以直接使用的土地。基准地价应统一到当地"熟地"上。其他如旧城改造等的地价可用"熟地价"减拆迁补偿费(用户负责拆迁的)来确定，而新区开发土地则可用基准地价减开发费(开发商负责开发)来确定。其次，基准地价反映的应是某一时间段的市场价格。即基准地价具有时效性且是某一时间段(如某年或某月)的市场平均价格。再次，由于基准地价反映的是市场价格，因此，它应是通过市场交易资料来求取。随着地产市场的进一步发展、完善，地产交易日益活跃，特别是《城市房地产管理法》关于交易价格申报制度的规定，使交易资料(出让、转让、出租)的收集变得更容易、更准确。

今后，基准地价可按两种形式来表示：一种含小区配套开发费；另一种不含小区配套开发费。这在基准地价公布时应予以注明。不论哪种形式，其标准(内容)是一致的，只是表示方式不同罢了。小区配套开发费是指用于小区公共服务设施的开发费用(道路、绿地等非经营性投入），而经营性投入如水电、通信等则不应包括在内，因为水电、通信等行业是独立核算、自负盈亏的。水电、通信即使需要地方政府补贴，这也是政府财政预算及投资问题，与地价并无直接关系。

# 9.4　宗地价格评估

## 9.4.1　宗地价格评估

宗地价格是一宗土地的一定权益在某一时点的价格。土地的一定权益，有出让土地使用权、划拨土地使用权、设有抵押权的土地使用权、设有地役权的土地使用权、有租约限制的土地使用权等。

宗地价格原则上可以采用下列两种技术途径来评估：

(1) 直接运用市场法、成本法、收益法、假设开发法等来评估。但是，宗地的类型和估价目的不同，具体适用的估价方法可能不完全相同。以宗地的类型来说，待开发土地，如将利用该土地建造某种类型的商品住宅或写字楼、商店、宾馆等，适用假设开发法估价；经新近人工开发或改造的宗地，如填海造地，开山造地，征用农地或拆除旧城区的旧建筑物后进行"三通一平"、"五通一平"或"七通一平"的土地，适用成本法估价；已有建筑物的宗地，例如现成的写字楼、商店、宾馆、餐馆等的占地，适用收益法(具体是其中的土地剩余技术)估价；而不论宗地的类型如何，只要该类宗地有较发达的交易市场存在，可以找到较多的交易实例，均适用市场法估价。表 9-2～表 9-4 所示为各类建设用地、农用地和不同目的农用地宗地价格评估表。

表 9-2　各类建设用地宗地价格评估表

| 宗地类型 | 用途细类 | 一般可采用方法 |
| --- | --- | --- |
| 住宅用地 | 指居住小区、居住街坊、居住组团和单位生活区等用地。包括住宅用地、配套公建用地、道路用地和绿化用地 | 市场比较法、剩余法(假设开发法)、收益还原法和基准地价系数修正法 |
| 商业金融业用地 | 指为生产和生活提供服务的经营性用地。包括各类商场店铺、旅游饭店，娱乐场所及营业性写字楼用地，以及居住小区内的非配套经营性公建用地 | 市场比较法、收益还原法、剩余法(假设开发法)和基准地价系数修正法 |
| 工业、仓储用地 | 指工矿企业的生产车间、库房及其附属设施用地，仓储企业的库房、堆场、包装加工车间及其附属设施等用地 | 市场比较法、成本逼近法和基准地价系数修正法 |
| 交通用地 | 指铁路、公路、管道运输、港口码头和机场等交通运输及其附属设施等用地 | 道路贡献法、成本逼近法、市场比较法、收益还原法 |
| 综合用地 | 集办公、商住(公寓)、餐饮、购物、娱乐于一体的现代化综合大厦或大厦群用地 | 收益还原法、市场比较法、剩余法和基准地价系数修正法 |
| 公共绿地 | 包括市级和区级综合性公园、儿童公园、动物园、植物园、街道广场绿地等,是由城市政府投资兴建,具有一定规模和比较完善的设施,可供居民游览、休息之用 | 绿地贡献法、成本逼近法、市场比较法 |

表 9-3　各类农用地宗地价格评估表

| 宗地类型 | 用途细类 | 一般可采用方法 |
| --- | --- | --- |
| 耕地 | 耕地包括灌溉水田、望天田、水浇地、旱地、菜地等。从土地利用的特点和对土地自然条件要求的不同，可分为水田和旱地，水田要求地形平坦、水源丰富、具有保水(不渗水)土层的地块；旱地要求土质疏松、排水通畅、地形坡度 25° 以下的地块 | 耕地地价评估根据其利用状况和所处地区条件，可采用收益还原法、市场比较法、评分估价法和基准地价系数修正法等；如果是新开发整理的耕地，可采用成本逼近法；如果是待开发的耕地，可采用剩余法 |
| 园地 | 园地是指种植以采集果、叶、根茎等为主的集约经营的多年生木本和草本作物的用地，包括果园、桑园、茶园、橡胶园、其他园地等 | 园地地价评估根据其利用状况和所处地区条件，可采用收益还原法、市场比较法和成本逼近法等；如果是新开发的园地，可采用成本逼近法；如果是待开发的园地，可采用剩余法 |
| 林地 | 林地是指生长乔木、竹类、灌木、沿海红树林等林木的土地，包括有林地、灌木林地、疏林地、未成林造林地、迹地、苗圃等 | 林地地价评估根据其利用状况和所处地区条件，可采用收益还原法、市场比较法、评分估价法和成本逼近法等 |
| 牧草地 | 牧草地是指生长草本植物为主，用于畜牧业的土地，包括天然草地、改良草地、人工草地等 | 可采用评分估价法、收益还原法、市场比较法和基准地价修正法等 |
| 水产养殖用地 | 水产养殖用地是指用于养殖水生动、植物为主水域用地 | 收益还原法、市场比较法和成本逼近法等；如果是待开发的水产养殖用地，可采用剩余法 |
| 未利用地 | 未利用地是农用土地重要的后备土地资源，当未利用地用于开发为农用土地(包括耕地、园地、林地、牧草地和水产养殖用地)时，应采用农用土地估价方法的要求进行估价 | 未利用地价格的评估方法，可根据实际情况采用剩余法、市场比较法和评分估价法进行评估 |

表 9-4　不同目的农用地宗地价格评估表

| 宗地类型 | 用途细类 | 一般可采用方法 |
| --- | --- | --- |
| 征用农用地 | 征用其他土地的土地补偿费和安置补助费标准，参照各省、自治区、直辖市的有关规定进行确定。大中型水利、水电工程建设征用土地的补偿费标准和移民安置办法，依据国务院有关规定进行 | 安置补偿法、综合法和市场比较法 |
| 承包农用地 | 农用地承包是指法人、自然人和其他组织等农业生产经营者，依照承包合同取得的对农村集体所有的或者国家所有的农用地，并在一定年期内从事农业生产经营活动的行为 | 收益还原法、市场比较法和基准地价地价系数修正法等 |

| 宗地类型 | 用途细类 | 一般可采用方法 |
|---|---|---|
| 转包农用地 | 农用地转包是指承包人把自己承包的农用地的部分或全部，以一定的条件转包给第三者，由第二份合同的承包人向第一份合同的承包人履行合同，再由第一份合同的承包人向原发包人履行合同。农用地转包必须经过原发包人的同意 | 收益还原法、市场比较法、评分估价法 |
| 农用地租金 | 农用地租赁是指农用地出租人将农用地出租给使用者使用，由使用者与出租人签订一定年期的农用地租赁合同并按年支付租金的行为 | 租金标准的评估可通过该宗地的正常土地使用权价格标准折算，也可采用市场比较法等直接评估 |
| 农用地拍卖 | 农用地拍卖是指农用地所有权主体将用于农业生产的荒地或者整理后的荒地(能够直接进行农业生产)进行拍卖。农用地拍卖主要指国有或集体所有的荒地和经过整理的荒地的拍卖 | 剩余法和成本逼近法 |
| 农用地抵押 | 农用地抵押估价是指在将农用地作为抵押债权担保而设定抵押权时对农用地进行的价格评估 | 收益还原法、市场比较法和基准地价系数修正法 |

(2) 在有了基准地价的地区，可通过基准地价的修正来评估。这种方法具体可称为基准地价修正法。该方法可定义为：在政府确定公布了基准地价的地区，通过具体区位、土地使用年限、容积率、土地形状、临街状况等的比较，由估价对象宗地所处地段的基准地价调整得出估价对象宗地价格的一种估价方法。

## 9.4.2　基准地价修正法

### 1. 基本概念

基准地价反映的是其评估基准日期的地价水平，随着时间的推移，房地产市场会发生变化，地价水平也会有所变化，因此，应对基准地价进行交易日期修正。交易日期修正一般是根据地价变动率或地价指数确定交易日期修正系数，从而将基准地价在其基准日期时的值调整为估价时点的值。

基准地价修正法也称为基准地价系数修正法，是利用城镇基准地价和基准地价修正系数表等评估资料，按照替代原则，就待估宗地的区域条件和个别条件等与其所处区域的平均条件相比较，并对照修正系数表选取相应的修正系数对基准地价进行修正，进而求取待估宗地在估价期日价格的方法。基准地价系数修正法的实质是比较法，在基准地价评估基础上编制的各因素修正系数表和因素条件说明表，是比较的标准。在宗地发生出让、转让、出租、抵押时，评估者对土地使用年期、地产市场供应状况、土地收益、用途、区域影响因素、个别因素进行调查和具体分析，对照因素修正系数表对基准地价进行系数修正，因而快速方便地得到宗地价格。

**2. 计算步骤**

运用基准地价修正法估价应采取下列步骤进行：

(1) 搜集有关基准地价的资料；

(2) 确定估价对象所处地段的基准地价；

(3) 进行交易日期修正。进行交易日期修正，应将基准地价在其基准日期时的值调整为估价时点的值。交易日期修正的方法，同市场比较法中的交易日期修正的方法。

(4) 进行土地状况修正。进行土地状况修正，是将估价对象宗地的状况，与评估基准地价时设定的土地条件或状况进行比较，将基准地价调整为在估价对象宗地状况下的价格。土地状况修正的内容和方法，与比较法中的房地产状况修正的内容和方法类似。

(5) 求出估价对象宗地的价格。

$$宗地地价=基准地价+修正值 \tag{9-12}$$

其中：基准地价可通过查找评估标的所在区域或级的基准地价图或表得到；修正值通过对评估标的和所在区域或级的平均地价影响因素(主要是位置、容积率)的比较来确定。

由于在不同城市，基准地价的内涵、构成、表达方式等可能不同，具体调整的内容和方法也不完全相同。基准地价的内涵、构成、表达方式等的不同，有基准地价是熟地价还是生地价，尤其是在城市建成区内是否包含市政配套费、拆迁补偿安置费；是土地级别的基准地价，还是区片价的基准地价或路线价的基准地价；是用土地单价表示的，还是用楼面地价表示的；对应的用途、容积率和土地使用年限等，如在评估基准地价时设定的土地使用年限是无限年还是相应用途的法定最高年限，或是统一为某个固定年限，如50年，等等。

# 9.5　高层建筑地价的分摊

现代城市中，由于土地越来越稀缺，地价越来越高，以及建筑技术的日益发展，高层建筑越来越多。一座建筑物只有一个所有者的格局被打破了，出现了一座建筑物内有着众多的所有者或使用者的情况。

但整座建筑物占用的土地只是一块，购得这座建筑物的众多所有者按份共有该块土地的使用权，那么大家各自的份额是多少就成为一个需要解决的现实问题。

拥有一块土地，不仅享有这块土地的一定权利，而且要承担由此权利而产生的义务。权利、义务如何分配？

为解决这些问题，就要解决建筑物在建成后地价如何合理分摊的问题。

通过高层建筑地价分摊可以解决：各部分占有的土地份额；各部分享有的土地面积；各部分享有的地价数额等。

## 9.5.1　基本概念

高层建筑地价分摊就是要对有多个产权人的高层建筑，科学、合理地确定各方应分摊多少土地份额。

## 9.5.2　可供选择的分摊方法

高层建筑地价分摊，简单实用、可操作性强的方法主要有：按照建筑物面积进行分摊，按照房地价值进行分摊以及按照建筑面积和房地价格分摊三种。

### 1. 按照建筑物面积进行分摊

按照建筑物面积进行分摊的方法，是根据建筑物各部分的建筑面积(如建筑面积、套内建筑面积、使用面积)占整个高层建筑总建筑面积的比例，来推断其占有的土地份额，即某部分占有的土地份额为该部分的建筑面积除以建筑物总面积。按照建筑物面积分摊高层建筑地价，用公式可表示为：

$$\text{某部分占有的土地份额}=\frac{\text{该部分的建筑物面积}}{\text{建筑物总面积}} \tag{9-13}$$

$$\text{某部分分摊的土地面积}=\text{土地总面积}\times\frac{\text{该部分的建筑物面积}}{\text{建筑物总面积}} \tag{9-14}$$

$$\text{某部分分摊的地价数额}=\text{土地总价值}\times\frac{\text{该部分的建筑物面积}}{\text{建筑物总面积}} \tag{9-15}$$

$$=\text{楼面地价}\times\text{该总分的建筑物面积}$$

该方法主要适用于各层用途相同且价格差异不大的建筑物，如用途单一的住宅楼、办公楼。

【例 9-1】　有一房地，其建筑物的建筑总面积为 1000m²，若某人拥有其中 80m² 的建筑面积，则该人占有的土地份额是多少？若该房地中的土地总面积为 500m²，则该人拥有的土地数量是多少？

该人占有的土地份额=80÷1000×100%=8%

该人分摊的土地面积=500×8%=40(m²)

或者 500÷1000=0.5，即 1m² 的建筑面积附带 0.5 m² 的土地面积。

这种地价分摊方法在我国香港地区曾经使用过，但后来随着情况的变化出现了一些问题：香港过去主要采用的是英国法律，一项财产的共同占有人不得分割财产，只能分配在其中占有的份额，但法律却没有规定按何种方法来分配这种份额。20 世纪 60 年代以前最流行的方法是每个单位分配相同的份额，例如，某栋大厦有 100 个单位，则每个单位在土地中拥有的份额是 1/100。那时这种专断的份额分配方法并不影响业主的实际权益，因为它只是在法律虚幻上产生的对土地的权益。然而在 20 世纪 70 年代初期，当许多为期 75 年的地契在 1973 年就要到期时，政府决定再批出另一个 75 年的租期，并需要补地价，这时这种专断的份额分配方法的问题就突出了。从上例来看，如果再批租需要缴纳 10 万美元的地价，那么将 10 万美元的地价分摊给各在土地中拥有 1/100 份额的 100 个业主，最自然的做法是每个业主负担地价的 1/100，即 100 美元。但是，如果这 100 个单位中有 10 个是处在楼底的商店，而在香港，商店的价值占了大厦价值的大部分，这就引起了对这些商店的业主应该负担比他们在土地中拥有的份额要大的地价份额的争论。经常也会遇到这样一个问题，即同一大厦内各个业主为了再开发而希望集体卖出整个大厦，但如何处理这些名义上的土地份额，也会引起同样的争论。

按照建筑面积进行分摊，简便、可操作性强，但存在的问题也是显而易见的，它主要适用于各层用途相同且价格差异不大的建筑物，如用途单一的住宅楼、办公楼。

### 2.按照房地价值进行分摊

为了克服按照建筑面积进行分摊出现的不同部分的价值不同，但却分摊了等量的地价的情况，可以根据各部分的房地价值进行分摊。这种分摊方法是根据建筑物各部分的房地价值占房地总价值的比例，来推断其占有的土地份额。即某部分占有的土地份额为该部分的房地价值除以高层建筑总房地价值。按照房地价值分摊高层建筑地价，用公式可表示为：

$$某部分占有的土地份额=\frac{该部分的房地价值}{房地总价值} \tag{9-16}$$

$$某部分分摊的土地面积=土地总面积×\frac{该部分的房地价值}{房地总价值} \tag{9-17}$$

$$某部分分摊的地价数额=土地总价值×某部分分摊的土地份额$$
$$=土地总价值×\frac{该部分的房地价值}{房地总价值} \tag{9-18}$$

【例 9-2】 某座大厦，房地总价值为 5000 万元，某人拥有其中的商业部分，该商业部分的房地价值为 1000 万元；另一人拥有其中的酒店部分，该酒店部分的房地价值为 500 万元。则上述两人分别占有的土地份额是多少？

**解：** 拥有商业部分房地产的人占有的土地份额=1000/5000×100%=20%

拥有酒店部分房地产的人占有的土地份额=500/5000×100%=10%

但是按照房地价值进行分摊的方法仔细研究起来仍然有一些缺陷。例如，根据这种分摊方法的结果，各层分摊的建筑物价值不相等，这在理论上很难解释。从理论上看，各层房地价值有差异的原因，撇开为各层特殊的装饰装修不谈，应是土地的垂直立体效果不同所造成的，各层的建筑物价值应相同。下面举一个简化的例子，可以使这个问题得到清楚的说明：假设整栋大厦都是住宅，且每层的面积、户型、装修等都相同，售价肯定不同，如最底层与其他层的价格有差异。显然，各层之间的价格差异不是建筑造价不同造成的，只能归因于土地，是各层占据的土地立体空间位置的不同，从而其可及性、景观、安宁程度、空气质量、采光、通风等的不同所造成的。

按照房地价值进行分摊比按照建筑面积进行分摊要复杂一些，但更符合实际情况，主要适用于各部分的房地价值(单价)有差异但差异不是特别大的建筑物。

【例 9-3】 某栋大厦为六层综合楼，其中一至三层为商场，四至六层为写字楼，商场为甲公司拥有，写字楼为乙公司拥有。该大厦的土地价值为 3500 万元，房地总价值为 5000 万元，其中商产的房地价值为 3000 万元，写字楼的房地价值为 2000 万元。请按照房地价值进行分摊的方法计算甲、乙公司占有的土地份额及分摊的地价数额。

**解：** 甲公司占有的土地份额=3000/5000=60%

乙公司占有的土地份额=2000/5000=40%

甲公司分摊的地价数额=3500×60%=2100(万元)

乙公司分摊的地价数额=3500×40%=1400(万元)

### 3. 按土地价值进行分摊

按照房地价值进行分摊的方法，当我国香港地区按照建筑面积进行分摊遇到困难时也被提出来过，但它仍然存在上述的假设用途、面积、空间布局、装修装饰等相同，仅房地价值不同的各层所分摊的建筑物价值不相等这个理论缺陷，因此，需要进一步寻找更为合理的分摊方法。

更为合理的分摊方法就是根据各部分的土地价值进行分摊。这种分摊方法具体来说，是根据建筑物各部分的土地价值占土地总价值的比例，来推断其占有的土地份额。即某部分占有的土地份额为该部分的土地价值除以土地总价值。具体思路就是，根据地价等于房地价值减去建筑物价值，用各部分拥有的房地价值减去该部分的建筑物价值与高层建筑总房地价值减去总建筑物价值之比作为其分摊的地价份额，享有和承担相应的权利和义务。按土地价值分摊高层建筑地价，用公式可表示为：

$$某部分占有的土地份额=\frac{该部分的房地价值-该部分建筑物价值}{房地总价值-建筑物总价值} \tag{9-19}$$

$$某部分分摊的土地面积=土地总面积×该部分占有的土地份额 \tag{9-20}$$

$$某部分分摊的地价数额=土地总价值×该部分占有的土地份额 \tag{9-21}$$

$$=该部分的房地价值-该总分的建筑物价值$$

【例 9-4】　某座大厦，房地总价值为 5000 万元，其中建筑物总价值为 2000 万元。某人拥有该大厦的某一部分，该部分的房地价值为 100 万元，该部分的建筑物价值为 40 万元。该人占有土地份额是多少？

解：　该人占有的土地份额=(100-40)/(5000-2000)=2%

按照土地价值进行分摊的另一种更适用的公式如下：

$$某部分占有的土地份额=\frac{该部分的房地价值-\dfrac{房地总价值-土地总价值}{总建筑面积}×该部分的建筑面积}{土地总价值}$$

$$某部分分摊的地价数额=土地总价值×该部分占有的土地份额$$

$$=该部分的房地价值-\frac{房地总价值-土地总价值}{总建筑面积}$$

$$×该部分的建筑面积$$

【例 9-5】　某大厦总建筑面积为 10000m²，房地总价值为 6000 万元，其中土地总价值为 2500 万元。某人拥有该大厦的某一部分，该部分的房地价值为 130 万元，该部分的建筑面积为 200m²。该人占有的土地份额是多少？

解：　[130-(6000-2500)/10000×200]/2500=2.4%

这种地价分摊方法也是比较简单的，只要知道了建筑物各部分的房地价值和土地总价值，就可以进行。而在现实中这两个价值一般都是已知的。

上述讨论的分摊方法不仅适用于多层、高层建筑物的地价分摊，而且适用于同一层或平房的不同部位分别为不同人所有、房地价值不相等时的地价分摊。例如，在繁华地段，沿街部分的房屋比里面的价值高，在这同一房屋分别为两人或两人以上所有的情况下，就

需要进行地价分摊，确定各自的土地占有份额。

【例 9-6】 某建筑面积为 10 000 平方米的综合楼，集停车场、仓库、商场、餐饮、娱乐、办公、居住多功能于一体，房地总价值为 10 000 万元，其中土地总价值为 2000 万元。甲拥有该综合楼中的商场，建筑面积为 4000 平方米，房地价值为 4400 万元，乙拥有该综合楼中建筑面积为 1000 平方米的住宅，房地总价值为 900 万元，试用按建筑面积分摊、按房地价格分摊以及按建筑面积和房地价格分摊三种方法，分别计算甲乙各应分摊多少地价。

解：按建筑面积分摊：

甲分摊的地价份额=甲拥有的建筑面积/总建筑面积=4000/10000=40%

甲分摊的地价=总地价×甲分摊的地价份额=2000×40%=800(万元)

乙分摊的地价份额=乙拥有的建筑面积/总建筑面积=1000/10000=10%

乙分摊的地价=总地价×甲分摊的地价份额=2000×10%=200(万元)

按房地价格分摊

甲分摊的地价份额=甲拥有的房地价格/总房地价格=4400/10000=44%

甲分摊的地价=总地价×甲分摊的地价份额=2000×44%=880(万元)

乙分摊的地价份额=乙拥有的房地价格/总房地价格=900/10000=9%

乙分摊的地价=土地总价值×甲分摊的地价份额=2000×9%＝180(万元)

按剩余技术分摊

$$甲分摊的地价份额=\left[甲拥有的房地价格-(总房地价格-总地价)\times\frac{甲拥有的建筑面积}{总建筑面积}\right]/总地价$$

$$=[4400-(10\,000-2000)\times4000/10\,000]/2000=60\%$$

甲分摊的地价=总地价×甲分摊的地价份额=2000×60%=1200(万元)

$$乙分摊的地价份额=\left[乙拥有的房地价格-(总房地价格-总地价)\times\frac{乙拥有的建筑面积}{总建筑面积}\right]/总地价$$

$$=[900-(10000-2000)\times1000/10000]/2000=5\%$$

乙分摊的地价=总地价×乙分摊的地价份额=2000×5%＝100(万元)

将以上三种方法分摊的地价列成表 9-5，从中可看出，其结果各不相同，差异不小。按建筑面积分摊的结果最粗糙，按房地价格分摊的方法容易被人接受，按剩余技术分摊的方法理论上最充分。按房地价格分摊的结果比按建筑面积分摊的结果接近按剩余技术分摊的结果。

表 9-5 三种地价分摊方法的结果

| | | 按建筑面积分摊 | 按房地价格分摊 | 按剩余技术分摊 |
|---|---|---|---|---|
| 甲 | 份额 | 40% | 44% | 60% |
| | 地价 | 800 万元 | 880 万元 | 1200 万元 |
| 乙 | 份额 | 10% | 9% | 5% |
| | 地价 | 200 万元 | 180 万元 | 100 万元 |

# 本 章 小 结

地价评估是房地产估价的重要组成部分,本章首先介绍具有中国特色的基准地价评估:城镇基准地价和农用地基准地价的基本内容;其次在基准地价的基础上可以针对不同地类采用基准地价修正法评估土地价格;最后针对现代城市多层、高层建筑普遍化及同一幢房屋所有权主体分散化后出现的地价分摊问题,重点介绍了高层建筑地价分摊的意义和方法,以便于读者对地价评估和高层建筑地价分摊有初步的认识和了解。

# 复习思考题

## 一、选择题

1. 高层建筑地价分摊的方法有(　　)。(多选)
   A. 按建筑物价值进行分摊　　　　　　B. 按房地价值进行分摊
   C. 按土地价值进行分摊　　　　　　　D. 按建筑面积进行分摊
   E. 按楼面地价进行分摊

2. 评估基准地价或利用基准地价评估宗地价格,必须明确基准地价的内涵。基准地价的内涵包括(　　)。(多选)
   A. 基准日期　　　B.土地开发程度　　C. 基准地价修正体系
   D. 土地用途　　　E.基准地价公布日期

3. 某幢大厦的总建筑面积为 10000 平方米,房地产总价值为 7000 万元。其中土地总价值为 3000 万元。王某拥有该大厦其中一部分,该部分的建筑面积为 250 平方米,房地产价值为 150 万元。若按照土地价值进行分摊,则王某占有的土地份额为(　　)。(单选)
   A. 1.67%　　　　B. 2.33%　　　　C. 2.75%　　　　D. 3.33%

## 二、简答题

1. 什么是基准地价?
2. 基准地价的主要作用有哪些?
3. 基准地价评估的步骤和方法是什么?
4. 什么是地价区段?有哪几种地价区段?各有什么特点?
5. 基准地价的评估结果应如何表示才能便于实际应用?
6. 基准地价更新的技术途径有哪几种?
7. 什么是农用地基准地价?
8. 农用地基准地价评估技术路线有哪几种?
9. 农用地基准地价评估的程序是怎样的?
10. 什么是宗地价格?
11. 评估宗地价格有哪两种技术途径?如何根据宗地情况选择使用的估价方法?
12. 什么是基准地价修正法?

13. 基准地价修正法估价步骤是什么？

14. 运用基准地价修正法评估宗地价格应注意哪些问题？

15. 高层建筑地价分摊是为了解决什么问题？

16. 按照建筑物面积进行地价分摊的计算公式是怎样的？有何优缺点？

17. 按照房地价值进行地价分摊的计算公式是怎样的？有何优缺点？

18. 按照土地价值进行地价分摊的计算公式是怎样的？有何优缺点？

## 三、计算题

有一栋四层公寓，每层建筑面积相等，已知第二层的房地价值为第一层的 1.05 倍，第三层的房地价值为第四层的 1.15 倍，第四层的房地价值为第二层的 91%。按房地价值分摊法计算得出第三层占有的土地份额约为多少？

# 第 10 章　长期趋势法

【学习目标】

- 了解长期趋势法的理论依据和使用范围。
- 掌握平均增减量趋势法的计算方法。
- 了解移动平均趋势法的计算方法。
- 掌握数学曲线拟合法的计算方法。
- 掌握指数修匀法的计算方法。

**本章导读**

长期趋势法是预测房地产未来价格的一种重要方法。本章主要学习长期趋势法的概念、理论依据、适用的估价对象、估价需要具备的条件、估价的操作步骤、几种主要长期趋势法的内容以及长期趋势法的主要作用等内容。

**案例导入**

比较、分析两宗房地产 A 和房地产 B 时，二者在分析时点时价格相同，但未来发展趋势怎样？投资潜力如何呢？应该选择哪宗房地产来进行投资呢？

实际投资前要对房地产的长期发展趋势进行分析评价。长期趋势法可以简单地理解为统计过去的资料，预测未来的价格，是预测房地产未来价格的一种重要方法。

**问题导入**

在预测房地产价格中，如何应用长期趋势法进行预测？长期趋势法有哪些常用模式？如何应用平均增减量趋势法？如何应用移动平均趋势法？如何应用数学曲线拟合法？如何使用指数修匀法？通过本章的学习将会解答这些问题，具备初步了解长期趋势法相关基本知识的能力。

# 10.1 长期趋势法概述

## 10.1.1 基本概念

长期趋势法又称外推法、延伸法、趋势法等，是将统计学和预测学的基本原理与方法运用到房地产价格评估中而产生的一种评估方法。它是指依据某类房地产价格的历史资料和数据将其按时间顺序排列成时间序列，运用一定的数学方法，预测其价格的变化趋势，从而进行类推或延伸，作出对这类房地产价格在估价时点的推测与判断，估算出这类房地产价格的方法。简单来说长期趋势法就是以房地产过去的价格资料为依据，找出其中变化的规律，从而推测出房地产在将来某个时点的价格。它的种类有简易平均趋势法、移动平均趋势法、指数修匀趋势法、季节指数法、趋势延伸法等。

## 10.1.2 理论依据

事物的发展有一大类呈现很强的规律性，要么随着时间的变化上升，要么随着时间的变化下降。如果将间隔相等时刻点上事物的变化值排成一列，那么这些值就构成了时间序列。在相当长的一段时间间隔内，时间序列变化的规律不会改变，那么寻找出这种规律就能预测出时间序列的未来值。换言之，人们可以根据时间序列变化的规律，将时间序列外延或类推，从而能够预测该事物下一期或以后若干期可能发生的数值。

房地产价格通常波动，在短期内难以看出其变化规律和发展趋势，但从长期来看，会呈现出一定的变动规律和发展趋势。因此，当需要评估(通常是预测)某宗(或某类)房地产的价格时，可以搜集该宗(或该类)房地产过去至现在较长一段时期的历史资料，并按时间的先后顺序将这些历史价格编排成时间序列，从而找出该宗(或该类)房地产的价格随时间的变化而变动的过程、方向、程度和趋势，然后进行外延或类推，这样就可以做出对该宗(或该类)

房地产的价格在估价时点比较肯定的推测和科学的判断，即评估(预测)出了该宗(或该类)房地产的价格。

长期趋势法是运用预测科学的有关理论和方法，特别是时间序列分析和回归分析，对房地产的未来价格作出推测、判断的方法。

在国民经济持续发展时期，一般来说房地产价格会呈现不断上升趋势。人们可以根据这一时期内的历史资料建立某类房地产价格的时间序列，研究发现它的总体变动规律，运用一定的数学手段就能对未来时刻的房地产价格作出一个比较科学的推断。反之，在国民经济低速发展或出现负增长时期，房地产需求萎缩，价格也会出现下降趋势，采用相同方法也会比较正确地估计出房地产未来的价格。

## 10.2　长期趋势法的使用条件与计算方法

### 10.2.1　使用条件和范围

长期趋势法是根据房地产价格在长期内形成的规律作出判断，借助历史统计资料来推测未来，通过对这些资料的统计、分析得出一定的变动规律，并假定其过去形成的趋势在未来继续存在。所以，长期趋势法适应的对象与价格无明显季节波动的房地产，适应的条件是拥有估价对象或类似房地产的较长时期的历史价格资料，而且所拥有的历史价格资料要真实。拥有越长时期、越真实的历史价格资料，作出的推测、判断就越准确、可信，因为长期趋势可以消除房地产价格的短期上下波动和意外变动等不规则变动。

长期趋势法主要用于推测、判断房地产未来的价格，例如用于假设开发法中预测开发完成后的房地产价值，此外还有一些其他作用，例如，①用于收益法中对未来的租金、经营收入、运营费用、空置率、净收益等的预测；②用于市场比较法中对可比实例的成交价格进行市场状况调整；③用来比较、分析两宗(或两类)以上房地产价格的发展趋势或潜力；④用来填补某些房地产历史价格资料的缺乏等。

以比较、分析两宗(或两类)以上房地产价格的发展趋势或潜力来说，利用长期趋势法制作的房地产价格长期趋势图，如图 10-1 所示，可以比较、分析两宗(或两类)房地产价格上涨(或下降)的强弱程度或发展潜力，为房地产投资决策等提供参考依据。

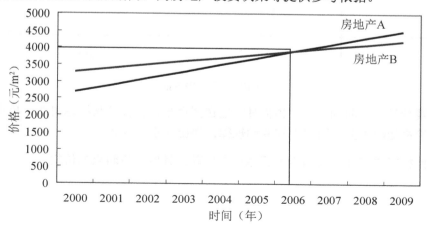

**图 10-1　两宗(两类)房地产价格发展趋势比较**

如果长期趋势线越陡，则表明房地产价格的上涨(或下降)趋势越强；反之，则表明房地产价格的上涨(或下降)趋势越弱。在图 10.1 中，从 2000 年至 2006 年这段时间来看，房地产 B 的价格高于房地产 A 的价格；到了 2006 年，两者的价格水平达到一致；而 2006 年以后，房地产 A 的价格超过了房地产 B 的价格。由此可以得出以下结论：房地产价格上涨(或下降)趋势的强弱，与房地产目前的价格高低无关。目前价格高的房地产，其价格上涨趋势可能较缓慢，而价格低的房地产，其价格上涨趋势可能较强劲。例如，城乡接合部的房地产价格，由于交通、环境的改善，公共配套设施的完善，通常比已经发展成熟的城市中心区的房地产价格上涨得快。但也不排除，价格高的房地产可能由于外来投资增加等需求的拉动，而具有更强劲的上涨趋势。

## 10.2.2 计算步骤

根据长期趋势法的基本原理，预测房地产价格可以分为如下几个步骤：

### 1. 广泛收集资料

搜集关于估价对象房地产或类似房地产价格的历史资料，并进行检查和鉴别。拥有的历史资料的时期越长越正确、可靠，因为只有长期趋势才可以消除房地产短期上下波动和异常波动带来的影响。

### 2. 整理资料

整理这些价格资料，将资料化为同一标准(如为单价或楼面地价)，并按照时间的先后顺序将它们编排成时间序列，画出时间序列图，如图 10-2 所示。

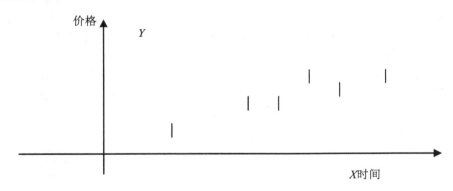

图 10-2　时间序列图

3. 观察分析这个时间序列，根据其特征选择适当、具体的长期趋势法，找出估价对象的价格随时间变化而出现的变动规律，得出一定的模式

4. 以此模式去推测、判断确定房地产在目前或其他估价时点的价格

# 10.3　长期趋势法的主要模式

## 10.3.1　平均增减趋势法

平均增减趋势法又分为平均增减量趋势法和平均发展速度趋势法。

### 1. 平均增减量趋势法

如果房地产价格时间序列逐期增减量大致相同，也就是时间序列显示出大致等差数列的特性，那么就可以用最简单的平均增减量趋势法。具体做法是：首先考察前一期与后一期之间的差，如果每个差波动不大，可取其平均值。

$$\overline{d} = \frac{(p_1 - p_0) + (p_2 - p_1) + ... + (p_i - p_{i-1}) + ... + (p_n - p_{n-1})}{n}$$

$$= \frac{p_n - p_0}{n} \tag{10-1}$$

$$V_i = p_0 + \overline{d} \times i \tag{10-2}$$

式中：$\overline{d}$ 为房地产价格增减量的平均值；$V_i$ 为第 $i$ 期(可为年、半年、季、月等，下同)房地产价格的趋势值；$i$ 为时间序列，$i=1$，2，3$\cdots$，$n$；$p_i$ 为第 $i$ 期房地产价格的实际值；$p_0$ 为基期房地产价格的实际值。

【例 10-1】　欲知某地区某类房地产 2011 年和 2012 年的价格，已知该地区该类房地产 2006—2010 年的价格及其逐年上涨额如表 10-1 中第 2 列和第 3 列所示。

表 10-1　某地区某类房地产 2006—2010 年的价格　　　　单位：元/m²

| 年　份 | 房地产价格实际值 | 逐年上涨额 | 房地产价格趋势值 |
|--------|------------------|------------|------------------|
| 2006 | 860 | | |
| 2007 | 1028 | 168 | 1028.5 |
| 2008 | 1195 | 167 | 1197 |
| 2009 | 1365 | 170 | 1365.5 |
| 2010 | 1534 | 169 | 1534 |

求 2011、2012 年的房地产价格？

$d$=(168+167+170+169)÷4=168.5 (元/m²)

或者=(1534-860)÷4=168.5 (元/m²)

$p_{2011}$=$p_0$+5$d$=860+168.5×5=1702.5(元/m²)

$p_{2012}$=$p_0$+6$d$=860+168.5×6=1871(元/m²)

运用平均增减量法进行估价的条件是，房地产价格的变动过程是持续上升或下降的，且各期上升或下降的数额大致接近，否则就不适宜采用这种方法。

由于接近估价时点时的增减量对估价更为重要，因此，对过去各期的增减量如果能用不同的权数予以加权后再计算其平均增减量，则更能使评估价值接近或符合实际。至于在估价时究竟应采用哪种权数予以加权，一般需要根据房地产价格的变动过程和趋势以及估价人员的经验来判断确定。

### 2. 平均发展速度趋势法

如果房地产价格时间序列逐期发展速度大致相同，就可以根据逐期发展速度的平均值来推算各期趋势值。计算公式如下：

$$t = \sqrt[n]{\frac{p_1}{p_0} \times \frac{p_2}{p_1} \times \frac{p_3}{p_2} \times \cdots \times \frac{p_n}{p_{n-1}}} = \sqrt[n]{\frac{p_n}{p_0}} \qquad (10\text{-}3)$$

$$V_i = p_0 \times t^i \qquad (10\text{-}4)$$

式中：$t$ 为房地产价格平均发展速度；$V_i$ 为第 $i$ 期(可为年、半年、季、月等，下同)房地产价格的趋势值；$i$ 为时间序列，$i=1，2，3\cdots，n$；$p_i$ 为第 $i$ 期房地产价格的实际值；$p_o$ 为基期房地产价格的实际值。

运用平均发展速度法进行估价的条件是，房地产价格的变动过程是持续上升或下降的，且各期上升或下降的幅度大致接近，否则就不适宜采用这种方法。

与平均增减量法类似，由于越接近估价时点的发展速度对估价更为重要，因此，对过去各期的发展速度如果能用不同的权数予以加权后再计算其平均发展速度，则更能使评估价值接近或符合实际。至于在估价时究竟应采用哪种权数予以加权，一般需要根据房地产价格的变动过程和趋势，以及估价人员的经验来判断确定。

## 10.3.2 移动平均趋势法

移动平均趋势法分为简单移动平均法和加权移动平均法，是对原有价格按照时间序列进行修匀，即采用逐项递移方法分别计算一系列移动的时序价格平均数，形成一个新的派生平均价格的时间序列，消除价格短期波动的影响，呈现出价格长期的基本发展趋势。运用移动平均法时，应当按照房地产价格变化的周期长度移动平均。

### 1. 简单移动平均法

分析历史数据，房地产价格随机波动较大，经移动平均法计算后，波动减少，消除了随机干扰。移动平均项数取值越大，修匀程度也就越大，波动也就越小，但是这种情况下对真实价格变化趋势反应也就越迟钝。反之，如果移动平均项数取值越小，对真实房地产价格变化趋势反应越灵敏，易于把随机干扰反映出来。因此移动平均项数的选择至关重要，应根据具体情况作出决定。

简单移动平均法只适合近期预测，而且是预测目标发展趋势变化不大。如果目标发展趋势存在其他变化，采用简单移动平均法就会产生较大的预测偏差。

### 2. 加权移动平均法

加权移动平均法是将估价时点前若干时期的房地产价格的实际数据经加权后，再采用上述类似简单移动平均法的方法进行趋势估计。之所以需要加权，是因为接近估价时点的房地产价格的实际数据对评估更为重要，加权后能使评估更接近或符合实际。

## 10.3.3　数学曲线拟合法

数学曲线拟合法有直线趋势法、指数曲线趋势法和二次抛物线趋势法。运用直线趋势法估价，估价对象历史价格的时间序列散点图应当表现出明显的直线趋势，数据点偏离拟合直线估计值的离差平方的算术平均数的平方根(即估计值的标准误差)不得大于允许的误差值。

设 $y$ 为各时期的房地产价格，$x$ 为时间，根据若干组 $x$ 与 $y$ 的历史数据，在直角坐标系上绘出各组数据的散点图，然后求出离各组数据点距离最小的直线，即为预测值的回归直线。该直线方程为：

$$y=a+bx \tag{11-5}$$

式中：$a$ 为回归直线在 $y$ 轴上的截距；$b$ 为回归直线的斜率。

用最小二乘法解得的 $a$、$b$ 的值分别为：

$$a = \bar{y} - b\bar{x} \tag{10-6}$$

$$b = \frac{\sum xy - N\overline{xy}}{\sum x^2 - N\bar{x}^2} \tag{10-7}$$

【例 10-2】　某类房地产 2013 年 1～9 月的价格如表 10-2 第 2 列所示，用直线回归趋势法预测该类房地产 2013 年 10 月和 11 月的价格。

表 10-2　某类房地产 2013 年 1～9 月的价格　　　　单位：元/m²

| 月　份 | 价格 $p$ | $t$ | $tp$ | $t^2$ |
|---|---|---|---|---|
| 1 | 2200 | −4 | −8800 | 16 |
| 2 | 2400 | −3 | −7200 | 9 |
| 3 | 2700 | −2 | −5400 | 4 |
| 4 | 3000 | −1 | −3000 | 1 |
| 5 | 3400 | 0 | 0 | 0 |
| 6 | 3800 | 1 | 3800 | 1 |
| 7 | 4200 | 2 | 8400 | 4 |
| 8 | 4700 | 3 | 14100 | 9 |
| 9 | 5300 | 4 | 21200 | 16 |
| 总数 | $\sum p=31700$ | $\sum t=0$ | $\sum tp=23100$ | $\sum t^2=60$ |

解：令 $\sum t=0$，已知项数 $n=9$ 为奇数，故设中间项 $t=0$，则 $t$ 的值如表 10-2 第 3 列所示，$\sum p$、$\sum tp$、$\sum t^2$ 的积算结果见第 2、4、5 列底行。

求出 $a$、$b$：$a = \dfrac{\sum p}{n} = \dfrac{31700}{9} = 3522.22$

$$b = \frac{\sum tp}{\sum t^2} = \frac{23100}{60} = 385$$

则方程为：$p = a + bt = 3522.22 + 385t$

预测 10 月和 11 月的价格：

$$p_{10} = a + bt = 3522.22 + 385t = 3522.22 + 385 \times 5 = 5447.22 \,(\text{元}/\text{m}^2)$$
$$p_{11} = a + bt = 3522.22 + 385t = 3522.22 + 385 \times 6 = 5832.22 \,(\text{元}/\text{m}^2)$$

## 10.3.4  指数修匀法

指数修匀法是以本期的实际值和本期的预期值为依据，经过修匀后得出下一时期预测值的一种预测方法。其计算公式为：

$$V_{t+1} = V_i + \alpha(p_i - V_i)$$
$$= \alpha p_i + (1 - \alpha)V_i \qquad (10\text{-}8)$$

式中：$V_{t+1}$ 为第 $i+1$ 期的预测值；$V_i$ 为第 $i$ 期的预测值；$P_i$ 为第 $i$ 期的预测值；$\alpha$ 为修匀常数，$0 \leqslant \alpha \leqslant 1$。

指数修匀法的关键在于修匀系数 $\alpha$ 的确定。在实际应用中，可通过试算法来确定 $\alpha$ 值。比如，可对某一个房地产同时用 $\alpha$ =0.3、0.5、0.7、0.9 进行试算，看哪个常数修正的预测值与实际值的绝对误差最小，就以这个常数进行修正最合适。修匀系数 $\alpha$ 是一个加权系数，它是新旧数据的分配比置。$\alpha$ 越小，$V_i$ 所占的比重越大，所得的预测值就越平稳；$\alpha$ 越大，$p_i$ 所占的比重越大，预测值对最新趋势的反应越灵敏；当 $\alpha$ =1 时，最近的实际数据就是下一周期预测值；当 $\alpha$ =0 时，该期预测值等于上一周期的预测值。关于初始值 $V_i$，当历史数据相当多($\geqslant 50$)时，可取 $V_i = p_i$，因为初始值 $p_i$ 的影响将逐步修匀；当历史数据较少($\leqslant 50$)时，可取 $V_i = \bar{p}$。

【例 10-3】　需要预测某地区某类房地产 2013 年的价格，已知该地区该类房地产 2008—2012 年的价格及其逐年上涨额如表 10-3 中第 2 列和第 3 列所示。

表 10-3　某地区某类房地产 2008—2012 年的价格　　　　　　　　单位：元/m²

| 年　份 | 房地产的实际价格 | 逐年上涨额 | 房地产的趋势值 |
| --- | --- | --- | --- |
| 2008 | 6810 | | |
| 2009 | 7130 | 320 | 7145 |
| 2010 | 7460 | 330 | 7480 |
| 2011 | 7810 | 350 | 7810 |
| 2012 | 8150 | 340 | 8150 |

根据历史数据计算出逐年变动额，其逐年变动额平均值：

$$\overline{d} = (320+330+350+340) \div 4 = 335(元/m^2)$$

根据公式 $V_i = p_0 + \overline{d} \times i$ 得，该类房地产 2009 年的预测值为：

$$V_5 = 6810 + 335 \times 5 = 8485(元/m^2)$$

【例 10-4】　需要预测某地区某类房地产 2012 年的价格，已知该地区该类房地产 2007—2011 年的价格及其逐年上涨速度如表 10-4 中第 2 列和第 3 列所示。

表 10-4　某地区某类房地产 2007—2011 年的价格　　　　单位：元/m²

| 年　份 | 房地产的实际价格 | 逐年上涨速度 | 房地产的趋势值 |
|---|---|---|---|
| 2007 | 5600 | | |
| 2008 | 6750 | 120.5 | 6780 |
| 2009 | 8200 | 121.5 | 8200 |
| 2010 | 9850 | 120.1 | 9920 |
| 2011 | 12000 | 121.8 | 12000 |

因逐年发展速度大致相同，则可根据公式计算出其平均上涨速度：

$$t = \sqrt[4]{\frac{12000}{5600}} = 1.21$$

利用上述数据预测该类房地产 2008 年的预测值为：

$$V_5 = 5600 \times 1.21^5 = 14520(元/m^2)$$

【例 10-5】　某地区某类房地产 2012 年各月平均价格如表 10-5 所示，试预测该类房地产 2013 年 1 月的平均价格。

表 10-5　某地区某类房地产 2012 年各月平均价格　　　　单位：元/m²

| 月　份 | 实际平均价格 | 3 个月移动平均值 | 5 个月移动平均值 |
|---|---|---|---|
| 1 | 1682 | | |
| 2 | 1422 | | |
| 3 | 1726 | | |
| 4 | 1770 | 1610 | |
| 5 | 2098 | 1639 | |
| 6 | 1706 | 1865 | 1740 |
| 7 | 1694 | 1858 | 1744 |
| 8 | 1998 | 1833 | 1799 |
| 9 | 1910 | 1799 | 1853 |
| 10 | 1526 | 1867 | 1881 |
| 11 | 1698 | 1811 | 1767 |
| 12 | 1774 | 1711 | 1765 |
| | | 1666 | 1781 |

# 本 章 小 结

本章首先介绍长期趋势法的概念、理论依据、适用的估价对象，之后介绍了应用长期趋势法估价需要具备的条件、估价的操作步骤，最后介绍了几种主要长期趋势法的内容以及长期趋势法的主要作用，以便于读者对长期趋势法有初步的认识和了解。

# 复习思考题

## 一、选择题

1. 当房地产价格的变动过程持续上升或者下降，并且各期上升或下降的数额大致接近时，宜采用(　　)预测房地产的未来价格。

  A. 数学曲线拟合法　　　　　　　　B. 平均增减量法
  C. 平均发展速度法　　　　　　　　D. 移动平均法

2. 某城市 2005 年和 2010 年普遍商品房的平均价格分别是 3500 元/m² 和 4800 元/m²，采用平均发展速度法预测 2013 年的价格最接近于(　　)元/m²。

  A. 4800　　　　　B. 5124　　　　　C. 5800　　　　　D. 7124

3. 在运用长期趋势法测算房地产未来价格时，当房地产价格的变动过程是持续上升或者下降的，并且各期上升或下降的幅度比率大致接近，则宜选用(　　)进行测算。

  A. 平均增减量法　　　　　　　　　B. 平均发展速度法
  C. 移动平均法　　　　　　　　　　D. 指数修匀法

4. 在房地产估价中，长期趋势法运用的假设前提是(　　)。

  A. 过去形成的房地产价格变动趋势在未来仍然存在
  B. 市场上能找到充分的房地产历史价格资料
  C. 房地产市场在过去无明显的季节变动
  D. 政府关于房地产市场调控的有关政策不会影响房地产的历史价格

## 二、简答题

1. 什么是长期趋势法？
2. 长期趋势法的理论依据是什么？
3. 长期趋势法适用哪些估价对象？
4. 长期趋势法估价需要具备哪些条件？
5. 长期趋势法有哪些作用？
6. 长期趋势法的操作步骤是什么？
7. 主要有哪几种长期趋势法？
8. 平均增减量趋势法及其公式是什么？
9. 平均发展速度趋势法的公式及其计算是怎样的？
10. 移动平均趋势法的基本思路是什么？

11. 直线趋势法的公式及其计算是怎样的？
12. 指数修匀法的基本思路是什么？

### 三、计算题

某类商品房 2008—2012 年的售价分别为 6000 元/ $m^2$、6300 元/ $m^2$、6678 元/ $m^2$、7212 元/ $m^2$、7645 元/ $m^2$，利用平均增减量法，该类商品房 2013 年的价格为多少元/ $m^2$？

# 第 11 章　撰写房地产估价报告

【学习目标】

- 熟悉房地产估价报告的要求。
- 熟悉房地产估价报告的规范格式。
- 掌握房地产估价报告的撰写方法。

**本章导读**

在房地产估价业务中，估价人员在确定了最终估价值以后，应将估价过程、估价结果等写成估价报告，交给委托方才算最终完成估价业务。本章主要学习房地产估价报告的要求、格式、内容以及撰写方法等。

**案例导入**

下面是一个房地产估价报告中的片段：

某企业拟将某块空地出租，在估价时点企业拥有其 30 年的出让土地使用权，面积为 500 m²，容积率为 5，用途为工业，处于该城市的二类地价区。根据该城市的基准地价评估报告，出让金为 800 元/ m²，容积率修正系数为 1.50；基础设施配套建设费为 600 元/m²，土地开发及其他费用为 3000 元/ m²，修正系数为 2.5。如果企业拟出租 10 年，土地资本化率为 5%，则 10 年租金的总现值可按如下步骤测算：

(一)修正后的出让金

修正后的出让金=800 元/m²×1.5×[1-1/(1+5%)$^{10}$]/[1-1/(1+5%)$^{30}$]=602.77(元/m²)

(二)基础设施配套建设费 = 600 元/m² × 5 = 3000(元/m²)

(三)土地开发利用及其他费用为 3000 元/ m² × 2.5 = 7500(元/m²)

(四)10 年土地租金总现值 = (602.77 + 3000 + 7500)元/m² × 500 m² = 5551385(元)

在上述估价报告片段中，10 年租金总现值的测算存在多处错误，说明估价人员对估价方法掌握的熟练度和精度不够。房地产估价报告写作，是房地产估价师必须熟练掌握的专业技能。写好房地产估价报告，不仅要求房地产估价师具备房地产估价的专业知识以及与房地产估价有关的各类知识，能够了解和分析房地产市场的运行规律，同时还要掌握房地产估价报告的体裁特点，灵活运用其写作技巧。

**问题导入**

什么是房地产估价报告？房地产估价报告应满足什么要求？房地产估价报告有几种形式？房地产估价报告的内容是什么？怎样撰写房地产估价报告？通过本章的学习，读者将能解答这些问题，具备撰写房地产估价报告的基本能力。

# 11.1　房地产估价报告的要求和形式

房地产估价报告是估价机构出具的关于估价对象价值的专业意见，可视为估价机构提供给委托人的"产品"；是估价机构履行估价委托合同、给予委托人关于估价对象价值的正式答复；也是记述估价过程、反映估价成果的文件及关于估价对象价值的分析报告。

## 11.1.1　房地产估价报告的要求

撰写估价报告的目的是给予委托人关于估价对象价值的正式答复及估价对象的专业意见，房地产估价报告应当满足以下基本要求。

### 1. 全面性

房地产估价报告的全面性不仅体现在估价报告的内容上，估价报告应当全面、完整地反映估价所涉及的事实情况、估价的推理过程和估价结论；除此之外，报告的全面性也体现在形式上，正文内容和附件资料应齐全、完备，格式必须规范。

### 2. 客观性

估价机构和估价师在估价中不应带着自己的情感、好恶和偏见，应当按照事物的本来面目、实事求是地进行估价，对影响估价对象价值的因素，进行客观的介绍、分析和评论，作出的结论应有充分的依据。

### 3. 准确性

房地产估价报告用语应力求准确，避免使用模棱两可或易生误解的文字，对未经查实的事项不得轻率写入，对难以确定的事项应予以说明，并描述其对估价结果可能产生的影响。未经查实的事项和难以确定的事项是指在估价过程中由于缺乏资料或者资料不足，对某些事项无法查实或者难以确定。

### 4. 概括性

应用简洁的文字对估价中所涉及的内容进行高度概括，对获得的大量资料应在科学鉴别与分析的基础上进行筛选，选择典型、有代表性、能反映事情本质特征的资料来说明情况和表达观点。

### 5. 公正性

估价机构和估价师在估价中不应偏袒相关当事人中的任何一方，应站在中立的立场上对影响估价对象价格或价值的因素进行客观的介绍、分析和评论，作出的结论应有充分的依据。

## 11.1.2　房地产估价报告的形式

房地产估价报告的形式分为口头报告(如专家证词)和书面报告。书面报告按照其格式又可分为表格式和叙述式两种。

### 1. 表格式

表格式是一种固定化了的估价报告格式，估价人员只需按照表格要求逐项填写即可。这种估价报告的优点是操作方便，不易遗漏，估价人员撰写报告省时省力。其缺点是对一些特殊性、个别性的内容，如有关参数的选择、调整幅度的确定等不能详细分析，而这一点往往能体现出估价报告质量和估价人员的业务水平；另外，对一些需说明的内容不能描述和重点说明，如建筑物装修和使用情况。因此，表格式估价报告仅用于旧城区居民房屋拆迁补偿估价、居民预购商品住宅的抵押估价。

### 2. 叙述式

叙述式是一种由估价人员根据需要而撰写的估价报告格式。其优点是估价人员可根据

估价对象、资料状况、估价经验等进行充分论证和解释，突出重点，使估价结果更具有说服力。叙述式报告是估价人员履行责任的最佳方式。因此，《房地产估价规范》规定：对于成片多宗房地产的同时估价，且单宗房地产的价值较低时，估价结果报告可采用表格的形式，除此之外的估价结果报告，应采用叙述式。

# 11.2　房地产估价报告的内容

根据《房地产估价规范》要求，一份完整的房地产估价报告的组成主要包括：封面；目录；致委托人函；房地产评估师声明；估价的假设和限制条件；房地产估价结果报告；房地产估价技术报告；附件八部分组成。

## 11.2.1　封面

封面的内容一般包括下列几项：

(1) 估价报告名称：一般为 "房地产估价报告"。

(2) 估价项目名称：本估价项目的全称。

(3) 委托人：需要准确无误地写明其全称。个人委托的则写明委托人的姓名。

(4) 估价机构：应准确无误地写明估价机构的全称。

(5) 估价人员：说明参加本估项目的估价人员的姓名。

(6) 估价作业日期：说明本次估价的起止年月日，即正式接受估价委托的年月日至完成估价报告的年月日。

(7) 估价报告编号：说明本估价报告在本估价机构内的编号。

## 11.2.2　目录

估价报告目录部分的编写，需要注意与后面的报告内容相匹配，特别是所对应的估价报告的页码要求准确无误。目录的内容一般如下：

(1) 致委托人函。

(2) 估价师声明。

(3) 估价的假设和限制条件。

(4) 估价结果报告。

(5) 估价技术报告。

(6) 附件。

## 11.2.3　致委托人函

致委托人函是正式地将估价报告呈送给委托人的信函，在不遗漏必要事项的基础上应尽量简洁。其内容一般包括下列几项：

(1) 标题：即"致委托估价方函"。

(2) 致函对象：为委托人的全称。

(3) 致函正文：说明估价对象、估价目的、估价时点、估价结果、估价报告的有效期。

(4) 致函落款：为估价机构的全称，并加盖估价机构公章，法定代表人签名、盖章。

(5) 致函日期：为致函的年月日。

## 11.2.4　房地产评估师声明

在估价报告中应包含一份由估价师签名、盖章的声明，它告知委托人和估价报告使用者，估价师是以客观无偏见的方式进行估价的，同时对签名的估价师也是一种警示。

(1) 标题：即"房地产评估师声明"。

(2) 房地产估价师声明通常包括下列内容：

我们郑重声明：

① 估价报告中对事实的陈述是真实、准确的。

② 估价报告中的分析、意见和结论，是我们公正的专业分析、意见和结论，但要受估价报告中已说明的假设和限制条件的限制和影响。

③ 我们与估价报告中的估价对象没有(或有已载明的)利害关系；对与该估价对象相关的各方当事人没有(或有已载明的)偏见，也没有(或有已载明的)个人利害关系。

④ 我们是依照中华人民共和国国家标准的规定进行分析，形成意见和结论，以及撰写估价报告。

⑤ 我们已(或没有)对估价对象进行了实地查勘(如果不止一人签署该估价报告，应清楚地列出对估价对象进行了实地查勘的估价人员的姓名和没有对估价对象进行实地查勘的估价人员的姓名)。

⑥ 没有人对本估价报告提供重要专业帮助(如果有例外，应说明提供了重要专业帮助者的姓名、专业背景及其所提供的重要专业帮助的内容)。

⑦ 其他需要声明的事项。

## 11.2.5　估价的假设和限制条件

估价的假设和限制条件是说明估价的假设前提，未经调查确认或无法调查确认的资料数据，在估价中未考虑的因素和一些特殊处理及其可能的影响，估价报告使用的限制条件等。例如，说明没有对估价对象进行面积测算，或者说明有关估价对象的资料来源被认为是可靠的(而实际上估价人员未去查证)。

在估价报告中陈述估价的假设和限制条件，一方面是保护估价人员；另一方面是告知、保护委托人和估价报告使用者，提醒他们在使用估价报告时注意。

## 11.2.6　房地产估价结果报告

(1) 标题：通常为"房地产估价结果报告"。

(2) 估价结果报告应记载以下事项：

① 委托人：说明本估价项目的委托单位的全称、法定代表人和住所，个人委托的为个人的姓名和住所。

② 估价机构：说明本估价项目的估价机构的全称、法定代表人、住所以及估价机构的资质等级。

③ 估价对象：概要说明估价对象的状况，包括区位状况、实物状况和权益状况。

④ 估价目的：说明本次估价的目的和应用方向。

⑤ 估价时点。

⑥ 价值定义：说明估价所采用的价值标准或价值内涵。

⑦ 估价依据：说明估价所依据的法律、法规和标准，委托人提供的有关资料，估价机构和估价人员掌握和搜集的有关资料。

⑧ 估价原则。

⑨ 估价方法。

⑩ 估价结果：分别说明总价和单价，并附大写金额。

⑪ 估价人员：列出所有参加该估价项目的估价人员的姓名及执业资格，并由本人签名、盖章。

⑫ 估价作业日期：本次估价的起至日期要与封面上的估价日期相一致。

⑬ 估价报告使用期限。

## 11.2.7 房地产估价技术报告

(1) 标题：房地产估价技术报告。

(2) 估价技术报告的主要内容：

① 实物状况(或个别因素)分析：详细分析、说明估价对象的实物状况，主要包括估价对象具体位置、估价范围、权属状况、用途、面积、建筑结构及建成年代、装修状况等。

② 区位状况分析：详细说明、分析估价对象的区位状况。主要分析估价对象的区域特征、道路通达状况、对外交通状况、公交便捷度、基础设施条件、商服繁华程度、区域环境条件等。

③ 市场背景分析：详细说明和分析类似不动产的市场状况，包括过去、现在和可预见的未来。

④ 最高最佳使用分析：按照最高最佳使用原则分析估价对象最高最佳使用，即分析法律上允许、技术上可能、经济上可行，能够使估价对象价值达到最大化的一种最可能的使用。

⑤ 估价方法选用：详细说明估价的思路、采用的方法及其理由以及估价方法的定义。

⑥ 估价测算过程：详细说明运用各种估价方法的全部测算过程及相关参数的确定。

⑦ 估价结果确定：说明估价结果及其确定的理由。

## 11.2.8 附件

把可能会打断叙述部分的一些重要资料放入附件。附件通常包括估价对象的位置图，四至和周围环境的图片，土地形状图，建筑平面图，建筑物外观和内部状况的图片，估价对象的产权证明，估价中引用的其他专用文件资料，估价人员和估价机构的资格证明，专业经历和业绩等。

# 11.3　房地产估价报告的撰写

学习和掌握房地产估价报告的写作，是房地产估价师一项很重要的专业训练，能否成为一名合格的房地产估价师，达到执业要求，估价报告的写作能力是必不可少的检验标准。

## 11.3.1　房地产估价报告撰写的要求

### 1. 格式讲究、规范性强

房地产估价报告必须严格按照《房地产估价规范》、《城市房屋拆迁估价指导意见》、《房地产抵押估价指导意见》的格式、内容进行撰写。

### 2. 对象明确、针对性强

这里所说的"对象"主要指估价对象、估价目的、估价时点，每宗房地产估价报告它所对应的对象都是特定的、明确的，因此它的指向性是明确的，针对性是很强的。

### 3. 依据充分、合理性强

为了保证估价结果的客观、合理、公正，在估价过程所涉及的估价方法、技术路线、计算公式都必须是科学合理的；主要参数必须要有充分依据。

### 4. 集思广益、群体性强

估价报告(特别是复杂项目、特殊项目)要求在撰写之前由若干估价师集体讨论，拟定出估价的技术路线；估价报告撰写后要经过初审、复审、终审、打印、核对、装订、归档等环节，因此是一个集中大家智慧和经验的群体性工作。如果估价机构忽视了内部三审制度，它的估价报告质量是得不到保证的。

### 5. 条理缜密、逻辑性强

房地产估价报告是提供给委托方、使用方、登记机关、审查机关等众多部门、人员阅读和使用的一份技术成果报告。如果报告的结构、条理、逻辑不合理、不严谨，甚至毛病多多，就会使人对你的公司、估价师的业务水平产生不信任，甚至抵触，所出具的报告质量、估价结果难以令人采纳。因此估价报告的逻辑性是十分重要的，它直接影响着估价报告的质量。

## 11.3.2　对房地产估价报告写作主体的要求

房地产估价报告的写作主体实质上是从事该项业务的房地产估价机构和专业估价人员。人的因素是整个房地产估价报告写作系统中最为重要的因素。房地产估价报告的写作属于专业写作，一份高质量的房地产估价报告，依赖于估价人员良好的综合素质。综合素质的提高，只能在实践中不断积累和提高。

### 1. 房地产估价人员的知识结构

房地产估价作为一门学科，属于经济分析与技术分析相结合的实用性边缘学科，涉及的专业学科比较庞杂。房地产估价师除应掌握经济学、建筑工程技术相关知识外，还必须掌握城市规划知识、土地管理和房地产管理知识以及房地产方面的各项法律、法规、政策规定等。在掌握上述专业知识的基础上，达到了进入房地产估价领域的基础条件。房地产估价师还必须对本门学科——房地产估价理论与方法有着十分透彻的理解和把握，并达到举一反三、灵活运用的程度。

### 2. 房地产估价人员的专业经验

撰写房地产估价报告是估价人员在一定经验和知识的基础上产生的一种创造行为，在很大程度体现着估价人员经验和知识的个性特点。专业经验在某些特定条件下甚至比知识更重要。专业经验的获得一靠自己动手、实际操作；二靠加强同行间学习交流。对初学者来说，各种估价报告的基本模式和写作思路，各种估价方法在估价实务中的运用，不同估价目的下的估价思路，各类估价对象的估价特点，以及估价语言的灵活熟练运用等，都是必须迅速积累起来的专业经验。

### 3. 房地产估价人员的认知能力

房地产估价师的认知能力是指能否在社会经济活动的大环境中，迅速、正确地评价估价对象的客观价格或价值的思维表现。认知能力来源于写作主体由知识结构、智力结构和观念方法交融而成的综合经验。在现实生活中，不少人也在做房地产估价，但只有房地产估价师出具的专业估价结论才是法定有效的，除房地产估价师本身资格的法律确认之外，社会认可的是房地产估价师所具备的专业认知能力。因此，具备和不断提高对估价对象的认知能力，也是房地产估价师能够执业的一项基本要求。

房地产估价师较强的专业认知能力，体现在对估价对象在房地产市场中客观价格或价值的判断和确认。因此，把握房地产市场价格运动规律就成为认知能力中最重要的因素。房地产市场价格变化受多种因素影响，房地产估价师就要在这种复杂变化的因素中寻找那些主要的影响因素，做到"心中有数"。

## 11.3.3　对词义和语句的要求

房地产估价报告是一种指向性非常明确的专业性与职业性的报告文体，有其特定的语言文字要求。主要有对词义、语句的要求、防止错字漏字等，另外还有段落、结构安排，文字说明、图表的结合使用，专业术语规范等问题。

### 1. 对词义的要求

(1) 用词准确

这是对词义的基本要求，要善于根据内容表达的需要，在众多同义词、近义词中选用最确切的语词，以准确地表现事物的特征和作者要表达的意图。

《房地产估价规范》对常用的规范化用语作了明确的规定，对要求严格程度不同的用词要求如下：①表示很严格，非这样做不可时：正面词采用"必须"，反面词采用"严禁"；

②表示严格，在正常情况下均应这样做时：正面词采用"应"，反面词采用"不应"或"不得"；③表示允许稍有选择，在条件许可时首先应这样做时：正面词采用"宜"，反面词采用"不宜"；④表示有选择，在一定条件下可以这样做的，采用"可"。

(2) 语义鲜明，不能含混不清、模棱两可

表达分寸的词语，比如范围、程度、条件等，在房地产估价报告中都会经常使用，要有客观恰当的把握。不能使用"大概"、"可能"等字样，特别是估价结论，不能模棱两可。

例如，"估价对象房地产每平方米建筑面积的价格大约在 800 元。""大约"这样的词出现在市场分析中是可以的，但在估价结论中是不妥当的。有时估价人员确实不能确定估价结论的具体数额，不妨说："估价对象房地产每平方米建筑面积的价格在 790～810 元。"这样的表述比"大约"要确定得多，毕竟可以确定价格的变动范围。

(3) 用词不可带有较强烈的感情色彩

估价报告用词的褒贬要得当，尽量使用中性的词汇，避免采用过于华丽的辞藻。

例如有的估价报告这样写："该公司上下努力、团结奋进、勇于开拓、奋力拼搏，在过去几年中取得了令人瞩目的成绩。""工人们大干快上，整个工地呈现出一派热气腾腾的景象。"所述事实不能说与形成估价结论无关，但应该改用比较中性的、冷静的、叙述性的口气。可以改为："从财务报告可见，该公司过去几年的经营业绩比较理想。"(下面可具体引用财务报告的一些主要指标，例如利润、资产负债率等)这样用数据说话，就比简单地用带有感情色彩的评语有说服力。

(4) 用词简练、标准，不堆砌、不生造

例如有的估价报告连用几个"最高级"来形容估价对象，有的估价报告采用一些非标准的用语或是受港台地区用语的影响。比如将"素质"写为"质素"(香港地区的习惯用法)，或是用动词作形容词："这个小区的价位比附近同档次的小区低，非常吸引。"(应为："非常有吸引力。")

### 2. 对语句的要求

(1) 句子简洁、概括性强：估价报告应使用简洁的文字对估价所涉及的内容进行高度概括，句子成分该省的一定要省，不能出现杂糅、赘余的毛病，同时注意句子的完整性以清楚表达所述的内容。

(2) 搭配得当：语义上要符合情理，符合语法规则，同时要衔接。语句与语句之间，意思也要衔接、连贯，不能脱节。

(3) 逻辑严密：不能出现自相矛盾的现象，造成逻辑混乱。逻辑混乱的情况主要有：一是前后没有照应，如前面说了上座率 70%，后面计算时又没有考虑进去；前面定下的报酬率是 13%，后面又采用了 15%。二是数据来源没有出处或是错误，如有的估价报告中的房地产税、营业税的税率错误。三是判断推理没有充足的理由，如简单地下结论，却没有充足的理由支持该结论。

### 3. 要防止错别字和错漏

要防止出现错别字，特别是一些容易混淆的字不能错，例如坐落(不是座落)、坐标(不是座标)、账目(不是帐目)等。另外不要漏字，特别是数字不能缺漏。

# 本 章 小 结

　　房地产估价报告是房地产估价机构记述估价过程和估价结果的文件，是给委托方的书面答复，是关于估价对象的客观合理价格或价值的研究报告，在撰写中应该满足其基本要求，即要做到全面、客观、准确、概括以及公正。

　　房地产估价报告的形式分为口头报告和书面报告。书面报告按照其格式又可分为表格式和叙述式两种。根据我国房地产估价规范，叙述式估价报告应包括封面、目录、致委托方函、评估师声明、估价的假设和限制条件、估价结果报告、估价技术报告以及附件等几个部分。

　　房地产估价报告的写作属于专业写作，一份高质量的房地产估价报告，依赖于估价人员良好的综合素质。综合素质的提高，只能在实践中不断积累和提高。撰写房地产估价报告要求格式讲究、规范性强；对象明确、针对性强；依据充分、合理性强；集思广益、群体性强；条理缜密、逻辑性强。同时房地产估价报告也有其特定的语言文字要求，主要有对词义、语句的要求、防止错字漏字等，另外还有段落、结构安排，文字说明、图表的结合使用，专业术语规范等问题。

# 复习思考题

## 一、简答题

1.　什么是房地产估价报告？简述房地产估价报告的要求。
2.　简述房地产估价报告的主要组成内容。
3.　撰写房地产估价报告的要求是什么？

## 二、指错题：下列估价报告存在多处错误，请指明其中的 13 处。

### 某办公用地地价评估报告

封面及目录(略)

致委托人函(略)

注册房地产估价师声明(略)

估价的假设和限制条件(略)

### 某办公用地估价结果报告

一、委托人：××建筑装饰工程公司(法定代表人××；住所：××)

二、估价机构：××房地产咨询服务公司

三、估价对象

1. 估价对象概况：估价对象办公用地坐落在 G 市××路华信商贸区出口处，南临××公路，距 G 市 5 号高速公路入口处约 200m，西临××大学，北面和南面各有××大型停车场和×停车场。该地段是全国各地工业、农贸商品的集散地，周围有较多的大型停车场、商品批发市场和众多的商铺、招待所、各地办事处等设施。估价对象正处于该地段的中心位置，具有较高的开发价值，经估价人员现场勘查确认，估价对象已完成"七通一平"达到开发建设的要求。

2. 估价对象规划设计条件

规划用途：办公

总占地面积：$1000m^2$

容积率：4

覆盖率 250%

总建筑面积：$4000m^2$

建筑物层数：8 层

四、估价目的：为委托方以土地合资入股提供依据

五、估价作业日期：2007 年 7 月 1 日至 10 日

六、估价时点：2007 年 7 月 1 日

七、估价原则：(略)

八、估价依据：(略)

九、价值定义：本次估价采用公开市场价值标准。

十、采用的估价方法

根据估价对象情况、房地产市场状况及对所掌握资料分析，估价对象为待建筑的土地，而建成后的办公楼拟全部售出，故可采用假设开发法进行估价，其计算公式为：

地价=楼价-建筑费-专用费用-销售费用-利息-税费-开发商利润

十一、估价结果：估价对象办公用地在估价时点的市场价值为 762 万元，即人民币柒佰6拾贰万元整。

十二、估价人员：(略)

十三、估价报告应用的有效期：(略)

## 某办公用地估价技术报告

一、个别因素分析(略)

二、区域因素分析(略)

三、市场背景分析(略)

四、最高最佳使用分析(略)

五、估价方法选用：根据估价对象具体情况和估价目的，本报告采用假设开发法进行估价。

六、估价测算过程

1. 预计出售楼价

预计 30% 房屋在建成后即可售出；50%房屋半年后售出；20%房屋一年后售出。根据对市场行情的调查和预测，预计其平均售价为 6000 元/$m^2$。

2. 预计建设期

预计到 2008 年 7 月可完全建成投入使用。

3. 估计开发费以及开发商利润

估计建筑费为 2000 元/ $m^2$；专业费为建筑费的 6%；年利息率为 6%，年贴现率为 10%，

销售费用为楼价的 3%；税费为楼价的 18%，包括销售过程中的税费、所得税及增值税等；开发商利润为 20%。

4. 求取地价

(1) 总楼价=$4000×6000/(1+10\%)^1×[30\%/(1+10\%)^0+50\%/(1+10\%)^{0.5}+20\%/(1+10\%)^1]$
=22 682 090(元)

(2) 总建筑费=4000×2000=8 000 000(元)

(3) 总销售费用=22 682 090×3%=680 462.7(元)

(4) 总利息，假定总建筑费在一年建设期中均匀支出则
总利息=地价×6%+8 000 000×0.5%×%=0.06×地价+240 000

(5) 总税费=22 682 090×18%=408 2776.2(元)

(6) 利润=总建筑费×20% =8 000 000×20%=160 000(元)

由上计算得出

总地价=22 682 090-8 000 000-680 462.7-0.06×地价-240 000-4 082 776.2-1 600 000

总地价 =8 078 851.1/1.06=7 621 557.6(元)

单位地价 =7621 557.6/4000=1905.35(元/m$^2$)

七、估价结果确定

本估价所根据委托方之估价目的，遵守估价原则，按照估价程序，选用科学的评估方法，结合委托方提供的资料，在认真分析现有资料的基础上，经过测算，结合估价师的评估经验，确定某办公用地在估价时点的市场价值为762万元，即，人民币染佰 6 拾贰万元整。

八、附件(略)

# 附　录

# 附录 1　房　　屋

### 1. 房屋的主要材料

地板。包括：塑胶地板、实木地板、复合地板、强化地板、竹地板、塑料地板、软木地板、地板辅料。

窗。塑钢窗、木窗、铝合金窗、钢窗、玻璃/钢窗、纱窗。

板材。复合板材、人造板材、密度板、细木工板、烘干板材、水曲柳板材、松木板材。

石材。大理石、花岗石、板岩、人造石、石英岩、石灰石、石板材、文化石、异形石材、弧形材、石材拼花、石雕圆柱、台面板。

木材。原木、木质线材、原木片材、木龙骨、防腐木。

墙体材料。内外墙砖、幕墙隔断、墙漆、腻子、漆壁纸。

水泥砖瓦。水泥、水泥制品、砌块、黄沙、混凝土、水泥、外加剂、石子。

金属建材。钢材、钢板、钢管、铁艺、热轧型钢、镀锌钢管、金属网、镀锌板、不锈钢材料、冷弯型钢。

耐火/防火材料。防火封堵材料、防火设备、防火消烟设备、防火玻璃材料、阻燃剂防火涂料。

### 2. 房屋的基本构件

一幢房屋由基础、墙或柱、楼地面、楼梯、屋顶、门窗等部分组成。

基础。基础是房屋埋在地面以下的最下方的承重构件。它承受着房屋的全部荷载，并把这些荷载传给地基。

墙或柱。墙或柱是房屋的垂直承重构件，它承受屋顶、楼层传来的各种荷载，并传给基础。外墙同时也是房屋的围护构件，抵御风雪及寒暑对室内的影响，内墙同时起分隔房间的作用。

楼地面。楼板是水平的承重和分隔构件，它承受着人和家具设备的荷载并将这些荷载传给柱或墙。楼面是楼板上的铺装面层；地面是指首层室内地坪。

楼梯。楼梯是楼房中联系上下层的垂直交通构件，也是火灾等灾害发生时的紧急疏散要道。

屋顶。屋顶是房屋顶部的围护和承重构件，用以防御自然界的风、雨、雪、日晒和噪声等，同时承受自重及外部荷载。

门窗。门具有出入、疏散、采光、通风、防火等多种功能；窗具有采光、通风、观察、眺望的作用。

此外，房屋还有通风道、烟道、电梯、阳台、壁橱。勒脚、雨篷、台阶、天沟、雨水管等配件和设施，在房屋中根据使用要求分别设置。

### 3. 房屋的主要结构形式

按承重结构所用的材料来划分，一般可以分为钢结构、钢筋混凝土结构、砖混结构、砖木结构等。按建筑类型来分：框架结构、剪力墙结构、框架—剪力墙结构、核心筒结构、框支剪力墙结构、无梁楼盖结构。

钢结构。以钢材制作为主的结构，用型钢或钢板制成基本构件，根据使用要求，通过焊接或螺栓连接等方法，按照一定规律组成的承载机构叫作钢结构。钢结构在各项工程建设中的应用极为广泛，如钢桥、钢厂房、钢闸门、各种大型管道容器、高层建筑和塔轨机构等。

钢筋混凝土结构。指用配有钢筋增强的混凝土制成的结构。承重的主要构件是用钢筋混凝土建造的。钢筋承受拉力，混凝土承受压力。具有坚固、耐久、防火性能好、比钢结构节省钢材和成本低等优点。

砖混结构。砖混结构是指建筑物中竖向承重结构的墙、柱等采用砖或者砌块砌筑，横向承重的梁、楼板、屋面板等采用钢筋混凝土结构。也就是说砖混结构是以小部分钢筋混凝土及大部分砖墙承重的结构。砖混结构是混合结构的一种，是采用砖墙来承重，钢筋混凝土梁柱板等构件构成的混合结构体系。

砖木结构。砖木结构指建筑物中竖向承重结构的墙、柱等采用砖或砌块砌筑，楼板、屋架等用木结构。由于力学工程与工程强度的限制，一般砖木结构是平层(1～3层)。这种结构建造简单，材料容易准备，费用较低。通常用于农村的屋舍、庙宇等。

**4. 房屋等级**

建筑物的等级一般按耐久性、耐火性、设计等级等进行划分。

(1) 耐久等级

按耐久等级划分，共分为四级：一级，耐久年限100年以上；二级，耐久年限50～100年；三级，耐久年限25～50年；四级，耐久年限15年以下。建筑物设计使用年限分类详见附表1。

附表1　建筑物设计使用年限分类

| 类　别 | 设计使用年限/年 | 示　例 |
|---|---|---|
| 1 | 5 | 临时性建筑 |
| 2 | 25 | 易于替换结构构件的建筑 |
| 3 | 50 | 普通建筑和构筑物 |
| 4 | 100 | 纪念性建筑和特别重要的建筑 |

(2) 耐火等级

耐火等级是衡量建筑物耐火程度的指标，它是由组成建筑物构件的燃烧性能和耐火极限的最低值所决定。《建筑设计防火规范》(GB 50016—2006)按耐火等级划分为四级，一级的耐火性能最好，四级最差。性能重要的或者规模宏大的或者具有代表性的建筑，通常按一、二级耐火等级进行设计；大量性的或一般性的建筑按二、三级耐火等级设计；次要的或者临时建筑按四级耐火等级设计。耐火等级按耐火极限和燃烧性能这两个因素确定。

(3) 重要等级

建筑物的重要等级是从重要性、防火、耐久年限等不同角度划分的建筑物级别。民用建筑可按以下方式划分为五等：

特等：具有重大纪念性、历史性、国际性和国家级的种类建筑。

甲等：高级居住建筑和公共建筑。

乙等：中级居住建筑和公共建筑。

丙等：一般居住建筑和公共建筑。

(4) 房屋完损等级

房屋完损等级是根据房屋结构、装修、设备三部分各项目完好损坏程度决定的。房屋完损等级分为五个等级：

① 完好房：结构完好，装修完好，设备完好，且房屋各部分完好无损，无须修理或经过一般小修就能正常使用。

② 基本完好房：结构基本完好，少量构件有轻微损坏；装修基本完好，小部分有损坏，油漆缺乏保养，小部分装饰材料老化、损坏；设备基本完好，部分设备有轻微损坏。房屋损坏部分不影响房屋正常使用，一般性维修可修复。

③ 一般损坏房：结构一般性损坏，部分构件损坏或变形，屋面局部渗漏，部分结构变形，有裂缝；装修局部有破损，油漆老化，抹灰和装饰砖小面积脱落，门窗有破损；设备部分损坏、老化、残缺、不能正常使用，管道不够通畅，水电等不能正常使用。房屋需进行中修或局部大修、更换部分构件才能正常使用。

④ 严重损坏房：结构严重损坏，结构有明显变形或损坏，屋面严重渗漏，构件严重损坏；装修严重变形、破损，装饰材料严重老化、脱落，门窗严重松动、变形或腐蚀；设备陈旧不齐全，管道严重堵塞，水、卫、电等设备残缺不全或损坏严重。房屋需进行全面大修、翻修或改建，才能正常使用。

⑤ 危险房：指结构已严重损坏，承重构件已属危险构件，随时可能丧失稳定和承载能力，不能保证居住和使用安全的房屋。

依据国家标准《建筑工程抗震设防分类标准》，建筑物的抗震设防等级应根据下列因素综合分析确定：

① 建筑破坏造成的人员伤亡、直接经济损失和间接经济损失及社会影响的大小；

② 城市的大小和地位、行业的特点、工矿企业的规模；

③ 建筑使用功能失效后，对全局的影响范围大小、抗震救灾影响及恢复的难易程度；

④ 建筑各区段的重要性有显著不同时，可按区段划分抗震设防类别；

⑤ 不同行业的相同建筑，当所处地位及地震破坏所产生的后果和影响不同时，其抗震设防类别可不相同。

(5) 建筑应根据其使用功能的重要性分为甲类、乙类、丙类、丁类四个抗震设防类。各抗震设防类别建筑的抗震设防标准，应符合下列要求：

① 甲类建筑

地震作用应高于本地区抗震设防烈度的要求，其值应按批准的地震安全性评价结果确定；抗震措施，当抗震设防烈度为6～8度时，应符合本地区抗震设防烈度提高一度的要求，当为9度时，应符合比9度抗震设防更高的要求。

② 乙类建筑

地震作用应符合本地区抗震设防烈度的要求；抗震措施，一般情况下，当抗震设防烈度为6～8度时，应符合本地区抗震设防烈度提高一度的要求，当为9度时，应符合比9度抗震设防更高的要求；地基基础的抗震措施，应符合有关规定。对较小的乙类建筑，当其结构改用抗震性能较好的结构类型时，应允许仍按本地区抗震设防烈度的要求采取抗震措施。

③ 丙类建筑

地震作用和抗震措施均应符合本地区抗震设防烈度的要求。

④ 丁类建筑

一般情况下，地震作用仍应符合本地区抗震设防烈度的要求；抗震措施应允许比本地区抗震设防烈度的要求适当降低，但抗震设防烈度为 6 度时不应降低。

# 附录2　房　产　图

房产图是房地产产权、产籍管理的重要资料，按房产管理的需要分为房产分幅平面图(简称分幅图)、房产分丘平面图(简称分丘图)和房产分户平面图(简称分户图)。

房产分幅图是全面反映房屋及其用地的位置和权属等状况的基本图，是测绘分丘图和分户图的基础资料，也是房产登记和建立产籍资料的索引和参考资料。分幅图的绘制范围包括城市、县城、建制镇的建成区和建成区以外的工矿企事业等单位及毗连居民点。建筑物密集地区的分幅图一般采用 1∶500 比例尺，其他区域的分幅图可以采用 1∶1000 的比例尺。

房产分丘图是房产分幅图的局部图，是反映本丘内所有房屋及其用地情况、权界位置、界址点、房角点、房屋建筑面积、用地面积、四至关系、权利状态等各项房地产要素。也是绘制房产权证附图的基本图。房产分丘图以丘为单位绘制。比例尺为 1∶100～1∶1000，幅面可在 787mm×1092mm 的 4～32 开选用。

房产分户图是在分丘图基础上绘制的细部图，以一户产权人为单位，表示房屋权属范围的细部图。是根据各户所有房屋的权属情况，分幢或分层对本户所有的房屋的坐落、结构、产别、层数、层次、墙体归属、权利状态、产权面积、共有分摊面积及其用地范围等各项房产要素，以明确房产毗连房屋的权利界线，供核发房屋所有权证的附图使用。房产分户图以产权登记户为单位绘制。是房产证的附图。比例尺一般为 1∶200，当房屋图形过大或过小时，比例尺可适当放大或缩小，幅面可选 787mm×1092mm 的 32 开或 16 开。分户图上房屋的边长应实际丈量，注记取至 0.01m，注在图上相应位置。分户图表示的主要内容包括房屋权界线、四面墙体的归属和楼梯、专道等部位以及门牌号、所在层次、户号、室号、房屋建筑面积和房屋边长等。房屋产权面积包括套内建筑面积和共有分摊面积，标注在分户图框内。楼梯、走道等共有部位，需在范围内加简注。

# 附录3　建筑工程图

建筑工程图是用于表示建筑物的内部布置情况，外部性状，以及装修、构造、施工要求的有关图件。建筑工程图包括建筑施工图、结构施工图、给排水施工图、采暖施工图、通风施工图和电气工程图等。建筑施工图又包括建筑总平面图、建筑平面图、建筑立面图、建筑剖面图和建筑详图。

建筑总平面图简称为总平面图。建筑总平面图是假设在建设区的上空向下投影所得的水平投影图。总平面图反映新建建筑物的平面形状、层数、位置、标高、朝向与原有建筑物的关系，周围道路、绿化布置及地形地貌等内容。它是新建建筑物定位、施工放线、土方施工及作施工总平面设计的重要依据。总平面图主要表达拟建房屋的位置和朝向。

建筑平面图是假想在房屋的窗台以上作水平剖切后，移去上面部分作剩余部分的正投影而得到的水平剖面图。它表示建筑的平面形式、大小尺寸、房间布置、建筑入口、门厅及楼梯布置的情况，表明墙、柱的位置、厚度和所用材料以及门窗的类型、位置等情况。主要图纸有首层平面图、二层或标准层平面图、顶层平面图、屋顶平面图等。其中屋顶平面图是在房屋的上方，向下作屋顶外形的水平正投影而得到的平面图。

建筑立面图是在与房屋立面相平行的投影面上所作的正投影图，简称立面图。其中反映主要出入口或比较显著地反映出房屋外貌特征的那一面立面图，称为正立面图。其余的立面图相应称为背立面图，侧立面图。通常也可按房屋朝向来命名，如南北立面图，东西立面图。建筑立面图大致包括南、北立面图，东、西立面图四部分，若建筑各立面的结构有丝毫差异，都应绘出对应立面的立面图来诠释所设计的建筑。建筑立面图的比例与平面图一致，常用 1∶50，1∶100，1∶200 的比例绘制。

建筑剖面图是假想用一个或多个垂直于外墙轴线的铅垂剖切面，将房屋剖开，所得的投影图，称为建筑剖面图，简称剖面图。剖面图用以表示房屋内部的结构或构造形式、分层情况和各部位的联系、材料及其高度等，是与平、立面图相互配合的不可缺少的重要图样之一。

建筑详图是建筑细部的施工图，是建筑平面图、立面图、剖面图的补充。因为立面图、平面图、剖面图的比例尺较小，建筑物上许多细部构造无法表示清楚，根据施工需要，必须另外绘制比例尺较大的图样才能表达清楚。

建筑结构施工图。建筑结构施工图表示建筑物的各承重构件(如基础、承重墙、柱、梁、板、屋架、屋面板等)的布置、形状、大小、数量、类型、材料做法以及相互关系和结构形式等图样称为结构施工图，简称"结施"。

# 附录 4　房 屋 面 积

## 1．建筑面积和使用面积

建筑面积亦称建筑展开面积，它是指住宅建筑外墙勒脚以上外围水平面测定的各层平面面积之和。指建筑物长度、宽度的外包尺寸的乘积再乘以层数。它是表示一个建筑物建筑规模大小的经济指标。每层建筑面积按建筑物勒脚以上外墙围水平截面计算。它包括三项，即使用面积、辅助面积和结构面积。建筑面积=有效面积+结构面积=使用面积+辅助面积+结构面积。

使用面积指建筑物各层平面中直接为生产或生活使用的净面积的总和。辅助面积指建筑物各层平面为辅助生产或生活活动所占的净面积的总和，例如居住建筑中的楼梯、走道、厕所、厨房等。结构面积指建筑物各层平面中的墙、柱等结构所占面积的总和。

依据对建筑物建筑面积的组成部分可划分为总建筑面积、地上建筑面积和地下建筑面

积，地上建筑面积和地下建筑面积之和为总建筑面积。依据是否产生经济效益可划分为可收益的建筑面积、无收益的建筑面积、必须配套的建筑面积。按建筑物内使用功能不同可划分为住宅功能的建筑面积、商业功能的建筑面积、办公功能的建筑面积、工业功能的建筑面积、配套功能的建筑面积、人防功能的建筑面积。

按成套房屋建筑面积构成可划分为套内建筑面积和分摊的共有公用建筑面积，两者之和为成套房屋的建筑面积。房屋的套内建筑面积和其分摊的共有公用建筑面积就是房屋权利人所有的总的建筑面积，也是房屋在权属登记时的两大要素。

### 2. 套内建筑面积

套内建筑面积=套内使用面积+阳台面积+墙体面积，套内使用面积是能供真正使用的套内面积，不含内墙、外墙等所占的面积的，是可使用的净面积之和。按房屋的内墙面水平投影计算，等于各功能使用空间墙体内表面所围合的水平投影面积之和。按照《房产测量规范》的规定，全封闭阳台的建筑面积按其外围水平投影面积计算；未封闭阳台的建筑面积按其外围水平投影面积的一半计算。墙体面积包括内墙面积、外墙的一半面积以及分户墙的一半面积的建筑面积。

### 3. 公用建筑面积和分摊公用建筑面积

现行公用建筑面积由两部分组成：一是电梯井、楼梯间、垃圾道、变电室、设备间、公共门厅和过道、地下室、值班室、警卫室以及其他功能上为整幢建筑物服务的公共用房和管理用房建筑面积；二是套(单元)与公共建筑空间之间的分隔墙(包括山墙)墙体按建筑平面图纸轴线以外的水平投影面积。

此外以下三种公用建筑不得分摊到本幢建筑物内：一是非本幢建筑物(如锅炉房、变电所、泵房等)；二是已作为独立使用空间的地下室、车库等；三是作为人防工程的地下室。

公摊公用建筑面积=公用建筑面积公摊系数×套内建筑面积；公用建筑面积分摊系数=公用建筑面积/套内建筑面积之和。

### 4. 预测面积和实测面积

预测面积是指在商品房期房(有预售销售证的合法销售项目)销售中，根据国家规定，由房地产主管机构认定具有测绘资质的房屋测量机构，主要依据施工图纸、实地考察和国家测量规范对尚未施工的房屋面积进行一个预先测量计算的行为，它是开发商进行合法销售的面积依据。

实测面积是指商品房竣工验收后，工程规划相关主管部门审核合格，开发商依据国家规定委托具有测绘资质的房屋测绘机构参考图纸、预测数据及国家测绘规范之规定对楼宇进行的实地勘测、绘图、计算而得出的面积。它是开发商和业主的法律依据，是业主办理产权证、结算物业费及相关费用的最终依据。

### 5.合同约定面积、产权登记面积

合同约定面积是因开发商售出的只是预售房，并没有竣工验收，只有竣工验收后才能正式对房产面积进行测绘，在此之前售出的房产为预售房，所以面积与竣工后测绘的面积会产生误差。在售房前，开发商会通过图约计算出大概面积进行出售。

产权登记面积是房屋竣工验收后，购房合同内填写的测绘后面积(一般签订正式购房合同后，开发商应在 90 天内将此合同到当地房产管理局进行注册，合同内的建筑面积也就是将来的产权证上的产权登记面积)以及房屋产权证上的面积。

# 附录5　房　产　税

房产税是以房屋为征税对象，按房屋的计税余值或租金收入为计税依据，向产权所有人征收的一种财产税，又称房屋税。《中华人民共和国房产税暂行条例》第 1 条："房产税在城市、县城、建制镇和工矿区征收。"第 2 条："房产税由产权所有人缴纳。产权属于全民所有的，由经营管理的单位缴纳。产权出典的，由承典人缴纳。产权所有人、承典人不在房产所在地的，或者产权未确定及租典纠纷未解决的，由房产代管人或者使用人缴纳。"对涉外企业和个人暂不征收城市房地产税中的地产税，改为征收土地使用费。

房产税依照房产原值一次减除 10%至 30%后的余值计算缴纳。房产出租的，以房产租金收入为房产税的计税依据。房产税的税率，依照房产余值计算缴纳的，税率为 1.2%；依照房产租金收入计算缴纳的，税率为 12%。具体减除幅度，由省、自治区、直辖市人民政府规定。没有房产原值作为依据的，由房产所在地税务机关参考同类房产核定。

下列房产免纳房产税：①国家机关、人民团体、军队自用的房产；②由国家财政部门拨付事业经费的单位自用的房产；③宗教寺庙、公园、名胜古迹自用的房产；④个人所有非营业用的房产；⑤经财政部批准免税的其他房产。

房产税由房产所在地的税务机关征收，房产税具体纳税时间不同，比如纳税人自行新建房屋用于生产经营，从建成之次月起，缴纳房产税；纳税人将原有房产用于生产经营，从生产经营之月起，缴纳房产税；纳税人购置存量房，自办理房屋权属转移、变更登记手续，房产权属登记机关签发房屋权属证书之次月起，缴纳房产税；纳税人出租、出借房产，自交付出租、出借房产之次月起，缴纳房产税；纳税人委托施工企业建设的房屋，从办理验收手续之次月起，缴纳房产税；纳税人购置新建商品房，自房屋交付使用之次月起，缴纳房产税；房地产开发企业自用、出租、出借该企业建造的商品房，自房屋使用或交付之次月起，缴纳房产税。按年征收、分期缴纳。

房产税试点城市一：重庆(试点的区域为主城九区，包括渝中区、江北区、沙坪坝区、九龙坡区、大渡口区、南岸区、北碚区、渝北区、巴南区，含北部新区、高新技术开发区、经济技术开发区)。

三种情形需要缴纳房产税：①个人拥有的独栋别墅。认定标准是：在国有土地上依法修建的独立、单栋且与相邻房屋无共墙、无连接的成套住宅，对于单位提供的独栋别墅，由于只有使用权，没有产权，就不需要交税；②个人新购的高档住房。高档住房是指建筑面积交易单价达到上两年主城九区新建商品住房成交建筑面积均价 2 倍(含 2 倍)以上的住房；③在重庆市同时无户籍、无企业、无工作的个人新购的第二套房子，不管是高档房还是低档房，都得缴税。

征收税率：平均价格 3 倍以下为 0.5%，3～4 倍为 1%，4 倍以上为 1.2%，在重庆市同时无户籍、无企业、无工作的个人新购的第二套房(含第二套)以上的普通住房，税率统一都是 0.5%。对于免税面积，重庆规定 2011 年 1 月 28 日前拥有的独栋商品住宅，免税面积为

180 平方米；新购独栋商品住宅、高档住房，免税面积为 100 平方米。免税面积以家庭为单位进行扣除，一个家庭只能按时间顺序对先购的第一套应税住房扣除免税面积。在重庆市同时无户籍、无企业、无工作的个人应税住房不予扣除；纳税人家庭拥有的第二套(含)以上的应税住房不予扣除。

上房产税试点城市二：上海

本地户籍新购且属于家庭第二套以上；外地户籍新购都属于应税房屋。首次计税价格为交易价格 70%，以后按评估价。税率为 0.6%，对于低于平均价格 2 倍的，按 0.4%缴纳；免税额为人均 60(含 60)平方米。对第二套购入后一年内第一套卖出的，实行退税政策。

# 附录6  利　　息

现代西方经济学对于利息的基本观点，是把利息理解为：投资人让渡资本使用权而索要的补偿。实际中，利息是借贷关系中由借入方支付给贷出方的报酬。利息的本质是利润的一部分，是剩余价值的转化形式。

### 1. 单利

单利是指单纯按本金计算出来的利息。利息($i$)=本金($p$)×利率($r$)×期限($n$)。单利法是指按单利计算利息的方法，即在计息时只按本金计算利息，不将利息额加入本金一并计算的方法。

### 2. 复利

复利是单利的对称，是指将按本金计算出来的利息额再加入本金，一并计算出来的利息，俗称"利滚利"，不仅本金计利，利息也计利。

例如，本金为 10 万元，如果年利率是 5%，期限 1 年，单利与复利没有区别。如果本金为 10 万元，如果年利率是 5%，期限是 12 年，则单利与复利计算是有区别的：

(1) 单利计算：

本息= 100 000+100 000×5%×12=160 000(元)

(2) 复利计算：

本息= 100 000×$(1+5\%)^{12}$=100 000×1.79 585 632 602 213=179 585.70(元)

比如，我们国家的银行存款利息和一般情况下的贷款利息都是单利计息。计息形式可能与经济发达程度有关，西方经济发达国家多采用复利计息。

### 3. 终值和现值

终值是未来某一时点上的本利和，一般是指到期的本利和。现值是未来本利和的现在价值。一般情况下，若用 $P$ 表示现值，意思是资金发生在 0 点(或者相当于 0 点)的价值，$F$ 表示终值，意思是资金发生在 $n$ 年末(或者相当于 $n$ 年末)的价值。

例：某公司借款 100 万元，年复利率 $i$=10%，试问 5 年末连本带利一次需偿还多少？

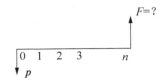

公司借款 100 万元，指的是现在借款，即已知现值 $p$；$i$=10%，问 5 年末的还款，则 $n$=5；直接利用公式即可。$F=p(1+i)_n=100×(1+10\%)5=100×1.61051=161.051$（万元）。

例：某投资人若 10 年内每年末存 10000 元，年利率 8%，问 10 年末本利和为多少？

分析：10 年内每年末存 10000 元，则已知 $A$=10000，$i$=8%，$n$=10，求 $F$，直接利用公式即可。

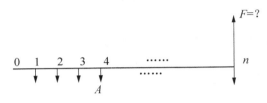

$$F = A\frac{(1+i)^n - 1}{i} = 10\,000 × \frac{(1+8\%)^{10} - 1}{8\%} = 10\,000 × 14.487 = 144\,870（元）$$

### 4. 年金

年金是在一段连续期间内的一系列固定的现金付款。例如汽车贷款或购房贷款就是年金，通常用 $A$ 表示年金。

普通年金终值=年金终值系数×年金，年金终值系数=[(1+利率)^期限数-1]/利率；普通年金现值=年金现值系数×年金，年金现值系数=[1-(1+利率)^(1-期限数)]/利率。

计算公式：$F=A\frac{(1+i)^n - 1}{i}$。式中的 $\frac{(1+i)^n - 1}{i}$ 是普通年金为 1 元、利率为 $i$、经过 $n$ 期的年金终值，记作 $(F/A，i，n)$。$A=F·\frac{i}{(1+i)^n - 1}$，式中的 $\frac{i}{(1+i)^n - 1}$ 是普通年金终值系数的倒数，称偿债基金系数，记作 $(A/F，i，n)$。

普通年金现值计算公式为：$p=A[1-(1+i)-n]/i$。式中的 $[1-(1+i)-n]/i$ 是普通年金为 1 元、利率为 $i$、经过 $n$ 期的年金现值，记作 $(p/A，i，n)$。$A=p×\frac{i}{1-(1+i)^n}$。上述计算过程中的 $\frac{i}{1-(1+i)^n}$ 是普通年金现值系数的倒数，它可以把普通年金现值折算为年金，称作投资回收系数。

例：在第一期末的 100 元，应赚得两期的利息，因此，到第三期末其值为 121 元；在第二期末的 100 元，应赚得一期的利息，因此，到第三期末其值为 110 元；第三期末的 100 元，没有计息，其价值是 100 元。整个年金终值 331 元。

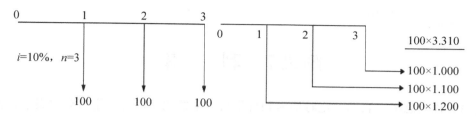

例：某人出国 3 年，请你代付房租，每年租金 100 元，设银行存款利率为 10%，他应当现在给你在银行存入多少钱？

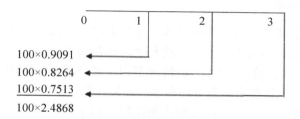

预付年金是指在每期期初支付的年金，又称即付年金或先付年金。

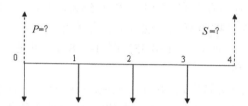

例：6 年分期付款购物，每年初付 200 元，设银行利率为 10%，该项分期付款相当于一次现金支付的购价是多少？

递延年金是指第一次支付发生在第二期或第二期以后的年金，如图所示。

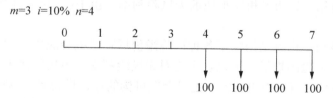

无限期定额支付的年金，称为永续年金。永续年金没有终止的时间，也就没有终值。

例：拟建立一项永久性的奖学金，每年计划颁发 10000 元奖金。若利率为 10%，现在应存入多少钱？

$$p = 10\,000 \times \frac{1}{10\%}$$
$$= 100\,000(元)$$

例：如果一股优先股，每季分得股息 2 元，而利率是每年 6%。对于一个准备买这种股票的人来说，他愿意出多少钱来购买此优先股？

$$p=\frac{2}{1.5\%}=133.33(元)$$

# 附录7 利 率

利率又称利息率，表示一定时期内利息量与本金的比率，通常用百分比表示，按年计算则称为年利率。体现资本增殖的程度，衡量利息量的尺度。其计算公式是：利息率=利息量÷本金÷时间×100%。

## 1. 名义利率与实际利率

名义利率是指包括了通货膨胀因素的利率，通常金融机构公布或采用的利率都是名义利率。实际利率是指货币购买力不变条件下的利率，通常用名义利率减去通货膨胀率即为实际利率。这是一个容易混淆的问题。一般情况下利率都是按年给出的，即年利率。如果计息期也是以年为单位，则该利率即为实际利率；如果计息期是以月、季、或半年为单位，那么该利率就是名义利率。一般在实际管理中所使用的利率均为实际利率，因此要将名义利率换算为实际利率。

以 1 年为计息基础，按照第一计息周期的利率乘以每年计息期数，就是名义利率，是按单利的方法计算的。例如存款的月利率为 0.55%，1 年有 12 月，则名义利率即为 0.55%×12=6.6%。实际利率是按照复利方法计算的年利率。例如存款的月利率为 0.55%，1 年有 12 月，则名义利率为 0.55%，即 $(1+0.55\%)^{12}-1=6.8\%$，可见实际利率比名义利率高。在项目评估中应该使用实际利率。

名义利率与实际利率的换算公式为：$i_{实际利率}=(i_{名义利率}+i_{名义利率}/m)^{m}-1$

式中：$m$ 为依据计息期所算出的年计息次数(若计息期以年为单位，则 $m=1$)。

## 2. 基准利率与无风险利率

基准利率是指在多种利率并存的条件下，其他利率会相应随之变动的利率。在市场经济中，基准利率是指通过市场机制形成的无风险利率。由于：利率=机会成本补偿水平+风险溢价水平。

所以，无风险利率也就是消除了各种风险溢价后补偿机会成本的利率。由于现实生活中并不存在绝对无风险的投资，所以也无绝对无风险利率；市场经济中，只有国债利率可用于代表无风险利率。有的中央银行规定对金融机构的存、贷利率，也称基准利率。其中，如中国人民银行直取基准利率字眼，并必须执行；有的不用基准利率字眼，其意义在于诱导市场利率的形成。

## 3. 正利率和负利率

当名义利率高于通货膨胀率、实际利率大于 0 时，即为正利率；反之则为负利率。

## 4. 官定利率、公定利率与市场利率

官定利率又称法定利率，是由一国中央银行所规定的利率，各金融机构必须执行。公定利率由民间权威性金融组织商定的利率,各成员机构必须执行。市场利率是指按市场规律

自由变动的利率，它主要反映了市场内在力量对利率形成的作用。

### 5. 固定利率与浮动利率

固定利率是指在整个借贷期间内按事先约定的利率计息而不作调整的利率。浮动利率是指在借贷期间内随市场利率的变化而定期进行调整的利率。

### 6. 年率、月率与日率

年利率以年为单位计算利息时的利率，通常以%表示。月利率以月为单位计算利息时的利率，通常以‰表示。日利率以日为单位计算利息时的利率，通常以‰。表示。中国的"厘"，年率1厘，即1%；月率1厘，即1‰；日率1厘，即0.1‰。

# 附录 8  利息率与收益率

利息率是一定时期的利息额与本金的比率，是一种反映利息水平高低的指标。收益率是收益额与投资额的比率，是反映收益水平高低的指标。利息率与收益率是既相互区别，又相互联系的。

对于存款来说，由于到期偿还金额与最初投资资本金是一样的，因此，利率与收益率是一样的。以债券为例，对于大多数债权凭证来说，如可流通的债券凭证，由于二级市场价格是波动的，债券参与二级市场交易，实现的价值就不确定，从而收益率可能会高于或低于票面利率。因此，有些债券虽然有票面利率，但实际收益率与票面利率却不相等，这种反映投资者实际获利水平的收益率又被称为有效利率。一般来说，一张债券主要由期限、本金、面值、价格、利息率、收益率和偿还方式等组成。

对"利息率"来讲，利息就是这个比例的分子，本金就是这个比例的分母。利息率一般就写在债券的票面上，它能在本金的基础上衡量应该得多少利息。利息的支付有到期一次性支付、按年支付、半年支付一次和按季付息等几种形式，至于每种债券的支付形式是哪一种，这也在债券的票面上写着。对"收益率"来说，收益就是这个比例的分子，本金就是这个比例的分母。投资债券，收益并不仅仅只有利息，还可能会有债券价差，也就是债券发行价格同面值之间差额(溢价发行的情况就要在收益里扣除溢价部分)；也可能有前期所得利息的再投资收益。所以，投资收益不等于投资利息收入，利息率当然就不等于收益率。

# 附录 9  折现率与贴现率

### 1. 折现率

折现率是指将未来有限期预期收益折算成现值的比率。本金化率和资本化率或还原利率则通常是指将未来无限期预期收益折算成现值的比率。折现率不是利率。因为：①利率是资金的报酬，折现率是管理的报酬。利率只表示资产(资金)本身的获利能力，而与使用条件、占用者和使用途径没有直接联系，折现率则与资产以及所有者使用效果相关。②如果将折现率等同于利率，则将问题过于简单化、片面化了。折现率不是贴现率。因为：两者计算过程有所不同。折现率是外加率，是到期后支付利息的比率；而贴现率是内扣率，是预先扣除贴现息后的比率。

要搞清楚折现率，就必须先从折现开始分析。折现作为一个时间优先的概念，认为将来的收益或利益低于现在同样的收益或利益，并且随着收益时间向将来的推迟的程度而有系统地降低价值。同时，折现作为一个算术过程，是把一个特定比率应用于一个预期的现金流，从而得出当前的价值。从估价的角度来讲，折现率是各类收益索偿权持有人要求报酬率的加权平均数，也就是加权平均资本成本；从折现率本身来说，它是一种特定条件下的收益率，说明资产取得该项收益的收益率水平。投资者对投资收益的期望、对投资风险的态度，都将综合地反映在折现率的确定上。同样的，现金流量会由于折现率的高低不同而使其内在价值出现巨大差异。

在投资学中有一个很重要的假设，即所有的投资者都是风险厌恶者。按照马科威茨教授的定义，如果期望财富的效用大于财富的期望效用，投资者为风险厌恶者；如果期望财富的效用等于财富的期望效用，则为风险中性者(此时财富与财富效用之间为线性关系)；如果期望财富的效用小于财富的期望效用，则为风险追求者。对于风险厌恶者而言，如果有两个收益水平相同的投资项目，他会选择风险最小的项目；如果有两个风险水平相同的投资项目，他会选择收益水平最高的那个项目。风险厌恶者不是不肯承担风险，而是会为其所承担的风险提出足够补偿的报酬率水平，即所谓的风险越大，报酬率越高。就整个市场而言，由于投资者众多，且各自的风险厌恶程度不同，因而对同一个投资项目会出现水平不一的要求报酬率。在这种情况下，即使未来的现金流量估计完全相同，其内在价值也会出现不容忽视的差异。当然在市场均衡状态下，投资者对未来的期望相同，要求报酬率相等，市场价格与内在价值也相等。因此，索偿权风险的大小直接影响着索偿权持有人要求报酬率的高低。比如，按照常规的契约规定，债权人对利息和本金的索偿权的不确定性低于普通股股东对股利的索偿权的不确定性，因而债权人的要求报酬率通常要低于普通股股东的要求报酬率。各类投资者的高低不同的要求报酬率最终构成资本成本。单项资本成本的差异反映了各类收益索偿权持有人所承担风险程度高低的差异。但归根结底，折现率的高低取决于现金流量风险的高低。具体言之，经营风险与财务风险越大，投资者的要求报酬率就会越高，如要求提高利率水平等，最终的结果便是折现率的提高。

而从企业投资的角度而言，不同性质的投资者的各自不同的要求报酬率共同构成了企业对投资项目的最低的总的要求报酬率，即加权平均资本成本。企业选择投资项目，必须以加权平均资本成本为折现率计算项目的净现值。财务估价的直接目的是确定持续经营过程中的企业价值。按照折现现金流量理论，决定企业价值的是企业的自由现金流量，折现率应是能够反映企业所有融资来源成本、应当涵盖企业所有收益索偿权持有人的报酬率要求的一个企业综合资本成本。加权平均资本成本正是这样的折现率。

基准折现率则是一个管理会计的概念，它实际上是折现率的基准，通常是用来评价一个项目在财务上，其内部收益率(IRR)、折现率是否达标的比较标准，通常基准折现率可选用社会基准折现率、行业基准折现率、历史基准折现率等作为评价项目的基准折现率。

### 2. 贴现率

贴现率是指将未来支付改变为现值所使用的利率，或指持票人以没有到期的票据向银行要求兑现，银行将利息先行扣除所使用的利率。这种贴现率也指再贴现率，即各成员银行将已贴现过的票据作担保，作为向中央银行借款时所支付的利息。

贴现率政策是西方国家的主要货币政策。中央银行通过变动贴现率来调节货币供给量和利息率，从而促使经济扩张或收缩。当需要控制通货膨胀时，中央银行提高贴现率，这样，商业银行就会减少向中央银行的借款，商业银行的准备金就会减少，而商业银行的利息将得到提高，从而导致货币供给量减少。当经济萧条时，银行就会增加向中央银行的借款，从而准备金提高，利息率下降，扩大了货币供给量，由此起到稳定经济的作用。但如果银行已经拥有可供贷款的充足的储备金，则降低贴现率对刺激放款和投资也许不太有效。中央银行的再贴现率确定了商业银行贷款利息的下限。

例：贴现率为10%，明年的100元在今年就相当于100×(1-10%)=90元，到了后年就是100×(1-10%)×(1-10%)，也就是说，今年用90元可以买到的东西相当于明年100元可以买到的东西。

# 附录 10　现金流量与净现值

### 1. 现金流量

现金流量是现代理财学中的一个重要概念，是指企业在一定会计期间按照现金收付实现制，通过一定经济活动(包括经营活动、投资活动、筹资活动和非经常性项目)而产生的现金流入、现金流出及其总量情况的总称。即，企业一定时期的现金和现金等价物的流入和流出的数量。企业一定时期内现金流入和现金流出是由各种因素产生的，现金流量表首先要对企业各项经营活动产生的现金和运用的现金流量进行合理的分类。现金流量按其产生的原因和支付的用途不同，分为以下三大类：经营活动产生的现金流量、投资活动产生的现金流量、筹资活动产生的现金流量。

经营活动产生的现金流量。指企业投资活动和筹资活动以外的所有交易活动和事项的现金流入和流出量。包括：销售商品、提供劳务、经营租赁等活动收到的现金；购买商品、接受劳务、广告宣传、缴纳税金等活动支付的现金。

投资活动产生的现金流量。指企业长期资产的购建和对外投资活动(不包括现金等价物范围的投资)的现金流入和流出量。包括：收回投资、取得投资收益、处置长期资产等活动收到的现金；购建固定资产、在建工程、无形资产等长期资产和对外投资等到活动所支付的现金等。

筹资活动产生的现金流量。指企业接受投资和借入资金导致的现金流入和流出量。包括：接受投资、借入款项、发行债券等活动收到的现金；偿还借款、偿还债券、支付利息、分配股利等活动支付的现金等。

### 2. 净现值

净现值是指在项目计算期内，按行业基准折现率或其他设定折现率计算的各年净现金流量现值的代数和。净现值是一个折现的绝对值正指标，即在进行长期投资决策分析时，应当选择净现值大的项目。

净现值法所依据的原理是：假设原始投资是按资本成本借入的，当净现值为正数时偿还本息后该项目仍有剩余的收益，当净现值为零时偿还本息后一无所获，当净现值为负数时该项目收益不足以偿还本息。资本成本是投资人要求的最低报酬率，净现值为正数表明项目可以满足投资人的要求。如果净现值为正数，表明投资报酬率大于资本成本，该项目可以增加股东财富。应予采纳。如果净现值为零，表明投资报酬率等于资本成本，不改变股东财富，没有必要采纳。如果净现值为负数，表明投资报酬率小于资本成本，该项目将减损股东财富，应予放弃。

计算净现值公式为：

$$净现值 = \sum_{k=0}^{n} \frac{I_k}{(1+i)^k} - \sum_{k=0}^{n} \frac{O_k}{(1+i)^k}$$

式中：$n$ 为项目期限；$I_k$ 为第 $k$ 年的现金流入量；$O_k$ 为第 $k$ 年的现金流出量；$i$ 为资本成本。

注意财务净现值是将项目寿命期内各年的财务净现金流量按照规定的折现率折现到项目实施初期的价值之和。

例：某房地产公司打算投资 30 万元建一幢办公楼，建设期一年，建成后该办公楼在前三年出租，每年末的净租金收入为 10 000 元，第三年年末将办公楼出售，价格为 30 万元，设折现率 $r=10\%$，试计算该项目的净现值，公司该投资项目是否可行？说明理由。

| 现金流量 | 0 | 1 | 2 | 3 | 4 | 累计 |
|---|---|---|---|---|---|---|
| 支出 | -30 | | | | | |
| 收入 | | | 1 | 1 | 31 | |
| 合计 | -30 | | 1 | 1 | 31 | |
| 折现率 | 1 | 1.1 | 1.21 | 1.331 | 1.4641 | |
| 现值 | -30 | 0 | 0.826446 | 0.751315 | 21.17342 | -7.24882 |

项目不可行。

# 附录 11　建筑物折旧的求取

## 一、建筑物折旧的含义和原因

### (一)建筑物折旧的含义

这里所讲的建筑物折旧，是估价上的折旧。估价上的折旧与会计上的折旧有相似之处，但因二者的内涵不同而有本质的区别。估价上的折旧是指各种原因造成的建筑物价值的实际减损，其金额为建筑物在估价时点时的市场价值与其重新购建价格之间的差额，即：

建筑物市场价值=建筑物重新构建价格-建筑物折旧

### (二)建筑物折旧的原因

根据引起建筑物的折旧的原因不同，将建筑物折旧分为物质折旧、功能折旧和外部折旧三大类。

### 1. 物质折旧

物质折旧又称物质磨损、有形损耗，是建筑物在物质实体方面的损耗所造成的价值损失。具体包括下列 4 个方面：自然老化；正常使用所造成的磨损；意外的破坏损毁；延迟维护所造成的损坏。

自然老化是由于自然力的作用而引起的(如风吹、日晒、雨淋等引起的建筑物腐朽、生锈、风化、基础沉降等)，与建筑物的实际经过年数(是从建筑物建成之日到估价时点时的日历年数)成正相关；同时，还受建筑物所在地区的气候和环境条件的影响，如酸雨多的地区，建筑物的损耗就大。

正常使用所造成的磨损主要是由于人工使用所引起的，与建筑物的使用性质、使用强度和使用年数成正相关。如居住用途的建筑物的磨损要低于工业用途的建筑物的磨损；工业用途的建筑物的磨损又分为腐蚀性的(如在使用过程产生对建筑物有腐蚀作用的废气、废液)和无腐蚀性的，腐蚀性的建筑物的磨损要高于无腐蚀性的建筑物的磨损。

意外的破坏损毁主要是因突发性的灾害所引起的，这里所讲的灾害主要包括自然的和人为的两个方面，前者如地震、水灾、风灾，后者如失火、碰撞等。

延迟维护所造成的损坏主要是由于没有适时地采取预防、养护措施或者修理不够及时所引起的，它造成建筑物不应有的损坏或提前损坏，或者已有的损坏仍然存在，例如，门窗有破损，墙体或地面有裂缝、洞等。以人来作比喻，延迟维护的损坏残存类似于人平时不注意休养生息，有病不治。

### 2. 功能折旧

功能折旧也称为无形损耗，是指建筑物在功能上的缺乏、落后或过剩造成的建筑物价值减损。导致建筑物功能缺乏、落后或过剩的原因，可能是建筑设计上的缺陷，过去的建筑标准过低，人们的消费观念改变，建筑技术进步，出现了更好的建筑物等。

(1) 功能缺乏：是指建筑物没有其应有的某些部件、设备、设施或系统等。例如，住宅没有卫生间、暖气(北方地区)、燃气、电话线路、有线电视等；办公楼没有电梯、集中空调、宽带等。

(2) 功能落后：是指建筑物已有的部件、设备、设施或系统等的标准低于正常标准或有缺陷而阻碍其他部件、设备、设施或系统等的正常运营。例如，设备、设施陈旧落后或容量不够，建筑式样过时，空间布局欠佳等。以住宅为例，现在时兴"三大、一小、一多"式住宅，即客厅、厨房、卫生间大，卧室小，壁橱多的住宅，过去建造的卧室大、客厅小、厨房小、卫生间小的住宅，相对而言就过时了。再如高档办公楼，现在要求有较好的智能化系统，如果某个所谓高档办公楼的智能化程度不够，相对而言其功能就落后了。

(3) 功能过剩：是指建筑物已有的部件、设备、设施或系统等的标准超过市场要求的标准而对房地产价值的贡献小于其成本。例如，某幢厂房的层高为 6m，但如果当地该类厂房的标准层高为 5m，则该厂房超高的 1m 因不能被市场接受而使其所多花的成本成为无效成本。

### 3. 外部折旧

外部折旧也称为经济折旧，是指建筑物以外的各种不利因素造成的建筑物价值减损。不利因素可能是区位因素(如周围环境和景观改变，包括景观被破坏、自然环境恶化、环境污染、交通拥挤、城市规划改变等)、经济因素(如市场供给过量或需求不足)，也可能是其他因素(如政府政策变化、采取宏观调控措施等)。进一步可把外部折旧区分为永久性的和暂时性的。例如，一个高级居住区附近兴建了一座工厂，使得该居住区的房地产价值下降，这就是一种外部折旧。在这种情况下，外部折旧一般是永久性的。再如，在经济不景气时期房地产价值下降，这也是一种外部折旧。但这种现象不会永久下去，当经济复苏之后，这种外部折旧也就消失了。

**例：**某套旧住宅，测算其重置价格为 40 万元，地面、门窗等破旧引起的物质折旧为 1 万元，因户型设计不好、没有独用厕所和共用电视天线等导致的功能折旧为 6 万元，由于位于城市衰落地区引起的外部折旧为 3 万元。请求取该套旧住宅的折旧总额和现值。

**解：**该旧住宅的折旧总额=物质折旧+功能折旧+外部折旧=1+6+3=10(万元)

该旧住宅的现值=重置价格-折旧=40-10=30(万元)

## 二、求取建筑物折旧的方法

### (一)年限法

#### 1. 年限法和有关年限的含义

年限法是根据建筑物的有效年龄、经济寿命或剩余经济寿命来求取建筑物折旧的方法。年限法把建筑物的折旧建立在建筑物的寿命、经过年数或剩余寿命之间关系的基础上。

建筑物的寿命有自然寿命和经济寿命之分。前者是指建筑物从建成之日起到不堪使用时的年数，后者是指建筑物从建成之日起到预期产生的收入大于运营费用的持续期。建筑物的经济寿命短于其自然寿命。具体来说，建筑物的经济寿命是根据建筑物的结构、用途和维护保养情况，结合市场状况、周围环境、经营收益状况等综合判断。建筑物在其寿命期间如果经过了翻修、改造等，自然寿命和经济寿命都有可能得到延长。

建筑物的经过年数分为实际经过年数和有效经过年数。有效经过年数可能短于也可能长于实际经过年数。当建筑物的维护保养正常时，其有效经过年数与实际经过年数相当；当建筑物的维护保养更好或经过了更新改造，有效经过年数短于实际经过年数，剩余经济寿命相应较长；当建筑物的维护保养较差，有效经过年数长于实际经过年数，剩余经济寿命相应较短。

在成本法求取折旧中，建筑物的寿命应为经济寿命，经过年数应为有效经过年数，剩余寿命应为剩余经济寿命。在估价上一般不采用实际经过年数而采用有效经过年数或预计的剩余经济寿命，是因为采用有效经过年数或剩余经济寿命求出的折旧更符合实际情况。例如，有两座实际经过年数相同的同类建筑物，如果维护保养不同，其市场价值也会不同；但如果采用实际经过年数计算折旧，则它们的价值会相同。实际经过年数的作用是可以作为求取有效经过年数的参考，即有效经过年数可以在实际经过年数的基础上做适当的调整后得到。

### 2. 直线法

年限法中最主要的是直线法。直线法是最简单和迄今为止应用得最普遍的一种折旧求取方法，它假设在建筑物的经济寿命期间每年的折旧额相等。其年折旧额的计算公式为：

$$Di=D=(C-S)/N=C(1-R)/N$$

式中：$D_i$ 为第 $i$ 年的折旧额，或称做第 $i$ 年的折旧，在直线法中 $D_i$ 是一个常数 $D$。$C$ 为建筑物的重新购建价格。$S$ 为建筑物的净残值(简称残值)，是指建筑物达到经济寿命时，不宜继续使用，经拆除后可以收回的残余价值减去拆除清理费用后的数额。$N$ 为建筑物的经济寿命。$R$ 为建筑物的残值率，是净残值与重新购建价格的比较，即：$R=S/C\times100\%$。$C-S$ 为折旧基数。

年折旧额与重新购建价格的比率称为年折旧率，如果用 $d$ 来表示，即：

$$d=D/C\times100\%=(C-S)/C\times N\times100\%=(1-R)/N\times100\%$$

有效经过年数为 $t$ 年的建筑物折旧总额的计算公式为：

$$E_t=D\times t=(C-S)\times t/N=C(1-R)\times t/N=C\times D\times t$$

式中：$E_t$ 为有效经过年数为 $t$ 年的建筑物的折旧总额，其他字母含义同前。

采用直线法计算建筑物现值($V$)的公式为：

$$V=C-E_t=C-(C-S)\times t/N=C[1-(1-R)\times t/N]=C(1-d\times t)$$

例：某幢平房的建筑面积 100m$^2$，单位建筑面积的重置价格为 500 元/m$^2$，判定其有效年传为 10 年，经济寿命为 30 年，残值率为 5%。请用直线法计算该房屋的年折旧额、折旧总额，并计算其现值。

解：已知：$C=500\times100=50\ 000$(元)；$R=5\%$；$N=30$ 年；$t=10$ 年。则该房屋的年折旧额 $D$、折旧总额 $E_t$ 和现值 $V$ 计算如下：

$D=C(1-R)/N=50000\times(1-5\%)/30=1583$(元)

$E_t=D\times t=1583\times10=15830$(元)

$V=C-E_t=50000-15830=34170$(元)

对于不同类型的建筑物其耐用年限、残值率等是不同的，下表为《房地产单位会计制度——会计科目和会计报表》中对不同房屋结构类型、等级及耐用年限和残值率的详细规定。

房屋结构、等级标准及耐用年限和残值率

| 结构类型及等级 | 等级标准 | 耐用年限 | 残值率 |
|---|---|---|---|
| 钢结构 | 全部或承重部分为钢结构的房屋 | 生产用房 70 年<br>腐蚀性生产用房 50 年<br>非生产用房 80 年 | 0 |
| 钢筋混凝土结构 | 全部或承重部分为混凝土结构，包括框架大板和框架轻板结构等房屋。一般装修良好，设备比较齐全 | 生产用房 50 年<br>腐蚀性生产用房 35 年<br>非生产用房 60 年 | 0 |

续表

| 结构类型及等级 | 等级标准 | 耐用年限 | 残值率 |
|---|---|---|---|
| 砖混结构一等 | 部分钢筋混凝土，主要是砖墙承重的结构。外墙部分砌砖、水刷石、水泥抹面或涂料粉刷，并设有阳台，内外设备齐全的单元式住宅或非住宅房屋 | 生产用房 40 年<br>腐蚀性生产用房 30 年<br>非生产用房 50 年 | 2% |
| 砖混结构二等 | 部分钢筋混凝土，主要是砖墙承重的结构。外墙是清水墙，并设有阳台，内外设备齐全的单元式住宅或非住宅房屋 | 生产用房 40 年<br>腐蚀性生产用房 30 年<br>非生产用房 50 年 | 2% |
| 砖木结构一等 | 材料上等、标准较高的砖木(石料)结构。一般是外部有装修处理、内部设备完善的庭院式或花园洋房等高级房屋 | 生产用房 30 年<br>腐蚀性生产用房 20 年<br>非生产用房 40 年 | 6% |
| 砖木结构二等 | 结构正规、材料较好，一般外部没有装修处理，室内有专用上、下水等部设备的普通砖木结构房屋 | 生产用房 30 年<br>腐蚀性生产用房 20 年<br>非生产用房 40 年 | 4% |
| 砖木结构三等 | 结构简单、材料较差，室内没有专用上、下水等部设备，较低级的砖木结构房屋 | 生产用房 30 年<br>腐蚀性生产用房 20 年<br>非生产用房 40 年 | 3% |
| 简易结构 | 如简易楼、平房、木板房、砖坯、土草房、竹木捆绑房等 | 一般为 10 年 | 0 |

### 3. 成新折扣法

早期运用成本法求取建筑物现值时，习惯于根据建筑物的建成年代、新旧程度或完损程度等，判定出建筑物的成新率，或者用建筑物的寿命、年龄计算出建筑物的成新率，然后将建筑物的重新购建价格乘以该成新率来直接求取建筑物的现值。这种方法被称为成新折扣法，计算公式为：

$$V = C \times q$$

式中：$V$ 为建筑物的现值；$C$ 为建筑物的重新购建价格；$q$ 为建筑物的成新率(%)。

成新折扣法比较粗略，主要用于初步估价，或者同时需要对大量建筑物进行估价的场合，尤其是在大范围内开展建筑物现值摸底调查。

如果利用建筑物的经济寿命、有效年龄或剩余经济寿命来求取建筑物的成新率，则成新折扣法就成了年限法的另一种表现形式。用直线法计算成新率的公式为：

$$q = [1 - (1-R) \times t/N] \times 100\% = 100\% - d \times t$$

当 $R = 0$ 时，

$$q = [1 - t/N] = n/N \times 100\% = n/(t+N) \times 100\%$$

例：某幢 10 年前建成交付使用的房屋，在此 10 年间维修养护情况正常，房地产估价师经实地查看判定其剩余经济寿命为 30 年，残值率为零。请用直线法计算该房屋的成新率。

解：已知：$t = 10$ 年，$n = 30$ 年，$R = 0$

则该房屋的成新率 $q=n/(t+N)×100\%=30/(10+30)×100\%=75\%$

### (二)实际观察法

实际观察法不是直接以建筑物的有关年限(特别是实际经过年数)来求取建筑物的折旧,而是注重建筑物的实际损耗程度。较早建成的建筑物不一定损坏严重,其价值未必低; 而较晚建造的建筑物不一定维护良好;其价值未必高。这样,实际观察法是由估价人员亲临现场,直接观察与估算建筑物在物质、功能及经济方面的折旧。

建筑物的损耗分为可修复的损耗和不可修复的损耗。修复是指使建筑物恢复到新的或相当于新的状况,有时是修理,有时是更换。预计修复所需的费用小于或等于修复后房地产价值的增加额的,为可修复的损耗;反之,为不可修复的损耗。对于可修复的损耗,可直接估算其修复所需的费用作为折旧额。

利用实际观察法也可判定建筑物的成新率,或推测其有效经过年数、剩余经济寿命, 在此基础上再利用其他方法计算建筑物的折旧或直接计算建筑物的现值。

### (三)折旧方法的综合运用

估价人员有时可以同时采用上述几种折旧方法求取建筑物的折旧,但不同折旧方法求得的结果不尽相同。为此,可以采用简单算术平均或加权算术平均等方法求得最终的结果,这是一种综合运用。在估价实务中,通常先以年限法为基础计算折旧,然后根据实际观察法进行修正,这也是一种综合运用。

求取建筑物折旧的方法,还可以分为综合折旧法、分类折旧加总法和个别折旧加总法。这三种方法是从粗到细。在估价实务上,宜先将建筑物区分为可修复项目和不可修复项目。对于可修复项目,估计其中的修复费用作为折旧额;对于不可修复项目,再将其分为短寿命项目和长寿命项目(如将建筑物分为结构、设备和装修,因为它们的寿命不同;再如根据寿命的不同,将建筑物分为基础、屋顶、地板、空调、电梯等),然后采用年限法或成新折旧法分别计算其折旧额。最后将修复费用、短寿命项目的折旧额、长寿命项目的折旧额相加,便得到建筑物的折旧总额。

例:某建筑物的建筑面积为 $500m^2$,重置价格为 3600 元/$m^2$,经济寿命为 50 年,有效年龄为 10 年。其中,门窗等损坏的修复费用为 2 万元;装饰装修的重置价格为 600 元/$m^2$,平均寿命为 5 年,年龄为 3 年;设备的重置价格为 60 万元,平均寿命为 15 年,年龄为 10 年。残值率假设均为零。请计算该建筑物的物质折旧额。

解:该建筑物的物质折旧额计算如下:

门窗等损坏的修复费用=2(万元)

装饰装修的折旧额=600×500×1/5×3=18(万元)

设备的折旧额=60×1/15×10=40(万元)

长寿命项目的折旧额=(3600×500-20000-600×500-600 000)×1/50×10

$\qquad\qquad$ =17.6(万元)

该建筑物的物质折旧额=2+18+40+17.6=77.6(万元)

需要说明的是,无论采用上述折旧方法中的哪一种求取建筑物现值,估价人员都应亲临估价对象现场,观察、鉴定建筑物的实际新旧程度,根据建筑物的建成时间、维护、保养和使用情况，以及地基的稳定性等，最好确定应扣除的折旧额与成新率。

## 三、求取建筑物折旧应注意的问题

### (一)估价上的折旧与会计上的折旧的本质区别

在求取建筑物折旧时，应注意估价上的折旧与会计上的折旧的本质区别；估价上的折旧注重的是市场价值的真实减损，科学地说不是"折旧"，而是"减价调整"，会计上的折旧注重的是原始价值的分摊、补偿或回收。

### (二)土地使用期限对建筑物经济寿命的影响

在国有建设用地使用权下，建筑物经济寿命与土地使用期限可能不是同时结束，因此，在求取建筑物折旧时应注意土地使用期限对建筑物经济寿命的影响。计算建筑物折旧所采用的建筑物经济寿命遇到下列情况的处理为：

(1) 建筑物经济寿命早于土地使用期限而结束的，应按照建筑物经济寿命计算建筑物折旧。例如：在出让取得的国有建设用地上建造的普通商品住宅，出让年限为 70 年，建设期为 2 年，住宅经济寿命为 50 年。在这种情况下，应按照 50 年(住宅经济寿命)而不是 52 年(2 年建设期加上 50 年住宅经济寿命)、68 年(50 年住宅经济寿命加上 18 年剩余土地使用期限)或 70 年(土地使用期限)计算该住宅折旧。再如：假设是在原划拨国有建设用地上建造的办公楼，在其建成 15 年后补办了出让手续，出让年限为 50 年，办公楼经济寿命为 60 年。在这种情况下，应按照 60 年(办公楼经济寿命)而不是 45 年(60 年办公楼经济寿命减去 15 年办公楼已使用年限)、50 年(土地使用期限)或 65 年(60 年办公楼经济寿命加上 5 年剩余土地使用期限)计算办公楼折旧。

(2) 建筑物经济寿命晚于土地使用期限而结束的，分为以下两种情况：①出让合同约定土地出让期限届满需要无偿收回国有建设用地使用权时，根据收回时建筑物的残余价值给予土地使用者相应补偿。②出让合同约定土地出让期限届满需要无偿收回国有建设用地使用权时，建筑物也无偿收回。对于上述第一种情况，应按照建筑物经济寿命计算建筑物折旧。

# 参 考 文 献

**著作类**

[1]邹晓云. 土地估价基础. 北京：地质出版社，2010

[2]艾建国，吴群. 不动产估价(第二版). 北京：中国农业出版社，2008

[3]朱道林. 不动产估价. 北京：中国农业大学出版社，2007

[4]叶剑平，曲卫东. 不动产估价. 北京：中国人民大学出版社，2006

[5]郭斌. 房地产估价. 西安：西安交通大学出版社，2010

[6]周小萍，毕继业，王军艳. 不动产估价. 北京：北京师范大学出版社，2008

[7]赖碧莹. 现代不动产估价：理论与实务. 台北：智胜文化事业有限公司，2009

[8]宗永红. 房地产估价. 北京：科学出版社，2010

[9]陈少瑜. 国际评估准则最新进展. 中国资产评估协会清华大学第四期资产评估高级研修班专业讲
座，2010

[10]邱华炳，纪益成，刘晔. 土地评估. 北京：中国财政经济出版社，2003

[11]张姝颖. 房地产估价、经纪与市场营销. 北京：机械工业出版社，2008

[12]周生路等. 土地评价学. 南京：东南大学出版社，2006

[13]曲卫东，叶剑平. 房地产估价. 北京：中国人民大学出版社，2007

[14]陈满雄. 不动产估价理论与实务.

[15]吕萍等. 房地产开发与经营. 北京：中国人民大学出版社，2007

[16]谢戈力，薛红霞. 全国土地估价师资格考试复习指南. 广州：广东经济出版社，2008

[17]葛京凤. 地产价格评估原理与方法. 北京：中国环境科学出版社，2002

[18]中国房地产估价师与房地产经纪人学会. 房地产估价理论与方法. 北京：中国建筑工业出版社，2007

[19]柴强. 房地产估价理论与方法. 北京：中国建筑工业出版社，2004

[20]薛姝. 房地产估价. 北京：高等教育出版社，2003

[21]威廉·L.小文托洛，马莎·R. 威廉斯著，施建刚译. 房地产估价原理. 上海：上海人民出版社，2005

**标准规范类**

[1]中国土地估价师协会章程

[2]土地估价师注册办法

[3]土地估价师注册(变更)申请表

[4]土地估价师资格考试管理办法

[5]注册土地估价师自律守则

[6]中国土地估价师执业行为准则

[7]土地估价师执业登记工作实施细则(暂行)

[8]关于加强和规范评估行业管理意见的通知

[9]土地评估中介机构注册办法

[10]土地评估中介机构注册申请表

[11]关于改革土地估价人员和机构监督管理方式的通知

[12]农用地估价规程(GB/T 28406—2012)

[13]城镇土地估价规程(GB/T 18508—2001)

[14]关于开展制订征地统一年产值标准和征地区片综合地价工作的通知

[15]关于改革土地估价结果确认和土地资产处置审批办法的通知

[16]土地估价报告评审规则

[17]国有建设用地使用权出让地价评估技术规范(试行)

[18]重大项目土地评估指引

[19]土地价格评估收费的通知

[20]房地产估价规范(GB/T 50291—1999)中华人民共和国建设部

### 论文类

[1]王丹. 房地产估价方法的分析与改进. 中南大学硕士学位论文,2006

[2]刘巧芹,赵淑芹,郭爱请,齐志国,李子君. 我国房地产估价行业管理制度改革趋势探索. 石家庄经济学院学报,2011(2)

[3]周迎春. 市场经济条件下的房地产估价研究. 西南农业大学学报(社会科学版),2012(3)

[4]刘志华. 我国房地产估价行业管理中存在问题及对策建议. 内蒙古农业大学学报(社会科学版),2009(5)

[5]修国义,姜妍. 区域因素对不同住宅价值的影响及评价体系. 科技与管理,2010(1)

[6]常青. 房地产估价基本理论问题研究. 兰州大学学报(社会科学版),2010(4)

[7]贾小玫,卢凤,贾秀兰. 城市土地管理制度的国际比较及启示. 统计与决策,2006(4)

[8]桑振平,张合兵,刘文锴. 基于 Map X 的房地产估价信息系统研究. 河南科技学院学报(自然科学版),2008,36(3):117-119

[9]聂彩仁,者贵昌. 房产价格的影响因素分析. 全国商情(理论研究),2010(09)30～31

[10]白霜. 房地产价格的决定因素分析——中国 31 个地区 Panel 数据的实证研究. 财经问题研究,2008,(08):107～110

[11]杨瑾. 完善我国房地产价格形成机制的思考. 学术论坛,2010,(01):113～121

[12]徐腊平,吴刚. 我国房地产价格对居民消费的影响. 建筑经济,2009,(12):40～43

[13]李树香. 影响我国房地产价格的因素与稳定房地产价格策略. 价值工程,2010,(15):119

[14]郭建校,王洪礼. 我国房地产价格影响因素分析. 河北大学学报,2010,35(01):62～65

[15]姜茜娅,许莹. 中国房地产价格影响因素实证分析. 大众商务,2010,(08):54

[16]刘庆珍. 对我国房地产价格影响因素的几点认识. 山西建筑,2010,36(29):223～224

[17]董志勇,官皓,明艳. 房地产价格影响因素分析:基于中国各省市的面板数据的实证研究. 中国地质大学学报,2010,10(02):98～103

### 网络类

[1]严汝江. 香港测量师学会简介. http://www.gcgo.cn/Article/2006/200605/2218.html

[2]无忧网校,2010 年土地估价师考试辅导:台湾的土地估价与地价管理. http://www.51zhikao.com/news/747968_1008/16096_10095216_46779152-3.html

[3]土地估价协会与英国皇家测量师协会的合作. 国土资源网(2006 年 7 月 27 日). http://www.clr.cn/front/read/read.asp?ID=92670

[4]英国皇家特许测量师学会简介. http://www.gcjjxx.com/Upfiles/200711838664.pdf

[5]资产评估行业管理体制改革的基本思路. http://www.chinaacc.com/new/287/295/357/2006/1/bi528218373011116002608-0.htm

[6]不动产估价行业调查报告(2008 年度)(公开版). http://www.doc88.com/p-69620070479. html

[7]周顺明. 关于规范我国资产评估行业管理有关问题的思考. http://www.ecz.gov.cn/structure/zwdt/ldhdzw_1351_1.htm

[8]国务院办公厅转发财政部关于加强和规范评估行业管理意见的通知. http://www.gov.cn/gongbao/content/2004/content_63089.htm

[9] 李政，于冰. 我国房地产估价行业的产业竞争态势分析——基于五种作用力模型的判断.中国房地产，2006(01)

[10]陈金香，韩景旺等. 关于我国资产评估行业管理体制的研究. 会计之友，2006

[11]2011 年注评考试《资产评估》第 14 章复习资料：英国评估准则. http://www.gzu521.com/caikuai/pinggu/fudao/zichan/201012/41657.htm

[12]2011 年注评考试《资产评估》第 14 章复习资料：美国评估准则. http://www.gzu521.com/caikuai/pinggu/fudao/zichan/201012/41656.htm

[13]2011 年注评考试《资产评估》第 14 章复习资料：国际评估准则. http://www.gzu521.com/caikuai/pinggu/fudao/zichan/201012/41655.htm

[14]2011 年注评考试《资产评估》第 13 章复习资料：我国资产评估准则体系. http://www.gzu521.com/caikuai/pinggu/fudao/zichan/201012/41594.htm